Stephan Sepp

Einfach Liebe

Stephan Sepp

EINFACH LIEBE

Mein Glück mit einer älteren Frau

HERDER

FREIBURG · BASEL · WIEN

MIX
Papier aus verantwortungsvollen Quellen
FSC® C083411

www.herder.de

Satz: Layoutsatz Kendlinger, Mediendesign
Herstellung: CPI books GmbH, Leck

Printed in Germany

ISBN (Buch) 978-3-451-31219-9
ISBN (E-Book) 978-3-451-80151-8

Inhalt

1 Die Sache mit dem Großvater 7
2 Das Mädchen mit der Satinhose 10
3 Muggelhausen 20
4 Wir haben es getan 25
5 Im Kreise der Greise 31
6 In der Wanne 39
7 Hilfe, ich bin ein Dieb! 44
8 Gespenstische Stille 50
9 Die Weinschlampe 62
10 Der Unfisch 66
11 Die zu Ende geliebte Frau 73
12 Über die Straßen 80
13 Kleine Steine 87
14 Der Trottel an Mutters Seite 95
15 Der alte Bock 101
16 Frische Erdbeeren 111
17 Wir sind alt genug für Rock 'n' Roll 123
18 Unsere Kinder sind überall 133
19 Der Vorleser 148
20 Herr Beaulieu lässt bitten 155
21 Das Anti-Anti-Ager-Woodstock 168
22 Abschied 178
23 Unsere Liebe ist ein Fest der Ökumene 187
24 Aufstand ist gut! 194
25 Das Henderson-Projekt 203
26 Die Männerversteherin 213
27 Was bleibt, sind wir 223

Danksagung 239

In memoriam Gerti

1

Die Sache mit dem Großvater

Mit Christine und der Zeit, die uns zusammenbrachte, kam wieder die Erinnerung an meinen Großvater. Ich denke an den Vorfall, der letztendlich dazu führte, dass es mich gibt, eine Familientragödie, die sich ereignete in den späten zwanziger Jahren des vorigen Jahrhunderts, als sich mein Großvater und meine Großmutter ineinander verliebten.

Es gibt ein Foto von ihrer Hochzeit, da verlässt das Brautpaar die Kirche nach der Trauung. Mein Großvater ist zu diesem Zeitpunkt achtundvierzig, und er scheint den Höhepunkt seines Lebens erreicht zu haben, denn alles sieht vortrefflich aus, er selbst und der Frack, der ihm fabelhaft steht, genauso der Zylinder und die jugendliche Braut an seiner Seite.

Immer wenn ich dieses Bild betrachte, empfinde ich Wärme. Aber auch Scham, weil ich zu viel weiß über die näheren Umstände dieses Ereignisses, das kein reiner Akt der Liebe war.

Als meine Großmutter meinen Großvater kennenlernte, da war sie noch ein Kind. Sie und ihre Mutter verbrachten die Ferien in einem Gasthof in den Bayerischen Alpen, in dessen Nachbarschaft mein Großvater eine Blockhütte besaß, in der er in den Sommermonaten lebte. Er war damals ein attraktiver, sportlicher, gut situierter und aus bis heute ungeklärten Gründen unverheiratet gebliebener Arzt im besten Alter, auf den meine Urgroßmutter vom ersten Moment ihrer Begegnung an ein Auge geworfen hatte, die ihrerseits allein lebte, nachdem sie ihren Ehemann verloren hatte, einen Stabsoffizier, der in den letzten Tagen des vorangegangenen Krieges gefallen war.

Als meine Großmutter zwölf war, habe ihre Mutter, wie sie sich später erinnerte, die tragische Dummheit begangen, ihre Gefühle zu offenbaren, meinen Großvater betreffend. So einen Kerl wie ihn möge sie nach Hause bringen, wenn sie einmal groß sei, habe die Mutter gesagt. Konnte sie ahnen, dass meine Großmutter ihren Rat befolgen würde, so viel naheliegender, als es ihr lieb gewesen sein dürfte?

Ich kann mich noch gut daran erinnern, dass meine Großmutter, die bis zum ersten Sommer des anbrechenden Jahrtausends lebte, erzählte, wie sehr ihre Mutter litt, als sie Großvater heiratete. Meine Urgroßmutter starb ein Jahr nach der Hochzeit meiner Großeltern, und die Möglichkeit, dass der Kummer sie ins Grab gebracht hat, wird in meiner Familie nicht als abwegig betrachtet.

Ich sollte erwähnen, warum mir diese Anekdote so nahegeht, wahrscheinlich näher als dem Rest meiner Familie. Ich wurde in der Mitte der sechziger Jahre geboren, nur drei Tage nach dem Tod meines Großvaters, über den sich meine Großmutter mit dem Glauben hinwegtröstete, dass ich die Reinkarnation ihres Mannes sei.

Während meiner Kindheit nahm dieser Glaube großen Einfluss auf meine Gefühlswelt. Ich hegte eine schwärmerische Beziehung zu meinem Großvater, den ich mir in meiner Fantasie ausmalen konnte, als eine Art gottväterliches Idol. Der Großvater-Kult reichte weit hinein in mein junges Leben, bis in die Teenager-Jahre. Ich hatte bereits mit dem Studium begonnen, als die letzten Fotografien meines Großvaters aus meinem Schlafzimmer verschwanden. Bis ich irgendwann keinen Gedanken mehr auf ihn verwendete, und auch nicht auf die Frage, ob die Ähnlichkeiten, die ich tatsächlich mit ihm zu haben scheine, genetischer Natur sind oder mystisch-transzendentaler.

Wie ich bereits erwähnte, tauchte mit Christine mein Großvater wieder in meiner Erinnerung auf. So, als wolle er mich bis an mein Ende verfolgen wie ein Fluch, er und die erwähnte Tragödie, die, wie ich mir sogar einbilde, die Ursache für eine gewisse Schwermut war, die mich mein Leben lang begleitet hatte.

Könnte es sein, dass ich Erlösung erfahre, weil ich, Sühne leistend für meinen Großvater, vielleicht sogar Sühne leistend für alle Männer, die ältere Frauen wegen jüngerer haben sitzen lassen, im Begriff bin, mich allen jungen Frauen, die mir noch begegnen werden, vorzuenthalten, zugunsten einer älteren – eben Christine?

Manchmal neige ich zu dem Glauben, dass es zu meinem Schicksal gehört, Christine zu lieben. Vielleicht aber ist diese Liebe einfach nur Liebe wie jede andere auch. Die keinen höheren Zweck erforderte, um gelebt zu werden, sondern nur ein wenig Mut. Der mir viel zu lange in meinem Leben gefehlt hatte.

2

Das Mädchen mit der Satinhose

Unauslöschlich jener Tag, an dem Christine und ich uns zum ersten Mal begegneten. Ich muss nur die Augen schließen, und ich fühle mich wie im Rausch. Ich hatte mich in die Gesellschaft der Touristenmassen begeben, die man bereits am frühen Vormittag auf der Uferpromenade des Hamburger Hafens antrifft. Ich trottete im Schneckentempo pummeligen, Softeis vertilgenden Mädchen im Teenageralter hinterher. Bis ich ausscherte, um zu verharren. Und mich im Spiel der glitzernden Wogen am Horizont zu verlieren, an dem die Hafenkräne kaum noch zu erkennen waren, im grellen Gegenlicht.

Es war warm. Ungewöhnlich warm für einen Tag in der Mitte des März. Den Schal, den ich noch gebraucht hatte, als ich frühmorgens auf die S-Bahn zum Münchner Flughafen wartete, hatte ich in der Reisetasche versenkt, die ich hinter mir herzog. Den Mantel trug ich offen. Ich genoss den lauen Wind, der meine Kleidung durchwehte. Und ein damit einhergehendes Gefühl von aufkeimender Schwerelosigkeit. Allmählich vergaß ich, warum ich hier war.

Der Rausch setzte sich fort, auch dann, als die schroffen Glasfronten vor mir auftauchten, hinter denen sich das Büro der Redaktion verbarg, in dem ich künftig arbeiten sollte. Reinhardt, der Chefredakteur, war ein alter Kollege. Ein Münchner, wie ich. Der mich begrüßte, wie sich manchmal Leute begrüßen, wenn sie in der abgelegenen Fremde aufeinandertreffen, mit überschwänglicher Herzlichkeit.

Ich verbrachte den Rest des Vormittags in seinem Zimmer auf einer charakterlosen, aber sehr gemütlichen IKEA-Couch lümmelnd, kippte abwechselnd San Pellegrino und lauwarmen Automatenkaffee, während ich mit Reinhardt unbekümmert Branchenklatsch tauschte, als wäre das, was vor uns lag, ein launiger Urlaubstrip. Ab und zu steckten Leute ihre Köpfe durch die Tür. Manche wagten sich in den Raum, behielten aber währenddessen die Türklinke in der Hand und verschwanden schnell wieder. Reinhardt hatte den Posten erst vor ein paar Wochen übernommen. Und man fremdelte noch.

Und dann kam sie, diese ältere Frau. Blieb länger als all die anderen zuvor. Verbreitete ihren heiteren Kobold-Charme. Ging wieder. Und blieb dennoch, in meiner Fantasie, denn ich hatte plötzlich das mich selbst befremdende Bedürfnis, mit dieser Frau zu schlafen.

Christines Erscheinung war die einer hübsch gebliebenen Blondine um die Mitte fünfzig, deren Körper dem Alter kaum hatte Tribut zahlen müssen, bis auf die eine oder andere Stelle. Manches war rundlicher geworden. Voluminöser. Man konnte diesen Körper immer noch schön finden. Immer noch anziehend. Aber es schien keinen Sinn zu machen, solange man Anfang vierzig war, einigermaßen passabel aussah und bestätigen konnte, dass sich der zunehmende Altersunterschied in dieser Lebensphase zu Frauen unter dreißig eher positiv auf deren Wertschätzung auswirkt.

Zunächst erklärte ich mir diesen Tagtraum als hormonelle Fata Morgana, wahrscheinlich eine Folge der morgendlichen Ozoneinwirkung. Bis es mir gelang, dieses Gefühl zu akzeptieren als das, was es war: weniger Lüsternheit als eher eine sonderbare, aus den Untiefen meiner Seele heraufsteigende Sehnsucht nach Nähe zu dieser Frau. Ich schämte mich des Blicks, den ich auf Christine geworfen hatte, der ein anzüglicher gewesen sein mag. Aber es war kein geiler Blick. Eher ein prüfender. Konnte ich diesen Körper mögen? Anfassen? Lieben?

Und dann vergingen drei Monate, bis ich Christine wiedersah. Inzwischen war ich nach Hamburg gezogen. Und fühlte mich paradoxerweise beengt in der weitläufigen Umgebung eines Großraumbüros, während ich vor einem kahlen Schreibtisch saß, Zeitungen las und versuchte, die Tatsache zu ignorieren, dass man mich von allen Seiten beobachtete wie ein exotisches Tier.

Ich hatte zum ersten Mal in meinem Leben mit Leuten aus der Yellow-Branche zu tun. Einige wenige bestätigten meine schlimmsten Befürchtungen, die anderen fand ich akzeptabel, manche sogar sympathisch. Ich war unschlüssig in der Frage, ob ich es gut fand, dass der überwiegende Teil der Belegschaft weiblich war und kaum älter als fünfunddreißig.

Den ersten Vorstoß in meine Richtung wagte ein klein gewachsenes Mädchen mit draller Figur, das sich erkundigte, ob ich schwul sei. Dann folgt der Rest. Ich lernte sie alle kennen in den nächsten Tagen, die ganzen Frauen, die stillen und die lauten, die schönen und die unscheinbaren, die trampeligen und die feinsinnigen. Jede wollte mit mir reden, telefonieren, vor der Tür rauchen, Kaffee trinken, Mittagessen, Abendessen, sich betrinken, die meisten wollten sich wirklich nur betrinken, andere letztendlich das, was nach dem Betrinken kommt.

Es sah so aus, als wäre ich im Paradies. Aber es sah eben nur so aus. Die Frauen schienen um mich zu kämpfen, aber es ging ihnen nicht um mich. Es ging ihnen um meine Aufmerksamkeit. Mein Urteil. Es ging um die vorderen Plätze in der Hackordnung der Mädchen.

Und ich fühlte mich einsam.

Sooft ich konnte, verdrücke ich mich in den Gebäudetrakt, in dem der Lärm des Flügelschlagens kaum noch zu hören war. Ich redete mir ein, dass ich Reinhardt besuchen wollte, blieb dann aber hängen. In seinem Vorzimmer. In Christines Reich.

Christine war die einzige Frau in der Redaktion, die keine Aufmerksamkeit von mir wollte. Sondern mir Aufmerksamkeit schenkte. Und Zeit. Und Kaffee.

Ich revanchierte mich, indem ich den Skater Boy auf dem Foto über Christines PC neben dem Fenster bemerkte. Ich sagte, dass er mir gefällt, dieser Skater Boy. Christine bekam rote Bäckchen. Der Skater Boy war David. Christines Sohn.

Ich hatte auch aufgehört, an Sex zu denken, wenn ich Christine begegnete. Ich dachte an diese Stadt, die sie so sehr liebte. Und in die ich mich zu verlieben begann, solange Christine sie mir schilderte wie einen Film, den es nicht mehr gab. Aber es gab Relikte, Plätze, Lokale, Kinos und eben Christine, die Protagonistin, jenes Mädchen aus Göttingen, das sich aufgemacht hatte, um der Enge der Provinz zu entfliehen.

1970 war das gewesen. Sie war neunzehn. Sie zog los, mit Mutters Stullen und dem weißen Beatles-Album im Gepäck. Ging nach London. Und kehrte zurück, nach einem Jahr, in die Heimat, nach Hamburg, wo sich Deutschland am ehesten wie London anfühlte, so britisch, so wild.

Christines Hamburg war ein nostalgischer Ort. Ein Ort für Kleinbürger, Arbeiter, Künstler, Zuhälter, schräge Vögel, die in Vierteln lebten, in denen mittlerweile gut situierte Leute, brave Studenten und Touristen die Sortimente von Bio-Supermärkten und Weinhandlungen durchstöberten. Ein Ort der kleinen

Händler und der handwerklichen Betriebe, der Spielhöllen, der düsteren Kneipen, in denen harte Kerle ihre Motorräder vor dem Tresen parkten, sich prügelten, ihre Freundinnen liebten, in den dreckigen Kabinen der Toiletten.

Ein Ort, an dem ein entwurzeltes Mädchen lebte, das wenig besaß und wenig brauchte außer einer lilafarbenen Satinhose und einem Passautomaten, in dem es festzuhalten versuchte, was man nicht festhalten konnte: ein junges Leben.

Das Mädchen hatte kein richtiges Zuhause mehr. Es besaß eine alte Matratze, ein paar Bücher, einen Plattenspieler. Bewohnte mit Leuten, die es kaum kannte, eine schäbige Bude im heute szenigen und damals proletarisch geprägten Schanzenviertel. Die meiste Zeit verbrachte es in seiner Lieblingskneipe. Warf Kleingeld in die Jukebox und tanzte, ekstatisch, vor sich hin träumend, den Zustand genießend, dass es noch nichts ahnte von dem, was kommen würde, die Enttäuschungen, die Trostlosigkeit der darauffolgenden Jahre.

Mir schien, als ob Christine dieses Mädchen vermisste. Und immer noch haderte, mit sich, mit dem, was aus dem Mädchen geworden war.

Auch ich vermisste dieses Mädchen. Manchmal. Zumal das Mädchen immer noch da zu sein schien. Immer dann, wenn Christine lachte, in ihrer besonderen Art, knödelig, laut, hemmungslos, explosiv. Was sie ziemlich häufig tat.

Es schien sich etwas anzubahnen, zwischen mir und diesem Mädchen, denn in den nächsten Tagen trat es an mich heran, holte mich zu sich, in seine Welt. Christine begann mich einzudecken mit Büchern und DVDs, alles Porträts und Dokumentationen, alles Puzzlestücke, die am Ende nur ein zweidimensionales Bild ergaben, aber immerhin: das Bild einer märchenhaften Jugend.

Ich ließ mich mit Vergnügen durch die Menge treiben, auf dieser Party der Vergangenheit, begegnete Menschen, von denen die meisten nicht mehr da waren. Rockstars, Künstler, Boxer, Ganoven. Alles Außenseiter, Exzentriker, Durchgeknallte, Desperados. Ich hielt Ausschau nach Bekannten. Die ich nicht fand. Und auch nicht vermisste. Kein Rudi Dutschke. Kein Daniel Cohn-Bendit. Keine Alice Schwarzer. Keine Petra Kelly. Keine einzige der Figuren, von denen ich immer dachte, sie seien wichtig für Christine. Oder: für Leute in ihrem Alter.

Langsam zerbröckelte mein Bild von der Generation der unmittelbar nach dem Krieg Geborenen. Wo waren sie nur geblieben, die ganzen Achtundsechziger? Die Debattierer? Die Politisierer? Die Moralisierer? Was war aus der Selbstgerechtigkeit früherer Tage geworden? Aus dem Gutmenschentum, den Weltverbesserungsideen, den militanten Phrasen, der Humorlosigkeit, den öligen Patschulidüften und den welken Zauselbärten?

Ich dachte an Gerhardt, einen Freund, den einzigen, den ich hatte, in Christines Generation. Und den ich schätzte, unter anderem deshalb, weil er immer betonte, kein Achtundsechziger zu sein. Eher sei er ein Neunundsechziger. Der sich durchaus beteiligt habe, an den Ritualen der Achtundsechziger, an den Demonstrationen, den Kundgebungen, den Vollversammlungen, den Sit-ins, den Aktionen, den Agitationen.

Aber nur wegen der Mädchen.

Es schien was dran zu sein, an der Geschichte. An einer Übergangsgeneration, die nichts mehr anzufangen wusste mit dem Idealismus der Hippies, aber noch nicht bereit war für den Nihilismus der Punks.

Ich nannte sie die Glamrock-Generation. Eine Generation, die keine Lust mehr hatte, die Veränderung der Gesellschaft herbeizureden. Sondern sie zu leben. Eine Wilde-Siebziger-Generation, der die eigene Freiheit wichtiger war, als die der anderen, der Perser und der Vietnamesen. Eine Keith-Moon-Generation, die einfach nur mehr wollte. Mehr Leben, mehr Sex, mehr Drogen, mehr Rock 'n' Roll.

Es musste ein Gefühl gewesen sein wie ein allein gelassenes Kind im Bonbonladen. Christine hatte beides erlebt, die Entbehrungen der frühen Nachkriegsjahre, die Ödnis der Provinz und der fünfziger Jahre, und dann plötzlich diese grenzenlose Freiheit. Sie hatte sich genommen, was sie kriegen konnte, die LSD-Trips, die Kerle, die Partys, das schnelle Geld der sporadischen Jobs und das Nirwana an den Stränden von Teneriffa und Mykonos. Und wurde, so wie es aussah, am Ende sogar beschenkt: mit dem Charisma und der Gelassenheit derer, die ihr Leben gelebt haben.

Der Blick aus meinem Fenster verschwamm hinter dicken Regentropfen, die der Wind an die Scheibe geklatscht hatte. Wir hatten August, immer noch Sommer, aber in diesem Jahr fühlte er sich an wie ein reifer Herbst. Ich entschloss mich, mittags im Büro zu bleiben. Meinen Schreibtisch aufzuräumen, endlich.

Ich stieß auf eine dieser überdimensionalen Glückwunschkarten, die man in der Redaktion herumgehen ließ, fast jeden Tag, denn irgendjemand hatte immer Geburtstag. An diesem Tag traf es Christine, allein das war schon bemerkenswert, aber auch, dass ich das mitbekam, denn diese Karten interessierten mich sonst kaum.

Nach der Mittagszeit verließ ich meinen Platz, ging den Flur hinunter, und traf auf die Mädchen, ein knappes Dutzend, die vor Christines Büro warteten. Es war das erste Mal, dass ich das tat, mich beteiligte an einer dieser üblichen Abordnungen, die dem Gratulanten Blumen und Sekt überreichte. Eigentlich hasste ich dieses Ritual, das mir scheinheilig erschien, gerade hier, in diesem Sumpf, in dem es keine Zuneigung gab. Die psychotischen Chefs der letzten Jahre hatten die Mädchen zu hündischen Wesen abgerichtet, nun lechzten sie nach der Aufmerksamkeit ihrer Vorgesetzten und begegneten sich gegenseitig mit Neid und Missgunst.

Mein Unwohlsein entlud sich in einer spontanen Geste, die jeden überraschte, die Mädchen, Christine und vor allem mich selbst. Ich löste mich aus dem Pulk der Mädchen, die sich steif vor dem Schreibtisch herumdrückten, und nahm Christine in den Arm. Und war mir bereits, während ich das tat, des Eindrucks bewusst, den meine Geste auf die Beteiligten machte: den einer zur Schau gestellten Prämierung. Den einer Provokation.

Letzteres rächte sich gleich während der folgenden Tage, sobald ich den Mädchen begegnete, dann hörten sie nicht auf, böses Blut über Christine zu kübeln. Ich spürte, dass sie es mir nie verzeihen würden, dass ich erst jetzt meine Reserviertheit aufgegeben hatte, und dann ausgerechnet wegen ihr, dieser älteren Frau.

Ich konnte es den Mädchen kaum verdenken, zumal sie durchaus hübsch waren. Und ich nicht behaupten konnte, dass ich sie mir nicht angesehen hätte, die eine oder andere.

Was sollte ich sagen? Ich hatte als vierzehnjähriger Teenager für Patti Smith geschwärmt, hatte sie live erlebt, Ende der siebziger Jahre in München. Sie beendete ihren Auftritt in vollkommener Ekstase, breitbeinig auf einem Konzertflügel wankend, währenddessen wurde das Publikum mit einem hochfrequenten, kreischenden Orgelton gequält, bis die Leute Bierflaschen auf die Bühne warfen.

Zweiundzwanzig Jahre später begegnete ich ihr wieder. Sie erschien mit einer tief in die Stirn gezogenen Mütze auf der Bühne und Schlabbersachen, die wie Lumpen an ihrem mageren Körper herunterhingen. Eine Schönheit war sie nie gewesen, aber nach all den Jahren sah sie aus wie eine verwitterte Vogelscheuche, der man, wäre man ihr auf der Straße begegnet, am liebsten Kleingeld in die dürren Finger gesteckt hätte.

Für einen Moment konnte man sich die Frage stellen, ob man dem Comeback der Grande Dame des amerikanischen Punkrock beiwohnte oder der Abschiedstournee einer verbrauchten alten Frau, die sich keinen Gefallen tat, solange sie mit Musikern auftrat, die so jung waren, dass sie ihre Enkel hätten sein können. Bis sie sich eine zerkratzte Fender Stratocaster aus der Backstage holte, sich auf den Boden kauerte und die Saiten der Gitarre auf eine solch markerschütternde Art malträtierte, wie sie vor ihr nur von Jimi Hendrix malträtiert worden waren. Und sie mich endlich kurierte von meiner Melancholie in Anbetracht der weiblichen Popstars der damaligen Zeit, gegenüber deren Sexappeal ich resistenter wurde, je lasziver sie sich gerierten. Und ich endgültig mit mir übereinkam, dass man die sexuelle Anziehung nicht allein in der Jugend findet, wo sie die Allgemeinheit immer noch mit Hartnäckigkeit vermutet.

Ich sage das mit aller Deutlichkeit, mit Hinsicht auf das kleine Drama, das sich in jenen Zeitschriften-Tagen ereignet hatte. Das sich ausgeweitet hatte zu einem bis heute nicht verwundenen Trauma. Ich spreche von der Sache mit dem Stangentanz. Dem sogenannten Stangentanz, zumal die Stange keine richtige Stange war, sondern eine der schlanken Betonsäulen, die die Decke unseres Redaktionsbüros stützten.

Ob ich mich denn noch daran erinnern würde, fragte mich Christine erst neulich wieder, dass sie mir, an jenen Pfeiler gelehnt und sich mit mir unterhaltend, das Angebot unterbreitet habe, einen erotischen Tanz für mich aufzuführen, einen Stangentanz sozusagen? Natürlich habe sie das nicht ernst gemeint. Mehr als Scheiß. Als reine Provokation. Auf die ich, *und unterstehe dich, irgendetwas anderes zu behaupten,* mit Verstörtheit reagiert hätte. Mit versteinerter Miene. Wie ein überfordertes Kind.

Niemals zuvor in ihrem Leben habe sie, Christine, sich so alt gefühlt. So scheißalt.

3

Muggelhausen

Die U-Bahn setzte sich in Bewegung, und ich genoss den kühlenden Fahrtwind, der durch die Fenster in den Waggon strömte, und dann den Moment, in dem wir die Röhre verließen, und alles um uns herum war grün, nur Bäume und Sträucher, als wäre man auf dem Land, so plötzlich, denn gerade eben war man noch mitten in der Stadt.

Ich hatte das Gefühl, als würde ich in die Ferien fahren, seltsamerweise, denn eigentlich gab es keine Arbeit mehr, keine Routine, von der ich Ferien machen konnte. Wir alle hatten in den letzten Wochen unseren Job verloren, die komplette Redaktion, Reinhardt, die Mädchen und auch Christine.

Das Viertel, in dem Christine ihr Haus hatte, machte keinen besonderen Eindruck auf mich, solche Vorstadtgegenden findet man häufig, fast in jeder deutschen Großstadt, vielleicht nicht immer so gut situiert, in unmittelbarer Nähe zur City. Ich durchschritt eine endlos lange, ruhige Straße, an deren beiden Seiten sich langweilige Einfamilienhäuser aneinanderreihten, fast alles lieblos proportionierte Klinkerbauten, die meisten von ihnen dürften in den ersten Jahrzehnten nach dem Krieg entstanden sein. Und es lag noch immer der Geist der fünfziger und sechziger Jahre in der Luft, diese kollektive Sehnsucht nach Abgeschiedenheit und Idyll.

Ich hatte mich vor den verschlossenen Toren eines verwaisten Schulgeländes verloren und zog eine zerknitterte Wegbeschreibung aus meiner Jackentasche, während ich bemerkte, dass ich vergessen hatte, die Hausnummer von Christines Adresse zu notieren. Was mich in eine ziemlich ausweglose Situation katapultierte, zumal ich überdies mein Mobiltelefon zu Hause hatte liegen lassen und mir nichts anderes übrig blieb, als mich in Christines Straße zu begeben und aufmerksam die Umgebung zu beobachten, jedes Haus, jedes Fahrzeug, jedes Klingelschild, jedes Detail, das mir einen Hinweis liefern konnte.

Ich passierte eine Konditorei, vor der schwangere Frauen mit kreischenden Kindern und dösende Rentner hübsch dekorierte Obstschnitten von ebenso adrett zurechtgemachten älteren Damen in gestärkten Blusen unter Sonnenschirmen serviert bekamen, als sich ein plötzlicher Impuls bei mir bemerkbar machte, der mich veranlasste, vor einem weiß getünchten Backsteinhaus mit blauen Fensterläden stehen zu bleiben, das mir kleiner, schlichter, verwitterter und wesentlich älter als die anderen Häuser zu sein schien, auffällig in seiner unauffälligen Beschaffenheit.

Es war mir noch nie passiert, an einen Ort zu kommen, von dem ich dachte, dass ich ihm bereits begegnet war, ein Déjà-vu also, aber das traf es nicht, es war mehr eine Hoffnung, die sich zeigte, mein Wunsch, Christine möge hier wohnen, in diesem einzigen Haus, das mir gefiel.

Und dann geschah das eigentlich Wundersame: Die Haustür öffnete sich, ohne dass ich mich bemerkbar gemacht hatte, und Christine erschien. Und strahlte, so, wie ich sie bisher noch nie hatte strahlen sehen, als könne sich ihr Gemüt erst richtig in der Aura dieses Ortes entfalten.

Ihr Haus steigerte seinen Charme, sobald ich es betrat, es war so klein und niedlich, dass es auch eine Datscha hätte sein können, die man nur in den Sommermonaten bewohnt.

Ich hatte kein bestimmtes Bild, was den Lebensstil von Christine betrifft, eher eine gewisse Vorstellung, in der Art von indischen Wandteppichen, Schreinen mit Buddha-Statuen oder Klangschalen auf den Fenstersimsen. Das wurde mir klar, als ich mich in den Räumen des Parterres umschaute, in denen speckige Holzbohlen die niedrige Decke stützten. Zuallererst im Esszimmer, in dem ein leise klimpernder, nicht zu überladener Glaslüster über einem schlichten Esstisch aus Eichenholz schwebte und sämtliche Wände von Regalen beansprucht wurden, von Bücherregalen, CD-Regalen, DVD-Regalen, Plattenregalen, vor allem Plattenregalen. Ebenso im Wohnzimmer, in dem sich auffallend zierliche, wie es schien, aus Flohmarktbeständen rekrutierte Möbelstücke, ein Ohrenbackensessel, eine helle Stoffcouch, ein Schaukelstuhl und ein Coffee Table unter roséfarbenen Lampions um einen behäbigen Eisenofen gruppierten, dessen Aktivität sich an der rußigen Patina der Wände bemerkbar machte.

Alle diese Dinge hätten gut zur Ausstattung eines Landhauses im schottischen Hochmoor gepasst, in dem eine stilvolle Dame lebt, die pastellige Liebesromane schreibt. Dort hätte man sich allerdings schwerlich das monströse, sich über den kompletten Flur erstreckende Gemälde einer uckermärkischen Sumpflandschaft mit grasenden Hirschen vorstellen können, genauso wenig die biedermeierlichen Postkutschenmotive auf den Tellern, die Christine für das Abendessen auf der Terrasse gedeckt hatte.

Ich kannte sie zu diesem Zeitpunkt noch nicht lange, aber ich kannte diese Art von Frauen mit Hang zu Plüschtieren auf den Tagesdecken ihrer Betten, mit Porzellanpuppen und Engelsputten auf den Schlafzimmerkommoden und Katzenpostern auf dem Klo. Diese Frauen hatten schlechte Mütter, schlechte

Väter oder beides, und dann suchten sie Trost in den selbst geschaffenen Kachelofenidyllen und den überfrachteten Kinderzimmern ihrer Sehnsucht. Mit denen sie sich selten Freunde machen, vor allem die Männer reagieren allergisch, auch ich, sonst, aber nicht hier, wo ich die schrägen Möbelstücke mochte, vielleicht, weil sie Erbstücke waren, weil Christine sie liebte, wie man missratene Kinder liebt, weil sie Kitsch im allerbesten Sinn waren.

Christine nötigte mich freundlich auf der Terrasse jenen Platz einzunehmen, von dem man den besten Blick auf den Garten hatte, von dem sie sagte, er sei das Beste, was ihr im Leben gelungen sei, nach David, ihrem Sohn. Das Areal war ziemlich überschaubar, sie hatte ihm Struktur angedeihen lassen, durch junge Obstbäume, Gemüsestauden und Buchsbaumhecken, und dennoch offenbarte der Garten Spuren der Verwahrlosung, an dem von Efeu eingewachsenen Schuppen etwa, wo sich der gelbliche Putz von der Wand ablöste, was mir sehr gefiel.

Allmählich legte sich die Hitze, und Christine brachte Käse, Schinken, Salami, Oliven, Tomaten, alles köstliche Produkte mediterraner Herkunft, hübsch arrangiert auf kleinen Platten, dazu Wein, roten und weißen, in fein ziselierten Kristallkaraffen. Und dann, als wir endlich beide saßen, hörte ich zum ersten Mal dieses angenehme Wort, *muggelig*[1], Christine verwendet es zum Ausdruck höchster Zufriedenheit. Was ich sofort verstand, und auch, dass *Muggeligkeit* für Christine eine Art Bekenntnis war, ein Bekenntnis zu einer liebenswürdigen Spießigkeit, die in keiner Weise im Widerspruch zur Wildheit ihres Wesens stand, im Gegenteil, diese Spießigkeit schien der Schlüs-

1 Norddeutsch für „angenehm", „gemütlich"

sel zu ihrer Gelassenheit zu sein, wenn nicht sogar noch mehr, der Schlüssel zu ihrem Glück.

Ich verließ das allmählich lieb gewonnene Kleinbürgerparadies in den frühen Morgenstunden, angetrunken torkelnd und bei Laune gehalten vom Gezwitscher der ersten Vögel, während ich mir selbst zum Vorsatz machte wiederzukehren, in jene Ferien, von denen ich bisher nicht gewusst hatte, dass ich sie brauchte. Ferien von meinem heimatlosen Leben.

4

Wir haben es getan

Wie an jedem frühen Abend in der Susannenstraße schoben sich die Massen über den Bürgersteig. Die meisten waren jugendliche Touristen, die gekommen waren, um anderen jugendlichen Touristen zu begegnen, von denen sie glaubten, sie seien die Einwohner dieser Gegend.

Alteingesessene Hamburger meiden das Schanzenviertel, von dem sie sagen, dass es nur noch die Kulisse für einen Film sei, der längst nicht mehr läuft. Zu diesem Film gehört eine gewisse Eintönigkeit. Dieser aufgesetzte Kreuzberg-Charme, der das gesamte Viertel überzieht, jeden Laden, jede Kneipe. Christine störte das nicht. Sie schien nur wahrzunehmen, was sie wahrnehmen wollte, die alten Ecken, die alten Plätze, die alten Läden, die letzten Reste ihrer Vergangenheit.

Sie hatte auch dieses Lokal vorgeschlagen, in dem wir keinen freien Tisch mehr fanden, wir saßen auf Barhockern am Tresen. Christine trug ein hübsches Bernsteinarmband, dessen Glieder eindrucksvoll aneinanderschlugen, während sie damit beschäftigt war, den Kragen ihres Trenchcoats hochzuschlagen. Wodurch sie verhindern wollte, dass man sie erkennt, genauer, der Typ, der neben dem Eingang saß, *nicht hinsehen*, genau der, mit Glatze und dem schwarzen Hemd.

Der Typ bemerkte sie nicht. Aber ich erkannte sie. Sah sie immer deutlicher. Ich sah das alt gewordene Mädchen. In dessen früherem Leben sich so vieles um Sex drehte. Weil Sex das große Ding war. Die große Utopie. Das große Versprechen. Der große Rausch. Das große Heil. Das große Verderben.

Christine hatte Henderson erwähnt. Sie hatte erzählt, dass sie ihn hier kennengelernt habe. Hier am Tresen habe er gestanden, „genau an dieser Stelle". Sie seien dann schnell ein Paar geworden. „Noch in derselben Nacht."

Christine schob der Barfrau ihr leeres Weinglas entgegen. „Und dann?", fragte ich.

„Haben wir geheiratet, zwei Wochen später. War Hendersons Idee. Ich fand ihn ja eigentlich doof am Anfang. Dieser ganze Aufzug. Rote Halstücher. Taillierte Hemden. Plateau-Treter mit Glitzersternen. Er war ja wahnsinnig eitel. Hat sich mordsmäßig was darauf eingebildet, dass er so schön war. Hat ja gern raushängen lassen, dass er anders war. Dass er Brite war. Hat ja immer so getan, als ob alle Briten Popstars wären. Was er nicht war. Oder schwul. Was er auch nicht war. Definitiv nicht, nee, nee, ganz sicher nicht.

Unsere Ehe war ja mehr so'n Quatsch-Ding. Haben ja auch keinen großen Hermann daraus gemacht. Halbe Stunde Standesamt. Ringe tauschen. Fertig. Ich weiß noch, dass Henderson während der ganzen Zeremonie 'ne Sonnenbrille getragen hat. Wegen dem Veilchen. Hat ihm 'n Zuhälter auf'm Kiez verpasst. Und ich war ja noch stinksauer, weil Henderson vorher mit 'ner anderen rumgemacht hatte. Mit Vera, verstehst du? War meine beste Freundin damals.

Na ja, ich bin dann gleich mit Paul ins Bett gegangen. Kumpel von Henderson. Scharfer Typ. Wollte ich sowieso schon immer. Und dann hatte das Henderson wohl mitbekommen. Fand er wohl nicht so toll. Danach wollten wir ja eigentlich in die Flitterwochen fahren. Nach Kreta. Haben wir auch gemacht. Aber halt nicht zusammen. Henderson ist mit irgend so 'ner Ische abgehauen. Und ich mit Paul. Hab mich aber unterwegs von Paul getrennt. Und dann kam Norbert ins Spiel."

„Welcher Norbert?", fragte ich.

„Na, der mit der Glatze. Der hinter uns sitzt."

„Ach der ..."

„Nicht hinsehen!"

Langsam offenbarte sich die Ironie der Situation. Ich und die kriegsversehrte Veteranin von der sexuellen Befreiungsfront. Und der einzige Sex, der sich abspielte, waren die Geschichten über den Mann mit der Glatze und dem schwarzen Hemd und all die anderen Kerle, über die Christine oft nicht mehr zu erzählen wusste, als dass sie im Bett nicht besonders gut waren, lange nicht so gut, wie sie es erwartet hatte, bevor sie mit ihnen schlief und hoffte, dass dem Sex noch irgendetwas folgen würde. Ein wenig Zuneigung.

Als wir die Kneipe verließen, fiel kühlender Nieselregen auf die immer noch warmen Platten des Trottoirs. Wir schlenderten die Schanzenstraße runter, entlang der dunklen Schaufenster, schweigend, als gäbe es keinen Platz mehr für weitere Konversation. Damit sie noch lange nachhallen konnte, diese schöne Melancholie, die ihnen beiwohnte, den ganzen Bettgeschichten. Und ihnen Würde verlieh.

Unser Spaziergang endete am Bahngleis, wo wir uns hastig verabschiedeten, während der Zug einfuhr. Wir lösten unsere kurze Umarmung, Christine küsste mich auf die Wange, während ihre Lippen flüchtig meine berührten, vorgeblich zufällig, aber ich merkte das, sie tat das ganz bewusst.

Und ich hatte eigentlich gewollt, dass wir Freunde bleiben.

Dann kam der Tag, den ich nie erleben wollte. Ich saß im Bus, der seinen gewaltigen Raupenkörper an der Kreuzung in die

Hoheluftchaussee bog, und zerrte meinen Beutel vom Nebensitz auf meinen Schoß, als Reaktion auf meine Vorausahnung, dass es gleich voll werden würde hier drin. Eigentlich mochte ich das. Mochte diese Lebendigkeit. Mochte die Selbstvergessenheit der Telefonierer. Mochte die Anmut der hübschen Mädchen und wie sie auf ihre Handys starrten, um sich der Blicke der Männer zu entziehen. Mochte die billigen Deos riechen. Mochte die Gemächlichkeit der Fortbewegung. Nur jetzt mochte ich das alles nicht. Der Bus sollte einfach nur fahren. Schnell.

Endlich zu Hause, hatte ich noch immer dieses Bild im Kopf, von Christine im Morgenmantel, wie sie kraftlos hüstelnd in ihrer Küche stand und mit den Tücken der Verpackung von tiefgekühlten Aufbackbrötchen kämpfte. Ich hatte noch immer den bitteren Geschmack des lauwarm gebrühten Filterkaffees im Mund, der der Betäubung des Alkohols entgegenwirkte, mit der Folge, dass die Erinnerung wiederkehrte und die Geschehnisse der vergangenen Nacht immer deutlicher zum Vorschein kamen, wie eine vom Nebel verhüllte Landschaft an einem sonnigen Morgen.

Ich hatte mir oft vorgestellt, mit Christine zu schlafen, hatte Bilder im Kopf, die so andersartig waren, dass es schien, als hätte der Regisseur gewechselt, der die Sequenzen meiner Fantasie inszenierte. Die Vorstellung mich und Christine betreffend schien mehr von Wellnessbedürfnissen als von sexuellen Trieben genährt zu sein, ein Gefühl wie schwebend, in einen wolkenartigen Kokon gebettet, ein rauschhafter, ruhiger Zustand ohne Höhepunkte, ohne Eindrücke außer leisem Rauschen und warmem, gelblichem Licht.

Und als es tatsächlich so weit war und wir uns wiederfanden, im Flur vor den Treppenstufen, die zum Schlafzimmer führen, war plötzlich nichts mehr übrig von der Champagnerlaune und der Enthemmtheit und der Neugierde, die uns von der Couch aufgescheucht hatte. Sonden nur noch Angst. Angst vor der Enttäuschung. Und deren Folgen.

„Willst du das wirklich?", sagte Christine.

„Ja", sagte ich.

„Du weißt, was du tust?"

„Ja."

Und dann, nachdem wir schweigend nebeneinander auf der Bettkante gesessen und uns ausgezogen hatten, während wir den Rest von dem Gras rauchten, das Christine in der Schlafzimmerkommode aufbewahrte, und endlich taten, was wir uns vorgenommen hatten, da bereute ich den Schritt, kaum hatten wir ihn vollzogen. Christine glaubte unser beider Verlegenheit entgegenwirken zu können, indem sie versuchte, dem Akt eine Unterhaltung folgen zu lassen, die ebendiesen zum Gegenstand hatte. Was mir nicht gefiel, nicht zuletzt deshalb, weil sie den Altersunterschied zwischen uns beiden unnötig zur Geltung brachte, durch das altertümliche Vokabular, das sie verwendete, als sie mich fragte, wie es denn weitergehen würde mit uns beiden, wir hätten doch schließlich miteinander *gebumst*.

Und so wachte ich am nächsten Morgen neben ihr auf, und es schien, als würde ich nichts mehr vorfinden von dem betörenden Wesen des vergangenen Abends, sondern nur noch einen müden, röchelnden Körper, der sich irgendwann wälzte und mir zuwandte. Und als mich Christine blinzelnd ansah und ihrer Zufriedenheit lächelnd Ausdruck verlieh, dass ich immer noch da war, da war sie für mich nur noch eine alte Frau, die es kaum erwarten konnte, ihren Freundinnen zu berichten, was sich in den vergangenen Stunden ereignet hatte.

Seit diesem Vorfall herrschte Schweigen zwischen uns, von den schüchternen Kurznachrichten abgesehen, die mir Christine gelegentlich schickte. Die ich erwiderte, höflich, aber reserviert, obwohl ich längst wusste, dass es nicht sie war, der ich aus dem Weg ging, sondern ich selbst. Der ich dem Alter noch eine Weile hatte fernbleiben wollen. Der ich noch nicht bereit war, mein bisheriges Leben aufzugeben. Dieses Verharren in ewiger Träumerei. Diese vermeintliche Gewissheit, dass das Beste noch kommen würde. Das Glück einer jungen Familie. Die Kindergeburtstage meiner Nachfahren. Ihre Schulabschlussbälle. Ihre beruflichen Erfolge. Und was sonst noch zu der fatalen Hoffnung gehört, die erlebte Prachtentfaltung des eigenen Nachwuchses sei die beste Entschädigung für ein verkorkstes Leben.

5

Im Kreise der Greise

Solange ich hier war, war alles gut. Ich war der einzige Gast in diesem Lokal. Und dennoch schaffte es der Mann hinter dem Tresen, mich nicht zu beachten. Was mir recht war, denn ich wollte unsichtbar bleiben, in der Erbärmlichkeit meines Zustands, der ich am Samstagabend nichts Besseres vorhatte, als hier zu sein, allein, an diesem einsamen Ort.

Ich hatte mich für den Platz an einem Stehtisch in der Nähe des Tresens entschieden, von dort hatte ich Einblick durch eine Luke hinter der Bar in die Küche. Man hatte offensichtlich mit mehr Betrieb gerechnet, und jetzt lungerten sie alle vor dem Herd herum, drei Köche und zwei Bedienungen, sie feierten die freie Zeit mit Gesprächen und Zigaretten und verspeisten die Gerichte, die sie nicht verkauft hatten. Ich verfolgte das Szenario, als wäre es ein für mich inszeniertes Live-Doku-Lustspiel, dann trank ich schnell ein zweites und drittes Bier, bevor ich mich wieder aufmachte, in die dunkle Nacht.

Mir ging es nicht gut, seit ich meinen Job verloren und wieder als freier Journalist zu arbeiten begonnen hatte. In der Vergangenheit war ich gern Freiberufler gewesen. Aber nach dem Börsencrash, der die Medienkrise weiter verschärft hatte, fühlte sich die Freiberuflichkeit an wie die Vorstufe von Arbeitslosigkeit und Verelendung. Die Dramatik der Situation hatte sich auf meinen Körper ausgewirkt. Auf meine Psyche. Meine persönliche Krise hatte im Herbst mit etwas Husten begonnen, der sich ausweitete, zu einer Bronchitis, und immer schlimmer wurde, besonders in den Nächten, in denen ich kaum schlief, stattdessen stand ich am offenen Fenster und rang nach Luft.

Inzwischen hatte ich die Bronchitis losgekriegt, aber nicht die Angst, die ich während der Hustenanfälle entwickelt hatte, die Angst vor Erstickung und dem Tod, sie hatte die Krankheit überdauert. Tagsüber war es erträglich, aber gegen Abend wurde es übel, sobald die Nacht einbrach. Und die Nacht brach ziemlich früh herein, hier im Norden, wir hatten Anfang Januar.

Ich verließ dann manchmal die Wohnung, trieb mich auf den Straßen herum, ging in die Kneipen, in die Schwimmbäder, in die Kinos, Hauptsache, ich war nicht allein mit mir und der Angst.

Thorsten, ein Freund, mit dem ich Sport machte, ein Szene-Gastronom aus Altona, der seine Drogensucht überwunden hatte und stattdessen dem Workaholismus verfallen war, versuchte mich zu trösten. Er sagte, dass es normal sei, wenn man durchdreht, in dieser Jahreszeit, in dieser Stadt. „Schau in die Kneipen", sagte er, „alles Irre und Schlaflose. Die Läden leben davon."

Es wurde schlimmer, von Tag zu Tag. Ich, der vermeintlich Leichtlebige, der vermeintlich Freiheitsliebende, der ich zeit meines Lebens fast nur unverbindliche, kurzlebige Affären mit den Frauen hatte, der ich mich den guten Freunden immer näher gefühlt hatte als den Frauen, mit denen ich schlief, und in Wahrheit mehr die Einsamkeit als Freiheit gesucht hatte, weil ich die Einsamkeit als einen sicheren, wohlig-warmen Zustand empfunden hatte, fühlte mich plötzlich von der Einsamkeit bedroht, sah in meiner behaglichen Zweiraumwohnung nicht mehr das vertraute, schützende Kastell, sondern nur noch ein eisiges Verlies, dessen Düsternis mich allmählich an den Rand des Wahnsinns treiben würde.

Irgendwann hielt ich es nicht mehr aus und ging zum Arzt. Der wollte mir nicht helfen, er wollte mich abschieben, in die Psychiatrie. Davor hatte ich noch mehr Angst. Angst vor den Auswirkungen der Angst.

Und dann verbrachte ich diese letzte einsame, aber ruhige Nacht, die meinen Beschwerden keinerlei Linderung verschaffte. Als ich am späten Vormittag erwachte, fühlte ich mich mies. Der Verzweiflung nahe. Ich spürte, dass selbst der stimmungsaufhellende Effekt des Sonnenlichts, der mich sonst über den Tag gerettet hatte, nicht mehr funktionierte.

Wenig später saß ich mit Christine in ihrer Küche, und wir aßen ein Leibgericht aus meiner Kindheit, geschmorte Paprika mit Hackfleischfüllung, und es war nichts mehr da von der fauligen Erinnerung an meinen letzten Besuch.

Wir hatten nicht viel am Telefon geredet. „Komm", hatte Christine gesagt. Sie hatte sofort gewusst, was mit mir los war, sie hatte es erkannt an dem Tremolo in meiner Stimme.

Und dann verteilte sie Kaffee auf unsere Tassen und begann die Schränke zu öffnen und kleine Snacks auf den Tisch zu stellen, Schokoladenriegel, Puddingbecher, Kekse, Würstchen, Käse. Und Wein in Piccolo-Flaschen. „Da steht sie in letzter Zeit total drauf", sagte Christine.

„Wer?", sagte ich.

„Meine Mutter."

Ich hatte zu diesem Zeitpunkt noch nicht viel über sie erfahren, über Käthe, davon abgesehen, dass Christine sie hassen konnte, wie sie sie liebte. Sie hatte mir von dem Vorfall erzählt, der sich in der Mitte der sechziger Jahre zugetragen habe, als sie und ihre Mutter die Ferien bei einem Bekannten in den bayerischen Bergen verbrachten, den Onkel Willi zu nennen Käthe Christine gebeten hatte. Obwohl Christine ihn nicht leiden konnte. Gleichwohl er sie beeindruckte. Ein Mann wie aus dem Bilderbuch, groß, kantig, mit riesigen Händen und pechschwarzem, wie mit Stemmeisen in Form gebrachtem Haar.

Es seien die frühen Zeiten des Heranwachsens gewesen. Sie hörte die Animals, heimlich, nachts unter der Decke, über ein winziges Kofferradio. Worauf sie die Welt der Erwachsenen völlig anders wahrzunehmen begann, als eine einzige Repressalie gegen alles, was nicht normal war. Und unter zweiundzwanzig.

Das Haus von Onkel Willi zum Beispiel und sein paradiesisches Umfeld. Die wunderschöne Landschaft mit all den Wiesen, Bergen und Seen. Christine fand sie hässlich. Wie eine Kulisse für einen Heimatfilm. Eine Welt in Technicolor. Da blieb sie lieber in ihrer Kammer. Und träumte von ihrer eigenen Welt. Einer Beatnik-Welt. Einer Welt in Schwarzweiß.

Sie hatte dann immerhin bei ihrer Mutter durchgesetzt, allein ins Dorf gehen zu dürfen. Verbrachte die meiste Zeit in einer plüschig-altbackenen Eisdiele, die wenigstens gelegentlich junge Leute besuchten. Dort konnte man gut Zigaretten schnorren. Im Bahnhofskiosk fand sie eine nicht mehr aktuelle *Bravo*-Ausgabe, die sie dennoch haben wollte, weil ihr Mick Jagger auf dem Cover wie ein enger Vertrauter erschien in dieser fremden Umgebung. Worauf es zu jenem Vorfall kam, als Onkel Willi sie mit der *Bravo* antraf und ihr die Zeitschrift entriss, gewaltsam und ohne jede Begründung, als wäre sie reinstes Teufelswerk, um sie umgehend in seinem Arbeitszimmer zu verstecken, als müsse er sie aufbewahren als Beweis für einen späteren Prozess.

Noch schlimmer als den Vorfall selbst habe Christine jedoch den Verrat ihrer Mutter empfunden. Die alles mit angesehen habe, kühl, sprachlos, handlungslos. Obwohl sie doch ihre Mutter gewesen sei. Ihre beschützende Übermutter. Es sei dieses letztendlich braune Element gewesen, diese bedingungslose

Unterwerfung den Männern gegenüber, die sie ihrer Mutter nie habe verzeihen können.

Ich wusste, dass Käthe an Alzheimer litt, Christine hatte gelegentlich darüber gesprochen. Ich hatte sie meistens auflaufen lassen, weil ich mich nicht gern über Krankheiten und alte Menschen unterhielt. Wahrscheinlich lag es daran, dass ich mich nun selbst alt und krank fühlte, dass es mir plötzlich nichts mehr ausmachte, dass ich sie mir bereitwillig anhörte, Christines Schwärmereien über die eben erst entdeckte Lust ihrer Mutter auf Piccolo-Wein und Café Latte aus dem Kühlschrank. Sie lenkten mich ab vom eigenen Elend. Auch wenn sie mich neidisch machten, so wie mich manchmal Leute mit kleinen Kindern neidisch machten. Weil sie jemanden hatten, dem sie Freude bereiten konnten, so einfach, mit ein paar Gummischlangen und Orangensaft aus der Tüte.

Und dann ließ ich mich widerstandslos verschleppen, auf einen Endlos-Trip durch die kalte, graue Vorstadt, in einem altersschwachen Kleinwagen, dessen Heizung nicht richtig funktionierte.

Christines Mutter lebte in einem Pflegeheim für Alzheimerkranke, das sich von außen betrachtet kaum unterschied von den Reihenhäusern und Bungalows der Umgebung. Wir passierten die Pforte und begegneten einem schmächtigen Mann in Trainingsanzug und Filzpantoffeln, der sich mit winzigen Tippelschritten auf uns zu bewegte. Christine packte ihn an beiden Händen, streichelte seine Wangen. „Da wollen Sie ganz bestimmt nicht hin, Herr Plöger“, sagte sie, „jetzt gehen wir mal wieder schön zurück.“ Herr Plöger starrte Christine in die Augen, er wusste nicht, wer sie war, er wusste nicht, wo er war. „Ja“, sagte er, „ist gut.“

Wir landeten in einem Flur, an dessen Ende sich die Türen des Aufzugs öffneten, aus dem eine junge pummelige Frau in mintgrüner Pflegerkleidung einen Wagen mit abgegessenen Tellern zerrte. Nicht weit davon, vor einem großen Fenster, zwei greise Frauen, deren kraftlose Körper vollkommen regungslos, von Kissen gestützt, in riesigen Polstersesseln ruhten, während sie mit offenen, ausdruckslosen Augen auf die Graffiti der Hinterhofwände starrten. „Frau Biestermann und Frau Stolze", sagte Christine. Sie kannte sie alle hier.

Im Obergeschoss trafen wir Käthe, eine schlanke, sportlich gekleidete Mittachtzigerin, die bronzefarbenen Lackslipper, die sie trug, hatte ihr Christine besorgt. „Sie war früher so schön", sagte sie. Das war die erste Lektion, die ich über Alzheimerkranke lernte, über Menschen, die die Kontrolle über sich selbst verloren hatten: Ihre Angehörigen sorgen dafür, dass sie bleiben, wer sie waren, sie sind die Wahrer ihrer Identität.

Käthe nahm keine Notiz von uns, genauso wenig die anderen Patienten, ein knappes Dutzend etwa, man hatte sie gerade aus ihren Zimmern geholt, und nun saßen sie gemeinsam an einem großen Tisch. Ich nahm Platz an diesem Tisch, neben Käthe, und beobachtete die Leute, die meine Anwesenheit registrierten, aber sie reagierten nicht auf mich, sondern verharrten in ihren unveränderlichen Mienen, als wären sie lebende Skulpturen. Ich sah die gesamte Bandbreite menschlicher Emotionen in diesen starren Gesichtern, sah ausgelassene Heiterkeit, panische Furcht, Traurigkeit, Wut, Abgespanntheit, Gleichgültigkeit. Manche blieben stumm in ihren Körperhaltungen. Andere repetierten die immer gleichen Bewegungsmuster, sie klopften mit den Fingern auf die Tischkante, boxten in die Luft, warfen ihre Körper nach vorne und wieder zurück. Wieder andere sangen, kreischten, heulten, wimmerten. Und ich, der psychisch aus dem Lot Geratene, wusste gar nicht mehr, was mir mehr zusetzte, das Geschreie und Gewimmer oder der Kuschelrocksender im Radio, der die Laute übertünchen sollte.

Christine verteilte die mitgebrachten Sachen auf der Tischplatte. Hin und wieder wendete sie sich der Mutter zu, die mit geschlossenen Augen in ihrem Sessel kauerte und Unverständliches von sich gab. Sie flüsterte ihr Zärtlichkeiten ins Ohr, dann küsste sie sie mit der Ungestümheit eines Kindes, wogegen sich Käthe sträubte. Bis sie nachgab. Und sich die Liebkosungen gefallen ließ. Und lächelte.

„Hat sie dich jetzt erkannt?", fragte ich.

„Keine Ahnung", sagte Christine.

Sie zerbrach die mitgebrachten Kekse, die Schokolade, schnitt Wurst und Käse in mundgerechte Portionen, mit denen sie Käthe fütterte wie ein kleines Kind. Es ließ sich nicht erkennen, wer das Prozedere mehr genoss, die Mutter oder die Tochter, jedenfalls, als Käthe genug zu haben schien, verteilte Christine die Reste an die übrigen Patienten, in ähnlicher Weise, wie sie es mit der Mutter tat, sie schob ihnen die Stücke in den Mund, dann streichelte sie ihnen die Wangen und küsste sie auf die Stirn.

Zunächst befremdete mich dieses Ritual, das ich erst zu verstehen begann, nachdem ich Christine eine Weile beobachtet hatte. Füttern und liebkosen, das war hier mehr als Liebe und Zuwendung, es war Kommunikation, es war der einzige Weg, den man zu diesen Menschen fand, die nichts mehr erkennen konnten, nichts mehr verstanden.

Ich dachte an das einzige Bild, das ich von Käthe kannte, es zeigte sie als junge Frau zusammen mit Christine als Kleinkind, beide in inniger Umarmung. Es war das einzige Foto auf dem Fenstersims in Christines Wohnzimmer. Nicht zu übersehen in seiner sakral anmutenden, veredelten Fassung, einem hauchdünnen Blechrahmen mit hübschen Verzierungen und einem Dreiecksgiebel, dass es kein herkömmliches Familienbild war. Sondern ein Heiligenbild.

Wobei mir immer klarer wurde, wer der Gegenstand des Kultes war, weniger die Mutter als die symbiotische Beziehung zwischen Mutter und Tochter. Deren Ursprünglichkeit Christine vermisste, je älter sie wurde. Je schwieriger sich ihr Leben entwickelte, mit all dem Kummer und den Enttäuschungen über ihren Vater, der sie verließ, als sie zehn war, und dann versuchte sie ihn zu ersetzen, mit all diesen Männern, die es mittlerweile nicht mehr gab.

Und nun konnte wieder alles so schön sein mit der Mutter. Wie auf dem Bild.

„Mach die Augen auf, Mama“, sagte Christine. „Schau mich an. Bitte.“

„Loslassen!“, keifte Käthe. Sie ließ die Augen zu.

Ich erlebte diese Szene distanziert, als wäre sie die Schlüsselszene in einem Kinofilm, von dem man erwartet, dass er einen mit dem Gefühl von untröstlicher Traurigkeit in die Nacht entlässt und dem Wunsch, zu sein, was ich war, ein Zuschauer, der zur Figur wird und Einfluss auf den Verlauf der Handlung bekommt. Und dafür sorgen kann, dass der Film ein glückliches Ende findet. An dem Christine die Liebe kriegte, die sie brauchte. Die sie verdiente. Damit sie endlich Abschied nehmen konnte von ihrer Mutter. Und wieder leben konnte. Und Käthe endlich sterben konnte.

Und ich, sollten die Dämonen meiner doch noch habhaft werden, wenigstens sagen konnte: Am Ende meines Lebens habe ich geliebt.

6

In der Wanne

Ausgerechnet ich, der ich spottete, wenn Liebespaare sich selbst verklären und nach Erklärungen suchen, warum sie schon immer füreinander bestimmt gewesen wären, hatte im Jahr 1968 eine biografische Parallele entdeckt, die Christine und mich betraf: Wir hatten damals als Fotomodelle gearbeitet. Ich, als Dreijähriger, für elektrische Zahnbürsten, die ersten, die auf dem deutschen Markt erscheinen sollten. Und Christine, damals siebzehn, für die Jugendmode-Kollektion einer Kaufhauskette.

Während mich diese Entdeckung durchaus amüsierte, schien sie Christine eher zu schockieren. Offenbar berührte die vergleichende Momentaufnahme, die junge Frau neben dem Kleinkind mit dem von Windeln ausgebeulten Hinterteil, eine tief in ihr verborgene Hemmung vor der Beziehung mit einem jüngeren Mann.

Nebenbei gesagt, waren wir wohl beide als Models nicht sehr erfolgreich. Den Erzählungen meiner Eltern zufolge scheiterte ich bereits nach weniger als einer Stunde an der simpelsten Anforderung des Gewerbes: Ich weigerte mich zu lächeln. Christine dagegen, die ihren zierlichen Körper vor der Kamera in Bond-Girl-Manier auf der Motorhaube eines Karmann-Ghia-Cabriolets räkelte, brachte ein ziemlich hübsches Lächeln zustande. Aber es war kein souveränes, gewinnendes Werbe-Lächeln, sondern ein eher scheuer, ängstlicher, fast noch kindlicher Ausdruck mit einem winzigen Anflug von Koketttheit.

Mit andern Worten: Christine war zu jener Zeit auf eine vollkommen unvergleichliche Art hinreißend, und man konnte sich gut vorstellen, wie es zu jenem Vorfall in einer abgelegenen, dunklen Bahn-Unterführung kam, bei dem sie nach einem Kinobesuch auf dem Weg nach Hause war. Nicht irgendeinem Kinobesuch. Oswalt Kolle. *Das Wunder der Liebe.*

Der Kerl habe ihr aufgelauert. Sie hatte ihn gleich erkannt. Er hatte im Kinosaal neben ihr gesessen. Einmal hatten sich sogar ihre Knie berührt. Und nun, da sie ihm wiederbegegnete, dachte sie, er würde sie nur ansprechen wollen. Sie versuchte ihn zu ignorieren. Beschleunigte ihren Schritt. Und dann dieser Schock, diese überwältigende Panik, als er sich plötzlich auf sie stürzte wie ein hungriges Wildtier, als er sie an den Handgelenken packte und gegen die Wand bugsierte.

„Sammal, Kleine", sagte er, „sach, was soll denn das? Bisse frigide, oder was, ey?"

„Ey, lass das, Mann", sagte Christine, „kenn dich doch gar nicht."

Und dann sei alles ganz schnell gegangen. Christine versuchte, sich loszureißen. Was ihr auch gelang, für kurze Zeit wenigstens. Bis er sie wieder zu fassen kriegte. Und ihren Körper gegen die Wand knallte, mit derartiger Wucht, dass sie ihr Bewusstsein verlor.

Und als sie wieder zu sich kam und spürte, dass der Rücken seiner Hand ihre Wangen berührte, passierte die Sache mit ihrem Knie, das sich wie von selbst zwischen seine Beine katapultierte, mit millimetergenauer Präzision. Und dann dieser Moment, kaum länger als der Bruchteil einer Sekunde, in dem sie verharrte. Sie starrte, wie versteinert, in sein hässliches, vom Schmerz verzerrtes Gesicht, bis sie sich aus seinem Griff löste. Und nur noch lief. Und lief. Und lief.

Und schließlich kündigte sich völlig unerwartet der Abend an, den ich herbeigesehnt hatte. Aus dem Badezimmer drang das Plätschern eines verkalkten Wasserhahns, der unregelmäßig kleine Sturzbäche in die Wanne spie, begleitet von Lavendeldüften, die sich allmählich im Schlafzimmer ausbreiteten. Ich legte meine Kleidung ab, ungeduldig wie ein Kind an Heiligabend, kurz vor der Bescherung, wenn sich die Vorfreude mischt mit der Furcht vor der Enttäuschung, dass der Abend nicht so schön wird wie erhofft.

Ich hatte schon immer gern gebadet. Als Kind sowieso, und später, als Heranwachsender, hatte ich mich wenig von dem Vorurteil beeindrucken lassen, Bäder seien nur etwas für Frauen und Schwule. In meiner besonders vom Kino geprägten Wahrnehmung hatten alle gebadet, auch die heterosexuellen Männer, manche trugen währenddessen Stetsons, tranken Whisky, rauchten Zigarren oder fütterten kichernde Mädchen mit Erdbeeren und Champagner. Baden war und blieb für mich der Inbegriff des wilden, ausgelassenen Lebens, nur dass ich mittlerweile keinen Firlefanz mehr dazu brauchte, am liebsten badete ich in purem Wasser und schätzte gute Zeitschriften – oder Gesellschaft.

Dass Christine und ich noch nie gemeinsam gebadet hatten, grenzte an ein Wunder, denn sie liebte heiße Bäder genauso wie ich, wenn nicht sogar noch mehr. Man musste sich nur in ihrem Badezimmer umschauen, in dem die Badewanne nicht, wie anderswo, als Duschwanne missbraucht wurde oder als Auffangbehälter für trocknende Wäsche, sondern Respekt erfuhr als reine Genussvorrichtung, die sie mit antiquarischen Armaturen hatte ausstatten lassen und einem kleinen Beistelltisch, auf dem sich verschiedene Badeessenzen in teuren Flakons reihten.

Es war schon eine Weile her gewesen, dass ich zum ersten Mal versucht hatte, mich bei Christine als Badegast einzuladen. Sie ließ mich abblitzen, was mich zunächst erstaunte, denn eigentlich schätzte sie meine Nähe, fast in jeder Situation.

Natürlich spürte ich, dass die körperpflegerischen Maßnahmen, die sie angeblich so sehr in Anspruch nehmen würden, nicht der wahre Grund für ihre Ablehnung waren. Also vermied ich, sie weiter zu bedrängen. Sofern ich es überhaupt wagte, brachte ich meine Bitte mit vorgeblicher Beiläufigkeit vor, was mir letztendlich auch keinen Erfolg brachte. Bis sie mich, völlig überraschend und aus freien Stücken, dazu aufforderte, ihr in der Wanne Gesellschaft zu leisten.

Als ich das Badezimmer betrat, war die Wanne fast schon voll gelaufen, auf dem Beckenrand loderten die winzigen Flammen zweier Teelichter. Ich ließ mich vorsichtig in das komplett von Schaum bedeckte Wasser gleiten und erwartete Christine, mit einem leichten Anflug von Skepsis, zumal sie dazu neigte, ihre Pläne zu ändern, oft in allerletzter Sekunde.

Aber sie kam tatsächlich, ihrer Kleidung entledigt, stattdessen trug sie ein großes Handtuch, das ihren Körper bedeckte, bis auf die Schultern und die Füße. Sie löschte das Licht, wodurch es, trotz der Teelichter, völlig dunkel wurde, und während ich versuchte, mich an die Dunkelheit zu gewöhnen, hörte ich Christines leise Schreie, die ihren Körper ins heiße Wasser tauchte. Das Erste, was ich erkannte, waren die Ballen von ihren Füßen, die sich bedrohlich auf mich zubewegten, bis ihre großen Zehen meine Augenlider berührten und ich nichts mehr sah.

„Deine Kontaktlinsen", fragte Christine, „hast du sie gerade drin?"

„Nein", sagte ich.

„Wirklich?"

Ich hatte noch nie in Frage gestellt, wovon alle Welt ausgeht, dass die Liebe und die Intimität zwischen zwei Menschen damit einhergehen müssen, dass sie die Scham voreinander verlieren. Genauso wenig hatte ich mir Gedanken über die Scham gemacht, angesichts des sich selbst entfremdenden Körpers, die das Alter mit sich bringt. Die sich manchmal bemerkbar machte, wenn Christine und ich miteinander schliefen, dann entkleidete sie sich, mir den Rücken zuwendend, auf der Bettkante sitzend, und drehte sich mit turnerischer Gewandtheit unter die Bettdecke, damit ich möglichst wenig von ihrem nackten Körper zu sehen bekam.

Sosehr ich mich darüber amüsieren konnte, so sehr schätzte ich das, weniger die Scham, als den Stolz der makellos schönen Frau, die Christine früher war, ihre Zugeknöpftheit mochte ihr die Leichtigkeit nehmen, aber sie verlieh ihr eine gewisse Würde.

Ich legte meinen Hinterkopf auf den Beckenrand, ließ mich weiter sinken, bis mir das Wasser bis zum Hals stand und ich nichts mehr wahrnahm außer dem Gluckern des Wassers durch den Überlaufbehälter. Und begann darüber nachzudenken, wie ich es Christine sagen sollte, dass es, wie ich fand, keinen besseren Zeitpunkt gab, mir ihren Köper zu offenbaren, als diesen, in dem ihr Körper immer noch schön war, aber nicht mehr so laut wie früher nach sexuellen Berührungen schrie. In dem er keine Gefahr mehr für sich selbst darstellte und nicht mehr Gefahr lief, ihrer Seele die Show zu stehlen.

In dem er endlich leise nach den Liebkosungen verlangte, die Christine brauchte, zeit ihres Lebens.

7

Hilfe, ich bin ein Dieb!

Mein Leben befand sich im Umbruch, das merkte ich vor allem an den Wochenenden, die ich jetzt bei Christine verbrachte. Einige Zeit waren es nur die Samstage, dann die Samstage und die Sonntage, mittlerweile waren auch noch die Freitagabende und die Montagmorgen dazugekommen. Und ich, der ich eigentlich meine Wohnung liebte, stellte keine Fragen, weder Christine noch mir selbst, warum wir nur bei ihr waren und nie bei mir.

Christine gehörte offensichtlich zu den Menschen, von denen man sagt, sie hätten Struktur in ihrem Leben. Am Freitagabend zum Beispiel bestand sie auf Brandy in angewärmten Gläsern, gesalzenen Mandeln aus flachen Schalen und Fernsehtalkshows, deren Teilnehmer dem Publikum das Gefühl vermittelten, einer Cocktailparty beizuwohnen, die auf der Dachterrasse eines Kunstbuchverlegers ihr ausgelassenes Ende findet.

Ihre Samstage widmete sie der Erledigung von Einkäufen, Gartenarbeiten und bürokratischen Pflichten. Damit sie die Sonntage ungestört genießen konnte, die sie an kalten und regnerischen Tagen gern zelebrierte, auf eine Weise, die ziemlich exakt meiner kindlichen Vorstellung von Zsa Zsa Gabor entsprach, von der ich stets dachte, sie würde ihr Leben liegend auf einer Couch verbringen, Champagner süffelnd und, leicht berauscht vom Alkohol und hypnotisiert vom flackernden Feuer im offenen Kamin, endlose Telefonate führend.

Christine hatte mich von Anfang unserer Beziehung an dazu aufgefordert, ihr auf der Couch Gesellschaft zu leisten. Was mir zunächst nicht leicht fiel, denn ich bin eigentlich kein Freund der kultivierten Entspannung, eher jemand, der halb angezogen durch die Wohnung schleicht und den Fernseher vor dem Bett stehen hat. Aber mittlerweile mochte ich das, dass wir uns gehen ließen und dennoch die Haltung bewahrten. Dass wir Tee aus hübschen Tassen tranken und gemeinsam in großen Bildbänden blätterten. Das Fauteuil war der würdige Rahmen für das, was gerade mit uns geschah, es war die Kultstätte unser werdenden Liebe.

Auch wenn ich, zugebenermaßen, die Stunden unserer gepflegten Zweisamkeit gelegentlich nutzte, um Christine zu beobachten, wie in jenem Moment, in dem sie, noch nicht geduscht und fertiggemacht für den Tag, aufrecht auf dem Polster saß und durch die mit Fettflecken verunreinigten Gläser ihrer Lesebrille den Beipackzettel einer Schmerzmittelpackung studierte. Sie trug eine weiße, etwas ausgeleierte Jogginghose, dazu ein marineblaues Kapuzensweatshirt. Ihr ungewaschenes, verfilztes Haar ragte wild nach allen Seiten wie herbstliches Gestrüpp nach einem heißen Sommer. Und sie erschien mir plötzlich fremd. Fremder als je zuvor.

„Die Bilder", sagte ich. „Du hast es mir versprochen." Christine ignorierte mich. Es war dieselbe Frage, dieselbe Reaktion wie bereits am letzten Sonntag. Und an den Sonntagen zuvor.

Einmal, ich denke, es war der Tag, an dem ich sie zum ersten Mal danach fragte, da hatte sie mir ein kleines Fotoalbum gegeben, dessen Betagtheit sich leicht durch die expressiven Muster auf dem Einband verriet. Es war noch ausgestattet mit jenen Folien, die man früher zwischen die Seiten heftete, um die Bilder vor fettigen Fingern und Kaffeespritzern zu schützen. Die

Fotos hatten winzige Formate und geriffelte Ränder, und sie dokumentierten die ersten Lebensjahre eines sich äußerlich erstaunlich wenig verändernden Kleinkindes.

Käthe hatte dieses Album geführt mit der Akribie einer liebenden Mutter, die selbst nur selten auf den Bildern auftaucht, und wenn, dann trägt sie elegante Karokleider, Glacéhandschuhe und Kopftücher und wirkt, als wolle sie Werbung für das Leben machen, das sie vor der Kamera zeigt.

Christine sagte, sie möge das Bild auf der letzten Seite, das einzige, das sie mit Zöpfen zeigt, die habe sie sich so sehr gewünscht. Ich dagegen verliebte mich in ein anderes Bild, da trägt sie dieselbe Pagenfrisur wie auf den sonstigen Fotos, sie posiert in kindesuntypischer Weise auf einem Schemel mit übereinandergeschlagenen Beinen und verschränkten Händen über dem Knie und lacht, als könne sie weglachen, was die fünfziger Jahre so beschwerlich machte, die emotionale Verklemmtheit einer vom Krieg traumatisierten Gesellschaft und das kratzige Gefühl auf der Haut durch den Wollpullunder, den sie auf jedem zweiten Bild tragen musste.

Christine reichte mir noch ein weiteres Album, ein brav bis zur letzten Seite geführtes Poesiealbum aus ihrer Schulzeit. Und dann beendete sie abrupt die Retrospektive ihres Lebens mit der Zugabe eines ziemlich ramponierten Tagebuchs aus ihrer Teenagerzeit, in dem sie selbst und von Freundinnen verfasste Weltschmerzgedanken sammelte, angereichert mit Hasstiraden gegen Eltern und Lehrer, Fotos von Jungs mit pickeligen Gesichtern und den vom „Revolver"-Cover abgepausten Köpfen der Beatles.

Ich verließ die Couch und warf trockene Scheite in den Ofen, in dem die Glut langsam zu erlöschen drohte. Währenddessen ging Christine aus dem Wohnzimmer ohne Worte, sie kam wieder mit einer verbeulten Blechschatulle, derjenigen Blechschatulle, von der sie bisher behauptet hatte, dass sie nicht mehr genau wisse, wo sie sei. Und schließlich, endlich, begann die von mir erbettelte Bilderrevue über Christines Leben, von dem sie lange Zeit gehofft hatte, dass es für mich ein Mythos bleibe, ein von Bildern und Dokumenten unbehelligtes, allein durch Erzählungen und die Vorstellung zum Leben erwecktes Gebilde meiner Fantasie.

Christine durchstöberte die Schatulle mit spitzen Fingern, dann reichte sie mir den Inhalt behutsam, Bild für Bild, währenddessen spürte ich ihre Anspannung, sie fürchtete meine Reaktion auf das Erscheinungsbild ihrer Vergangenheit, das vielleicht enttäuschen würde im Vergleich mit dem idealisierten Bild meiner Vorstellung, was sich allerdings nicht einstellte, im Gegenteil, zu meiner Freude über die Enthüllung gesellte sich ein jugendliches Gefühl von Verliebtsein in Anbetracht jener jugendlichen Schönheit auf den Bildern, die den Wandel liebt, die die Moden wechselt, die Frisuren, die Männer, die Partys, und dennoch bleibt, scheinbar unerschütterbar, ihr elfenhafter Charme, bis Jens auftaucht, Christines letzter Mann, und David, der kleine David, der in den Vordergrund rückt, und Christine seltener auftritt, zunehmend verändert in der Rolle der desillusionierten und sich selbst vernachlässigenden Hausfrau und Mutter.

Auf den letzten Fotos trägt sie fast immer eine Sonnenbrille, als wolle sie inkognito durch die Welt gehen, die offenbar nicht mehr die ihre ist.

Dann verschwanden die Bilder wieder in der Schatulle. Und schließlich die Schatulle selbst. Und ich spürte ein Verlangen in mir aufkommen, das größer war als alles, was sich in mir aufbäumte, um diesem Verlangen zu widerstehen. Ich wollte dieses Mädchen unbedingt wiedersehen.

Und dann, nach einer Nacht, die ich mit einer älteren Frau verbrachte, die ich in Gedanken betrogen hatte, mit der Vorstellung von ihr selbst als einer jüngeren Frau, saß ich schlaftrunken im Bus, mit einem Dutzend Fotografien in meiner Manteltasche. Ich hatte sie aus der Schatulle geklaut. Und konnte es kaum erwarten, zu mir nach Hause zu gelangen. Wo ich die Bilder auf meinem Küchentisch ausbreitete und betrachtete, mit der naiven Ängstlichkeit eines Heranwachsenden, der sich die ersten erotischen Bilder, die er in die Finger kriegt, immer wieder ansieht, weil er fürchtet, sie könnten in seiner Erinnerung verblassen.

Ich hatte keine Ahnung, was da gerade mit mir passierte. Vielleicht war es der Wunsch, meiner jungen Liebe die Tiefe einer reifen Beziehung zu verschaffen, indem ich mir die gestohlenen Momente eines eingebildeten gemeinsamen Lebens zu eigen machte. Indem ich mir vorstellte, ein wesentlich älterer Mann zu sein, der dabei war in jener Partynacht auf Teneriffa, in der Christine kaum mehr am Leib trug als ein luftiges Cocktailkleid und ihr offen herabfallendes, helles Haar mit dem milchigen Teint ihrer bloßen Schultern verschmolz und man sie fotografierte, wieder und wieder, weil sie in dieser Nacht kaum weniger darstellte als den Inbegriff der betörenden Blondine aus dem Norden. Und dann, ein paar Jahre später, hätte ich derjenige sein können, der sie fotografierte, als sie sich, verwegen, die Körperhaltung von Gudrun Ensslin auf einer bestimmten Fotografie nachempfindend, im Schneidersitz auf dem bloßen Dielenboden ihrer Hamburger Wohnung kauernd inszenierte und sich gleichzeitig verriet, durch die Wärme ausstrahlende Geste einer Tierfreundin, die ein schlafendes Kätzchen in ihrem Schoß wiegt.

Vielleicht aber lebte ich nur einen Gedanken, der mich beschäftigte, seit ich meinen ersten Film mit Brigitte Bardot gesehen hatte, die ich zu diesem Zeitpunkt nur von Abbildungen aus Zeitschriften kannte, als alternde, verbrauchte Schabracke, die in gewisser Regelmäßigkeit in die Schlagzeilen geriet, weil ihr das Wohl der Robben in Kanada mehr am Herzen lag als das der Araber in Frankreich.

Der Film muss einer ihrer ersten gewesen sein, ich konnte mich kaum an die Handlung erinnern, auch nicht an die Figuren oder die Orte. Ich hatte nur noch die Bardot in Erinnerung, dieses wunderschöne Mädchen, das unerreicht geblieben war, was die Verkörperung von ungebremster Lebensenergie und natürlicher Sexualität betrifft. In das ich mich sofort verknallte. Um mir gleich darauf die Frage zu stellen, wen ich in ihr sehen würde, wenn ich der Bardot begegnen würde, die verbitterte Schabracke oder das hinreißende Mädchen der Vergangenheit?

Vielleicht waren es die besser werdenden Möglichkeiten der Fotografie und des Films, die unser Leben verändern, die unseren Blick auf das Alter verändern, von denen Liebende wie Christine und ich profitierten. Nach uns würden weitere Generationen altern, die Kinder der heutigen Facebook- und YouTube-Ära, bereits sie würden auf die nahezu lückenlose Dokumentation des eigenen Lebens zurückgreifen können und auf unvorstellbar plastische Weise mit der eigenen Vergangenheit verschmelzen. Spätestens dann würde man kein Ufa-Star mehr sein müssen, wie Jopie Heesters, damit sich Teenager in einen verlieben, während man die letzten Zähne verliert. Man würde alt sein und einen Schatz vorweisen können, der mehr wiegt als alles Geld der Welt: der konservierte Sexappeal der eigenen Jugend.

8

Gespenstische Stille

Mittlerweile, nach über drei Jahren, fühlte ich mich schon so weit als Hamburger, dass ich wusste, was ich wirklich vermissen würde, sollte ich je die Stadt verlassen müssen. Nicht, wie ich lange Zeit gedacht hatte, den sommerlichen Auflauf der selbstverliebten Nonkonformisten vor der Roten Flora, dem autonomen Zentrum im Schanzenviertel, das das verloren gegangene Lebensgefühl meiner in München-Schwabing verbrachten Kindheit wieder hatten aufleben lassen. Nicht einmal das überwältigende Schauspiel der nahezu lautlos, in unmittelbarer Ufernähe der Elbe vorüberziehenden Containerschiffe in Övelgönne.

Allerdings die Hoheluftchaussee! Wo gab es das noch, solch einen wunderbaren, kilometerlangen, sich wie ein riesiger Fluss durch die Innenstadt erstreckenden Boulevard, den diese manchmal gnadenlose, sich ihrer Vielfalt beraubende Welt zu vernachlässigen schien? In der die einschlägige, von Zara bis San Francisco Coffee Company angeführte Konsum-Mafia unaufhaltsam schien, die kontinuierlich die DNA der Städte zerstörte?

In der Hoheluftchaussee hatte wie durch ein Wunder überlebt, was in anderen Städten nur noch in den Archiven existierte, auf kleinformatigen Schwarzweißfotografien bestenfalls: Reklame-Schriftzüge aus der Weimarer Zeit, obskure Wäschegeschäfte, Kurzwarenhandlungen, Schusterbetriebe, futuristisches Tankstellen-Design aus der frühen Nachkriegszeit, dörfliche Eiscafés mit Resopal-Mobiliar und Schaufenster, die nichts mehr auszustellen hatten außer dem Schutt des letzten pleite gegangenen Geschäftsbetreibers.

Auf dem Weg in die City nahmen Christine und ich gelegentlich den Bus der Linie Fünf, dessen Route über die Hoheluftchaussee führte. In der Regel ergatterte Christine einen Platz am Fenster, und dann passierte es, wirklich jedes Mal, wenn wir gegen Ende der Straße die alte, seit ewigen Zeiten verrammelte Kneipe erreichten, deren Verwahrlosung sich am deutlichsten an den Fetzten der unzähligen übereinander geklebten Plakaten auf der Eingangstür bemerkbar machte, mit denen die Studenten des angrenzenden Uni-Viertels für ihre Feiern warben, dass mich Christine in die Seite knuffte und sagte: „Schau, da, das alte Larry B."

Sie hatte die Kneipe so oft in ihren Erzählungen erwähnt, bis ich neugierig wurde und schließlich, als ich zu Fuß auf der Hoheluftchaussee unterwegs war, die Straßenseite wechselte, um mir Einblicke in die Gasträume zu verschaffen. Allerdings vergeblich, denn durch die verdreckten Fenster und die Lichtreflexionen der tief stehenden Sonne konnte ich nichts erkennen außer der vagen Gestalt eines Deckenleuchters.

Es muss an den Zimmern ihrer Jugend gelegen haben, die ungemütlich waren und schlecht geheizt, dass Christine den großen Teil der siebziger Jahre in Kneipen verbrachte. Sie hatte die Angewohnheit, die Etablissements mit den Wohnungen und den Freunden zu wechseln und sie mit einer an Sturheit grenzenden Regelmäßigkeit aufzusuchen. Sie waren ihr die Wärme spendenden Wohnzimmer, die ihr fehlten, in dieser manchmal so kühlen Stadt.

Man könnte sagen, neben Christines Hang zur Sprunghaftigkeit ihre Männer und ihre Arbeitgeber betreffend (sie verdingte sich damals wie heute als Bürokraft, vorwiegend als Fremdsprachenkorrespondentin, vermied allerdings, mit Rücksicht auf ihre Freiheitsliebe, jegliche Festanstellung) waren die Kneipen die einzigen Konstanten in ihrem Leben, und mittlerweile, in der Rückschau, konnte man sie betrachten wie die Kapitel ihrer Biografie.

Linda tauchte immer wieder auf in ihren Geschichten über das Larry B., aber nur im Zusammenhang mit anderen Leuten, an die Christine sich erinnerte. Sodass ich einige Zeit den Eindruck hatte, sie sei nur eine flüchtige Bekannte gewesen. Erst als ich nachfragte, begann Linda in diesen Erzählungen größer zu werden, bis sie leuchtete wie ein riesiger Komet am Himmel ihrer Vergangenheit. Wie sich herausstellte, war Linda für Christine eine Art Lichtgestalt, fast schon so etwas wie eine Heilige. Es lag wohl an Lindas frühem Tod, den sie nie verwunden zu haben schien, dass sie so lange über sie schwieg.

Das Schönste an Linda, sagte Christine, sei ihr Haar gewesen. Dichtes, safranrotes, wild wie Ginster nach allen Seiten wucherndes Haar. Sie habe dieses Haar so sehr geliebt, dass sie begann, ihr eigenes Haar zu färben, in Hennarot. Was einiges über ihre Beziehung zu Linda aussagen würde. Über die Nähe, die sie mit ihr verbunden habe. Ein Gefühl, als wären sie Schwestern gewesen. Als hätten sie dieselben Leben gelebt. Was auch so war, in gewisser Weise. Auch wenn Linda im Rheinland aufgewachsen war. Auch wenn ihr Vater Brite war. Ein Kriegsversehrter wie Christines Vater. Traumatisiert. Ein Psychowrack. Es wäre eben diese Sehnsucht gewesen, die sie und Linda teilten. Die Sehnsucht nach den Vätern. Die anwesend waren, irgendwie. Die aber dennoch nicht existierten.

Sie habe Linda immer als laut empfunden, sagte Christine, wie eine Turbo-Version ihrer selbst. Nicht unbedingt der Typ von Mädchen, das sich mit hübschen Dingen beschäftigt, das isst, das trinkt, das mit Männern ins Bett geht und gelegentlich schlechte Laune hat. Eher ein Mädchen, das malocht, das frisst, das säuft, vögelt, und wehe dem, der Linda, wenn sie wütend war, zu nahe kam.

Es war dieser sich anbahnende Wahnsinn, diese Entschlossenheit, ihre gesamte Lebensenergie in einer einzigen durchzechten Nacht zu verprassen, die Christine an Linda bewunderte. In ihren besten Zeiten, sagte sie, zogen sie und Linda los, an wirklich jedem Abend, ohne Rücksicht auf das, was ihnen die darauffolgenden Tage abverlangen würden. Sie mochten es, wenn es im Larry B. noch etwas ruhiger war. Wenn man das Geräusch der aufeinandertreffenden Kugeln aus dem Billardzimmer hören konnte und die dicke Nelly hinter dem Tresen zwischen jedem gezapften Pils noch etwas Zeit fand für den einen oder anderen harten Spruch.

Sie bevorzugten die beiden Barhocker neben dem Spielautomaten. Sie tranken Asbach-Cola aus Cognac-Schwenkern und stießen darauf an, dass es ihnen egal war, wenn ihnen die Kerle, die sich am Tresen drängten, auf den Hintern glotzten. Dass ihnen die Kerle überhaupt egal waren. Dass sie sich selbst genug waren. Dass sie wie echte Kumpels waren. Dass sie ein bisschen waren wie die Kerle selbst.

Im Grunde, sagte Christine, sei alles nur ein Spiel gewesen. Linda konnte sehr charmant sein. Sie hatte die Gabe, die Männer zu reizen, unauffällig, mit winzigen Gesten. Sich ihnen hinzugeben, allein durch Blicke. Und sie war skrupellos. Und die Männer, man mache sich keinen Begriff, wie berechenbar sie seien im Bann des lockenden Weibes.

Sie erinnere sich an die Szene, als wäre es gestern gewesen, ein blöder Mensch, er war ihnen aufgefallen, bereits den ganzen Abend schon. Er trug diesen bodenlangen Armeemantel, obwohl sie unerträglich war, die Hitze im Saal, allerdings er, dieser Idiot, ohne Mantel – was wäre da noch übrig geblieben?

Dieser verklemmte Scheißer hätte wohl schon den ganzen Abend ein Auge auf Linda geworfen. Als er sich endlich traute, sich ihr zu nähern, da schien die Sache gut für ihn zu laufen. Da schenkte ihm Linda ein Lächeln. Erhob ihr Glas. Worauf er Linda irgendwas ins Ohr flüsterte. Christine konnte es nicht verstehen. Sie bemerkte nur, dass er sabberte.

Linda hatte ihren gesamten Oberkörper auf den Tresen geflätzt, man konnte ihren frei liegenden Bauchnabel sehen und die Umrisse ihrer sich unter dem T-Shirt abzeichnenden Brüste. Ihr Kopf ruhte in ihrer Armbeuge, ihr Blick hellwach. Sie machte sich mit ihrem Zeigefinger kleine Kringel ins Haar. „Würd ja schon gerne noch wo hingegen", sagte sie.

Der Mensch machte gleich einen auf dicke Hose. Sabbelte irgendwas von 'ner Party, 'ner Wahnsinnsparty, absolute Mörderrandale, *hassu nicht gesehen*. Irgendwer von den City Preachers feiere seinen Geburtstag unten am Hafen, in 'ner Disko, totaler Nobelschuppen mit Türsteher und so, aber *schietegal*, er kenne da jemanden. Er kriege sie da schon rein.

Sie selbst, sagte Christine, habe, wie immer in solchen Situationen, eher konventionell reagiert. Sie habe den Kerl ignoriert. Habe so getan, als würde sie in ihrem Beutel nach einem Taschentuch suchen. Während Linda nicht aufhörte ihn anzulächeln. Bis kein Zweifel mehr zu existieren schien, dass sie ihm aus der Hand fressen würde.

Christine spürte Groll in sich aufkommen, als sich Linda, ohne ein Wort zu sagen, aufrichtete, sich von ihrem Hocker gleiten ließ, um mit tänzerischen Bewegungen auf den Kerl zuzuschreiten, bis sie ganz nahe, in geradezu atemberaubender Nähe vor ihm stand. Dann trieb sie die Spannung auf die Spitze, indem sie sich mit quälender Gemächlichkeit auf die Knie herabfallen ließ, alsdann begann sie, sich mit vorgeblicher Genüsslichkeit an der Hose des Kerls zu vergreifen. Erst löste sie den Gürtel, danach den Hosenknopf, um schließlich den Reißverschluss zu öffnen, mit jener spannungserzeugenden Gemächlichkeit, mit der sie jede Entkleidungskünstlerin auf der Reeperbahn in den Schatten hätte stellen können, während der in Schockstarre versetzte Typ sich fragte, auf welche Weise er gleich Bekanntschaft mit Linda machen würde. Mit ihrer Zunge. Oder mit ihren Zähnen.

Und wirklich, erst als jeder, der die Szene beobachtete, dachte, jetzt passiert es, jetzt tut sie's wirklich, unterbrach Linda den Vorgang und brach in ein dreckiges, anfangs kicherndes und schließlich brüllendes Hexenlachen aus, das sich wie Strohfeuer in ihrer Umgebung ausbreitete. Erst als die Stimmung derart eskalierte, dass man glaubte, das ganze Lokal würde mit Linda lachen, habe der Idiot begriffen, was mit ihm geschehen war. Dass er vom Jäger zum Gejagten geworden war.

Szenen wie diese, sagte Christine, hätten sie mehr geprägt als die Parolen der Studenten, mehr als die klugen Reden ihrer Liebhaber, mehr sogar als Bob Dylan und die Rolling Stones. Sie hätten ihr Klarheit verschafft über das, was sie wollte und was nicht. Auf keinen Fall wollte sie *emanzipiert* sein. Ständig sabbeln und mit anderen Weibern rumhängen. Krieg gegen die Männer führen. Um Gottes willen. Sie wollte einfach nur ein starkes Mädchen sein. Eines wie Linda. Eines, das es fertigbringt, dass sich die Welt in die andere Richtung dreht.

Die Entfremdung von Linda habe mit ihrer, Christines, Beziehung zu Jens begonnen. Mit der sich verborgene Sehnsüchte in ihr regten. Die Sehnsucht nach einem zweiten, ruhigen, geborgenen, bürgerlichen Leben. Die Sehnsucht nach Alsterspaziergängen, nach hübsch gedeckten Sonntagstafeln, nach dem Geschrei tobender Kinder, nach der wohltuenden Erschöpfung nach einem mit Harken und Rechen im eigenen Garten verbrachten Wochenende.

Die Nachricht über Lindas Tod hätte sie, nachdem sie längere Zeit nichts mehr von ihr gehört habe, kaum überrascht. Genauso wenig die näheren Umstände ihres Todes. Dass man Linda leblos in der verlassenen Wohnung ihres letzten Liebhabers aufgefunden habe. Dass man nur kurze Zeit vor ihrem Ende ein Leberkarzinom bei ihr diagnostiziert habe. Und dass dieses Karzinom unmöglich die Ursache ihres Todes habe sein können.

Obwohl Linda ihr jämmerliches Ende geradezu heraufbeschworen zu haben schien, betrachtete Christine es als ein vom Schicksal begangenes Unrecht, das ihr Schuldgefühle bereitete. Irgendwann würde auch sie selbst bezahlen müssen für den wunderbaren Wahnsinn der Nächte im Larry B.

So bedrohlich wie in diesen späten eisigen Februartagen hatte ich den Winter bisher noch nie empfunden. Ich hielt meine Laune mit der Erinnerung an die Januar-Wochenenden über Wasser, an denen wir Bier unter freiem Himmel getrunken hatten, an den Anlegestellen der Alster. Wir hatten uns unserer Schals und Mützen entledigt und die Sonne genossen und die Luft, die so warm war, dass die Zeitungen voll waren mit den üblichen Spekulationen über milde Wintertemperaturen und die Klimakatastrophe.

Als sich jeder an leichte Jacken gewöhnt hatte und an den verlockenden Gedanken an ein sich in Europa etablierendes kalifornisches Lebensgefühl, kamen plötzlich Winde auf und schüttelten das letzte Laub aus den Baumkronen, worauf Christine und ich frühmorgens durch das schnarrende Geräusch der Eiskratzer auf den Windschutzscheiben der Nachbarschaft aus dem Schlaf gerissen wurden.

In alten Häusern wie dem von Christine verhält sich die Kälte wie ein tückisches Gespenst, das sich Eingang durch die Fensterritzen verschafft und dann beharrlich bleibt, manchmal sogar bis Juni oder Juli, wenn die Sommertemperaturen ihren Höhepunkt erreichen. Unten, im Parterre, trotzte der Holzofen im Wohnzimmer der Kälte, dessen bollernde Wärme sich in die angrenzenden Räume ausbreitete. Während die Temperaturen im Obergeschoss, in dem das Schlafzimmer lag, nur selten die Zehn-Grad-Marke überstiegen. Und wenn, wie in dieser Jahreszeit, die Dunkelheit bereits am frühen Nachmittag hereinbrach, der Christine nur gedämpftes Kerzenlicht entgegensetzte, dann fühlte man sich dort manchmal, als wäre man in einer eisigen Gruft lebendig begraben.

Christine hatte sich in diesem Winter bereits die zweite Erkältung zugezogen. Seit Tagen lag sie, regungslos in Decken eingehüllt, in ihrem Bett. Ihr Schlafzimmer hatte sich in eine Gruselkammer verwandelt, deren schaurige Wirkung der permanenten Dunkelheit geschuldet war, sowie der Nachttischlampe, in deren fahlem Lichtkegel man kaum mehr erkennen konnte als ihr blutleeres, eingefallenes Gesicht. Das sich, gleich einer Maske, kaum veränderte, egal ob sie wach war oder schlief.

Seit ich sie kannte, war die Sorglosigkeit, die ich Erkältungen entgegenzubringen geneigt war, einer gewissen Furcht gewichen. Wie bei anderen Menschen begann die Krankheit bei Christine in gängiger Weise, mit Schnupfen, Halsweh und leichten Gliederschmerzen, und löste dann allerdings eine Kettenreaktion diverser Begleitbeschwerden aus, die den Zustand ihres nicht mehr jungen, von chronischen Alltagsleiden strapazierten Körpers in den Bereich des Quasi-Komatösen versetzten. Am meisten machten ihr wütende, auslaugende Durchfälle zu schaffen. Und der Husten. Ein bellender, unbezähmbarer, Schlaf raubender und Schmerzen verursachender Reizhusten, der ihren Körper durchschütteln konnte wie ein in Seenot geratenes Schiff.

Wenn ich Christine so erlebte, nur noch leidend und für kaum noch anderes empfänglich als für den Schlaf, der sie erlöste, dann dachte ich an diese gelangweilten Menschen in Paarbeziehungen, die so wenig miteinander und füreinander unternehmen, dass sie sich unentwegt mit Blumen und Opernkarten überraschen müssen. Dann fühlte ich mich mit dem Gedanken versöhnt, dass sich das Alter in unserem gemeinsamen Leben bemerkbar machte. Dass wir uns einer Phase nähern würden, in der sich die Gelegenheiten mehren, uns gegenseitig zu zeigen, dass wir uns liebten.

Ich versuchte mich als Krankenpfleger. Holte zusätzliche Decken aus den Schränken, tauschte das Wasser der Wärmflasche, wenn es zu kalt geworden war. Morgens brachte ich ihr heißen Tee ans Bett und Toast mit Butter, mittags Suppe. Christine ließ das meiste unangefasst. Ebenso wenig wollte sie, dass ich ihr Hörbücher besorgte und den Fernseher ans Bett stellte. Was mich, offen gestanden, frustrierte. Weshalb ich mich wahrscheinlich, nach einigen Tagen, überreden ließ, einen Freund zu treffen, Daniel, ein alter Münchner, Schlagzeuger, um am alten Pferdemarkt Milchkaffee zu trinken. Von der Tatsache abgesehen, dass ich mich nach einem warmen, hell erleuchteten Ort sehnte. Nach der Lebendigkeit des Großstadtlebens. Nach sinnlosen Gesprächen über beschissene Bands. Und über noch beschissenere Filme. Bücher. Nur nicht über Christine reden. Nur nicht über Krankheit reden.

Auf dem Rückweg fühlte ich mich anfangs noch beschwingt. Ich bestieg den letzten U-Bahn-Wagen. Beobachtete einen mir gegenübersitzenden Uralt-Hippie mit lang gewachsenem Zeigefingernagel und einem mit kleinen Münzen und Kauri-Muscheln bestickten Ethno-Lederbeutel, den ich als Naturdrogen-Guru aus einer kürzlich ausgestrahlten TV-Talkshow erkannte. Die Haltestelle bei Christine, unten am Bahnsteig, zwei sich unter Kapuzen verbergende Aggro-Fieslinge, die sich unterhielten, laut, wild gestikulierend. Immerhin, die Rolltreppe, sie hatte die letzten Tage gestreikt, jetzt funktionierte sie wieder. Auf dem Weg nach oben, auf halber Strecke ein eiskalter Windstoß, der die unter meinem Mantel gespeicherte Waggon-Wärme zunichtemachte.

Oben angekommen, begegnete ich den letzten Tageslichtschimmern, die gerade über den Bäumen verschwanden. Der Wind wirbelte Schneeflocken durch die Luft, die im Gegenlicht der Straßenbeleuchtung wie schwärmende Silberfische aussahen. Man mochte dieses Schauspiel vielleicht im November reizvoll finden, solange man geneigt war, den Winter romantisch zu finden, allerdings jetzt, um diese Jahreszeit, fand ich es nur noch trostlos.

Fast bei Christine angekommen, bog ich in ihre Straße ein. Unsere Straße, wie ich sie mittlerweile nannte. Keine Menschenseele. Ich hatte Schwierigkeiten, Christines Haus zu erkennen, an einer Stelle, an der ich es längst hätte erkennen müssen. Was an dem Schneetreiben lag, das dichter geworden war. Aber auch an der Leblosigkeit im Haus. Kein einziges Licht, das eingeschaltet war. Absolute Dunkelheit, in jedem Raum.

Als ich den Gartenzaun erreicht hatte, verspürte ich ein gewisses Unbehagen, das sich, während ich den Schlüssel in das Haustürschloss steckte, zu einem Gefühl unkontrollierbarer Panik steigerte. Und noch schlimmer wurde durch die unheilvolle Stille im Flur, nachdem ich die Tür geschlossen hatte. Ich tastete nach dem Lichtschalter und hörte währenddessen meinen eigenen schweren Atem, als würde er gar nicht zu mir gehören, sondern zu einem mich belauernden Ungeheuer. Alsdann stürzte ich komplett angezogen mit Mantel, Mütze, Schal und Schuhen und völlig kopflos wie ein wild gewordenes Tier die schmale Treppe hinauf, dann raste ich polternd über die Dielen bis zur Schlafzimmertür, die ich aufriss, um mich zu Christine zu begeben, deren Körper in Decken gehüllt auf dem Bett lagerte, in exakt derselben Position, als ich sie verlassen hatte.

Ich beugte mich über ihr Gesicht, schärfte mein Gehör, empfangsbereit für jedes noch so kleine Lebenszeichen, vergeblich. Schließlich steckte ich meine Hand unter die Bettdecke, bis ich Christines Arm zu fassen bekam, der völlig leblos und ohne das geringste Zucken auf meinen Zugriff reagierte. Mich aber dennoch beruhigte, zumal er die feucht-fiebrige Hitze eines quicklebendigen, sich der Krankheit widersetzenden Körpers ausströmte.

Sosehr ich das Glück dieses Augenblicks genoss, so schwer fiel es mir, zu alter Sorglosigkeit zurückzufinden. Denn ich wusste von diesem Moment an, dass mich die Angst, Christine zu verlieren, nie mehr verlassen würde. Ich wusste, dass diese Angst größer werden würde, je älter wir würden. Und irgendwann würde sie mein übelster Feind werden, der mich schlimmer als mein eigener Tod bedrohen würde, schlimmer als jede Gefahr, die ich fürchtete, bevor ich Christine getroffen hatte.

Und dennoch war ich bereit, diese Furcht auf mich zu nehmen. Denn mehr noch fürchtete ich mittlerweile das Gefühl, um niemanden Angst zu haben. Ein Gefühl der Leere.

9

Die Weinschlampe

Endlich hatte ich mein Schweigen beendet, was die jüngsten Veränderungen in meinem Leben betraf. Ich hatte mich in Gesellschaft begeben, zu einem ehemaligen, seit den letzten Jahren durch Männer unterwanderten Frauen-Stammtisch, in den mich Daniel eingeführt hatte, alles Leute in meinem Alter, da hatte ich zum ersten Mal über die ganze Sache geredet, über Christine, über uns beide, über unsere gemeinsamen Wochenenden und das, was mich mehr beschäftigte, als ich zugeben wollte: den großen Unterschied unserer beider Alter.

Es war nicht so, dass er mich störte. Aber es störte mich, dass es die anderen nicht störte. Dass mich jeder so gut verstand und gut fand, was ich tat. Dass es mittlerweile salonfähig geworden war, so ziemlich alles völlig okay zu finden, egal was man macht, ob man schwul lebt, mit exotischen Menschen schläft, offene Beziehungen führt, sich tätowiert, den Job hinschmeißt oder zum Islam konvertiert, man wird nicht mehr geächtet, man wird nicht mehr an den Pranger gestellt, dafür wird man allein gelassen, weich gebettet, im rosaroten Kokon der geheuchelten Toleranz.

Dabei hatte ich selbst Schuld. Der ich nicht schweigen konnte. Der ich mich, was Christine betraf, wie ein PR-Stratege benahm. Der ich geschwätzig jeden Widerspruch und jede Frage im Keim erstickte und Christine verkaufte wie einen zum Oldtimer verklärten Gebrauchtwagen, den keiner mehr haben will, außer mir, der ich ihn entdeckt habe wie einen vergessenen Hut im Kleiderschrank und schätzte, als Devotionalie, trotz ausgeleierten Stoßdämpfern und bröckelnder Karosserie.

Es war offensichtlich, dass mich die Angst plagte. Aber wovor? Ging es um den Verlust meines Ansehens, der ich, kaum hatte ich die Mitte meines Lebens überschritten, nicht mehr in der Lage zu sein schien, jüngere Frauen anzuziehen? Fürchtete ich, was die Beziehung zu einer reifen Frau nahelegen würde, nicht zu sein, was ich gern gewesen wäre, ein jung gebliebener Vertreter meiner Altersgruppe, sondern eher ein früh gealterter? Oder fühlte ich mich, falls das doch nicht zutraf, bedroht durch eine Art sanften Vampirismus, der mir allmählich die Jugend raubte, allein durch die Teilhabe an Christines Lebensstil? An ihren frühen Zubettgehzeiten? An den gemeinsamen Wochenenden, die wir in den Supermärkten ihrer Gegend verbrachten, mit fast nur Rentnern in der Warteschlange? An der Vorstellung, dass sie mit Leuten befreundet war, die kaum jünger waren als meine Eltern?

Und dann wurde ich erlöst, als Christine ihre Vorliebe für spanische Weine zum Verhängnis wurde, in einem dieser Weinkontore, wie man sie in den peripheren Einkaufsgegenden der großen Städte findet, überall dort, wo IKEA und OBI nicht weit sind.

Sie hatte sich für zwei portugiesische Weißweine entschieden, und nun stand sie mit einem Vino Tinto vor mir, als plötzlich eine unauffällige, weil schlicht in ihrer Aufmachung erscheinende, aber durchaus attraktive Frau um die Mitte dreißig zwischen zwei Kistentürmen neben uns auftauchte.

„Kann ich Ihnen helfen?“, fragte sie mit unüberhörbar österreichischem Akzent.

„Haben Sie was Ähnliches auch für weniger als zehn Euro?“, fragte Christine. Und wandte sich mir zu.

„Vielleicht hat die Dame eine Rotwein-Empfehlung aus der Gegend ihrer Heimat“, sagte ich.

Darauf verschwand die Frau, ohne Christine eines Blicks zu würdigen, nach kurzer Zeit kam sie wieder, mit einem kleinen Karton, darin ein Blaufränkischer aus der Wachau in einer schlanken Flasche mit ansprechendem Etikett und nicht ganz günstigem Preis.

„Das ist ein Wein, den ich selber gerne trinke“, sagte sie. „Nix Leichtes, eher was für den Herbst, mit beerigen Aromen, mit ein bisschen Pfeffer und Kardamom und einer Idee Rosenholz, wenn Ihnen das passt.“

„Ich fürchte, ich habe keine Vorstellung, was den Geschmack von Kardamom und Rosenholz betrifft“, sagte ich, „vielleicht könnte ich den Wein probieren?“

Die Frau wies uns den Weg zu einem Stehtisch, auf dem bereits frische Gläser bereitstanden, und dann passierte es, ein winziges Lächeln, das der Frau über das Gesicht huschte, ein kaum wahrnehmbares Zucken in den Mundwinkeln, gar nicht auszudenken, was es wenig später auszulösen vermochte, eine emotionale Detonation von atomarem Ausmaß, kaum hatten Christine und ich das Geschäft verlassen.

Das Entzündliche an dem Lächeln lag in seiner scheinbaren Unverfänglichkeit. Vordergründig war es die distanzierte Reaktion einer höflichen Verkäuferin, in die sich, das musste ich zugeben, wenn auch nur als geringfügige Vibration spürbar, der Anflug eines Flirts mogelte, der Christine dermaßen aufbrachte, als habe mir die Frau, während sie mir zum Abschied den Kassenbon überreichte, in den Schritt gefasst.

Ich will nicht behaupten, dass ich mich wohlfühlte in diesem Moment, aber der Vorfall hatte durchaus sein Gutes, er relativierte meinen Glauben, der Leidtragende in unserer Beziehung wäre ich.

Das war ich keineswegs, eher im Gegenteil, in Beziehungen wie der unseren ist wohl immer der Ältere der Leidtragende, es sei denn, er ist ein reicher Idiot, der sich junge Liebhaberinnen kauft wie Designerlampen für sein Schlafzimmer.

Für Christine war meine Jugend nicht der Grund, dass sie mich liebte, sie war eine in den privaten Momenten mehr und in den öffentlichen weniger geschätzte Begleiterscheinung meines Daseins. Und wenn ich sie so erlebte, wie sie mit terrierhafter Bösartigkeit der drohenden Konkurrenz durch jugendliche Schönheiten in meiner Gegenwart entgegenkläffte, dann wusste ich, dass sie sich manchmal nichts sehnlicher wünschte, als dass ich ein stinkender, sabbernder, wirrer Greis wäre, für den sich keiner mehr interessiert.

Und ich wünschte mir das auch.

10

Der Unfisch

Ich mache mir schon lange nichts mehr vor, was die Beschaffenheit des menschlichen Gemüts betrifft. Ich weiß von den Schatten, die man findet, wo auch immer die Sonne scheint. Und dennoch ließ ich mich von Christine narren, deren Heiterkeit so betörend sein konnte, dass ich sie für lange Zeit vor allem deshalb zu lieben glaubte, weil ich in ihrer Nähe leicht vergessen konnte, wie ein verliebter, in atemberaubender Höhe mit verbundenen Augen Rollschuhe fahrender Charlie Chaplin in *Moderne Zeiten*, dass das Leben ein heikler Tanz auf schmalem Balken ist, am Rand des Abgrunds. Dass Christines Stimmungspendel in die andere Richtung ausschlagen würde, konnte ich mir kaum vorstellen. Doch dann offenbarte sie mir das Drama ihrer letzten Scheidung in seinem ganzen Ausmaß. Die Demütigungen, den Kummer, die Ängste, die depressiven Schübe, die Sorge um David, der doch so jung gewesen sei. Viel zu jung, um zu verkraften, was um ihn herum passierte.

Ich schenkte den Schilderungen Aufmerksamkeit und empfand durchaus Mitleid. Allerdings berührten sie mich lange nicht so tief und brachten das Bedürfnis hervor, Christine in einer bis in alle Ewigkeit fortbestehenden Umklammerung verbunden zu sein, wie jene vergleichbar harmlose Anekdote, die sich ereignete, als das Schlimmste für sie überstanden zu sein schien. Es sei dieses bitter-süße Gefühl gewesen, das man empfinde, wenn man eine beschissene Ehe hinter sich habe, sagte sie. Ein Gefühl wie nach einer langen Haft. Eine Mischung aus Minderwertigkeitsgefühl, Unsicherheit und aufkeimender Hoffnung, als sie sich dazu entschloss, auf die Lokalblatt-Anzeige einer Frau zu antworten, die nach einsamen Seelen suchte. Nach Leuten, die verzweifelt genug waren, den Jahreswechsel mit wildfremden Menschen zu feiern.

Es sei eiskalt an jenem Silvesterabend gewesen. Ein Hochhaus-Ghetto in Hamburg-Lurup. Ein trostloser, verwahrloster Ort, wie eine sibirische Bergbau-Siedlung. Ein Ort der Verbannten. Christine balancierte über Bürgersteige, die mit Eisplatten übersät waren. Mit jedem Schritt habe sie erwogen, wieder umzukehren. Bis sie vor einem unübersichtlichen, mit Kaugummiresten verklebten Klingelschild den Namen *Stähler* suchte. Den Namen der Frau, mit der sie telefoniert hatte.

Dann die beängstigend langwierige Fahrt in einem nach Billig-Deo und Fast Food stinkenden Aufzug, der die Begegnung mit Gaby folgte, der Gastgeberin, einer kleinen, bulligen Frau mit Bürstenhaarschnitt und unangenehmer Lache, die Christine dazu nötigte, mit bloßen Strümpfen über ihren dreckigen Teppichboden zu laufen.

Aus Gabys Flur hörte man einen Jingle von Radio Enjoy. Der typische Sound der Einsamkeit. Christine betrat ein lieblos eingerichtetes Wohnzimmer. Auf dem Fensterboard zwei Mini-Kakteen, in der Ecke eine Zimmerpflanze mit brauen Blättern. An der Wand ein gigantischer Flachbildschirm, darauf ausgerichtet eine überdimensionierte Ledercouch, auf der die einzigen beiden Gäste Platz genommen hatten, die sich rauchend und einander teilnahmslos, wie Patienten in einem Wartezimmer, gegenübersaßen. Sie, ein von zu viel Sonne ausgedörrtes, in die Jahre gekommenes Partygirl mit starren Gesichtszügen und den Umrissen von Mallorca auf dem T-Shirt. Und er, ein ausrangierter Trucker-Typ mit müdem Blick, der den gesamten Abend kein Wort sagte, stattdessen sämtliche nur für sich selbst in einer Plastiktüte mitgebrachten Cola-Mix-Getränke konsumierte, bis er die Haltung und schließlich die Besinnung verlor.

Obwohl Christine auf meine Frage über den weiteren Verlauf des Abends geschwiegen hatte, konnte ich sie sehen, in meiner Vorstellung, wie sie die Wohnung verließ und wieder nach draußen ging. In die Kälte. Wo es nicht lange dauern konnte, bis sie zu weinen anfing. Über sich selbst. Über die Erbärmlichkeit ihres Zustands.

Mit all den Wochenenden, die Christine und ich miteinander verbracht hatten, waren die letzten Zweifel an unserer Liebe verschwunden, worüber wir nicht redeten, aber wir gestanden uns unsere Liebe dennoch gegenseitig mit jedem Schleier, den wir lüfteten, den wir nicht mehr brauchten, um unsere Zweisamkeit zu verbergen. Es war dieses Gefühl, das alle Paare kennen, wenn sie sich verlieben, als würde man sich durch den Schacht einer Theaterbühne mittels einer Hebevorrichtung langsam ins Rampenlicht kurbeln. Bei uns vollzog sich der Vorgang allerdings auf recht ruckhafte Weise, begleitet von Vorkommnissen, die mich unmittelbar in das Ende der neunziger Jahre zurückversetzten, als ich einen Film im Kino gesehen habe, den ich mochte, allein seines Titels wegen, *Der Unfisch*.

Die Geschichte, eine satirische Parabel über die verklemmte Sexualmoral und die Starrsinnigkeit der österreichischen Gesellschaft, spielt in einem kleinen Bergdorf, dort landet, auf einem Lastwagenanhänger gebettet, ein präparierter Walfisch, in der Art, wie man sie früher auf Jahrmärkten zur Schau gestellt hat. Im Inneren des Fisches lebt eine Frau, deren Schönheit sich schnell herumspricht, vor allem bei den Männern, zu denen sie, wie es heißt, besonders freundlich sei.

Bald kommen sie, die ganzen Männer aus dem Dorf, um mit der Frau zu schlafen. Und sobald sie dies tun, geschieht ein Zauber, der zur Folge hat, dass sich die Träume und Wünsche der Männer erfüllen und sich die Dinge im Dorf verändern.

Unsere Siedlung in Hamburg hatte auf den ersten Blick nur wenige Gemeinsamkeiten mit einem Dorf in den Alpen. Uns fehlten, um nur ein Beispiel zu nennen, die Kirche und der Marktplatz. Das Zentrum. Stattdessen gab es wechselnde Begegnungsstätten wie das Gartencenter in den ersten Frühlingswochen, zu dem sich Christine aufmachte, mit riesigen Taschen und Tüten, zu ungewohnt früher Stunde, sie hatte es auf die besten Setzlinge abgesehen.

Als wir dort ankamen, war es gerade neun Uhr vorbei, und bereits aus weitester Ferne erkannten wir die Reflexionen des Sonnenlichts auf den Windschutzscheiben der sich endlos reihenden Wagen auf dem Parkplatz, deren Besitzer sich mit riesigen Pflanzentöpfen vor den Kassen drängten. Bald darauf schob ich einen Einkaufswagen vor mir her, auf dem die Düngerflaschen kaum noch Platz hatten zwischen den Buchsbäumen und der Gartenerde, mir voraus eilte Christine, auf der panischen Suche nach einer letzten Basilikumpflanze, als wir plötzlich aufgehalten wurden, durch die Begegnung mit einer kleinen Frau, deren luftige Garderobe ein wenig zu gewagt erschien in Anbetracht ihres Alters und den noch frischen Temperaturen.

„Lisa“, kreischte Christine. Und dann bestürzte sie die Frau mit Küssen und Umarmungen und versuchte, eine Unterhaltung in Gang zu bekommen, allerdings vergeblich. Die Frau reagierte auf eigenartige Weise teilnahmslos, fast wie auf Droge, aber ich durchschaute sie im wahren Wortsinn durch die dunklen Gläser ihrer Sonnenbrille, durch die sie mich anstarrte, mit der Schamlosigkeit eines Kindes, als wäre meine Erscheinung eine Halluzination, als wäre ich irgendwie unwirklich.

Und dann, gleich am darauffolgenden Wochenende, eine weitere Freundin, Elfriede. Und ein weiterer Vorfall, kein vergleichbarer allerdings mit dem vorangegangenen, Elfriede wusste, was sie erwartete: mich.

„Komm doch vorbei, dann lernst du ihn kennen", hatte Christine gesagt. Dann hatte sie Elfriede zum Frühstück eingeladen, einfach so, ohne Uhrzeit, ohne in Betracht zu ziehen, dass Elfriede den frühen Morgen liebt, was wir nicht taten.

Also erschien Elfriede, bereits seit Stunden durch die Neugierde in Wallung versetzt, vor unserer Haustür, während Christine und ich uns im Tiefschlaf wälzten, und klingelte. Aber es passierte nichts.

Elfriede kramte ihr Handy aus der Handtasche, wählte Christines Nummer. Aber es ging niemand ran. Elfriede verschaffe sich Zutritt zum Garten, ging um das Haus und schaute durch die Fenster, ins Wohnzimmer, ins Esszimmer, in die Küche. Aber es war niemand zu sehen.

Dann drehte sie durch.

Sie schnappte sich den Notschlüssel, von dem sie wusste, dass ihn Christine hinter der Regentonne versteckt hielt, und drang ins Haus ein, getrieben von Verzweiflung und aufkeimender Wut, die jedes Mittel recht erscheinen ließ, sich zu verschaffen, was ihr versprochen wurde: die Begegnung mit dem jugendlichen Liebhaber.

Und dann traf ich auf Elfriede, von der mir Christine später erzählen würde, dass sie sie nicht anders kenne als in weiten Hosen und flachen Schuhen, von jeglicher Weiblichkeit entfremdet, und nun saß sie an unserem Küchentisch, sie trug einen als modisch nicht mehr auf der Höhe zu bezeichnenden auberginefarbenen Rock mit gelben, tennisballgroßen Punkten und lachte und kicherte wie eine Dreizehnjährige auf Klassenfahrt.

Christine hatte noch immer den Morgenmantel übergeworfen, den sie sich aus dem Wäschekorb im Schlafzimmer fischte, nachdem wir Geräusche im Hausflur gehört hatten, sie kramte in den Schränken nach den letzten Resten einer angebrochenen Keksschachtel, und ich, der ich mich nun endlich Elfriede zeigte, wurde wieder begafft, wie das Ungeheuer, der Unfisch, der ich in diesem Umfeld so unheimlich und gleichzeitig sensationell zu sein schien wie ein Wal in den österreichischen Bergen.

Einen Moment lang wollte ich fliehen, denn ich fühlte mich zurückversetzt in die frühe Kindheit, in der man manchmal vorgeführt wurde wie ein Schimpanse im Zoo, nicht selten gegenüber wildfremden Menschen, die einen begrapschten und sich über jedes Wort amüsierten, das man sagte.

Und dann blieb ich dennoch und freundete mich allmählich mit meiner Rolle an, der ich feenhaftes Potenzial abzugewinnen vermochte, je länger ich sie spielte. Auch wenn ich keine Wunder vollbringen konnte, aber immerhin das konnte ich: da sein für Christine. Ein wenig Licht in das letzte Stück ihres Lebens bringen konnte ich. Die Hoffnung verbreiten, dass das Leben von Frauen um die sechzig mehr zu bieten hat als die Freudlosigkeit einer ausgeleierten Ehe. Mehr als die kleinen Flirts mit jungen Kellnern und die flüchtigen Berührungen der Frauenärzte. Mehr als die Fluchten in die Welt der Rosamunde-Pilcher-Romane und das Primetime-Programm der Kabelsender. Mehr als *Brigitte*-Diäten und Katzenhaare auf dem Sofa. Mehr als die Beschäftigung mit der eigenen Sterblichkeit und der bevorstehenden Einsamkeit und Tristesse im Wartezimmer des Todes, die sie nicht verdient hatten, ausgerechnet sie, die alternden Töchter der Emanzipation, die *Emma*-Generation, in einer Gesellschaft, die, kaum schienen die weiblichen Tabus überwunden, bereits mit neuen haderte, den Tabus des Älterwerdens. Emma! Omma! Scheiße!

11

Die zu Ende geliebte Frau

Ich weiß wirklich nicht mehr, was das war, mit Anette Erlenbach. Ich würde sagen, ein wenig von allem, ein wenig Neugierde, ein wenig erotische Sehnsucht, ein wenig jugendlicher Masochismus. Und verstandesmäßige Fehlfunktion. Ich meine, die Frau war ein einziger Witz. Schon allein, wie sie durch die Gegend lief. Immer auf der Fahrbahn. Bürgersteige? Pah! Ist doch spießig! Macht doch jeder! Und dann diese idiotischen Weltanschauungen. Diese kokette Behauptung, in ihrem Gebiss fände sich keine einzige Füllung. Weil es doch so sei, wenn man intensiver darüber nachdenke: Wo läge der Unterschied zwischen Zahnersatz und falschen Brüsten? Alles Prothesen. Entstellungen. Lügen.

„Wie bist du jetzt auf Anette Erlenbach gekommen?", fragte Christine.

„Du hattest Henderson erwähnt", sagte ich.

„Und?"

„Hattest du nicht erzählt, dass er, obwohl er so schön war und eitel, dann doch so wahnsinnig komisch sein konnte, so schräg, so undeutsch eben, dass du dachtest, er sei nicht von dieser Welt? Wie jemand aus einem Film?"

„Ja."

„Und dass du ihn unbedingt haben wolltest, obwohl du wusstest, wie schwer das werden würde mit einer Filmfigur im wahren Leben?"

„Ich wollte beweisen, dass wir glücklich werden, trotz aller Warnungen."

„Ich würde sagen, du hast das Unglück gesucht. Die Aufregung. Das große Drama."

„Ja, auch, vielleicht."

„Anette Erlenbach war auch nicht von dieser Welt."

„Du wärest ihr wohl lieber nicht begegnet?"

„Ich weiß es nicht."

Ich hatte das oft beobachtet, an mir und anderen, dass die Menschen heute gern ihr Leben aus der Distanz betrachteten, als wäre es ein Roman. Und dass sie, um Stoff für diese Erzählung zu generieren, mitunter den Modus der Vernunft verlassen, damit die Routine des Lebens entgleist. Denn immer bedrohlicher erscheint die Vorstellung, am Ende dieses Lebens könnte sich nichts ereignet haben außer dem Programm im Fernsehen und dem ständigen Flirren der Computerbildschirme.

Früher erlebten die Menschen Kriege. Inquisitionen. Revolutionen. Inflationen. Heute haben sie ein passables Leben und die ständige Angst, dass alles schlechter wird. Jedenfalls ist die Liebe in den Vordergrund gerückt. Sie scheint das letzte große, verbleibende Abenteuer der modernen Gesellschaft zu sein. Daher das Bedürfnis nach Liebesromanen, Liebesfilmen und Liebesreportagen, das nichts anderes bedeutet als die Ausschau nach mythologischen Vergleichen. Die Suche nach der Antwort auf die Frage, ob das eigene Leben zur großen Oper taugt. Oder ob es verdammt ist zur Bedeutungslosigkeit. Wie das vermeintliche Leben all der anderen.

Um auf Christine und mich zu kommen, versprach diese Suche wenig Erfolg. Für Paare wie uns schien der Fundus der Kulturgeschichte nicht viel übrig zu haben, im Wesentlichen zwei alte, Ende der Sechziger, Anfang der Siebziger entstandene, bemerkenswerterweise dem Geist der rebellierenden Jugend entsprungene Geschichten. Zwei Filme. *Harold und Maude* und *Die Reifeprüfung*. Letzterer erschien mir uninteressant. Was hatten Christine und ich schon mit der seelenlosen Beziehung zwischen Benjamin Braddock und Mrs. Robinson gemeinsam?

Also Harold und Maude. Tatsächlich Harold und Maude. Auch wenn ich inzwischen wusste, dass der Film das Tabu der Liebe zwischen jungen Männern und älteren Frauen nur vordergründig berührt. Auch wenn ich wusste, dass sich Harold nicht gegen die Mädchen seines Alters sträubt, weil er reife Frauen liebt. Er liebt die Frauen auf andere Weise. Es geht um die Nöte einer schwulen Adoleszenz.

Wie unterschiedlich man doch die Dinge als Erwachsener sieht, wenn man die Filme seiner Jugend schaut. Maudes Unkonventionalität zum Beispiel. Fand ich irre, damals. Und heute? Heute sind die Alten die Durchgeknallten, das ist mittlerweile ganz normal. Dafür erwärmte ich mich neuerdings für eine mir vollkommen entfallene Szene, in der Maude einen jungen, vernachlässigten, mitten in der City gepflanzten Baum kidnappt. Den sie zu sich nach Hause bringt, um ihn dort hochzupäppeln.

Die Pflanze sieht wirklich erbärmlich aus. Sie ist kaum größer als der halbwüchsige Rosenstrauch, den Christine in ihrem Garten aufzog, in einem winzigen Beet entlang der Hausmauer, gleich neben dem Küchenfenster. Wie Maude hatte sie den Strauch gestohlen. Sie hatte ihn auf einem Grundstück in der Nachbarschaft entdeckt, auf dem sich früher ein altes, verfallenes Haus befand, das die Besitzer vor nicht allzu langer Zeit verkauft hatten. Worauf Bagger und Planierraupen auf den Grund gerückt waren. Als Christine, während eines abendlichen Spaziergangs, den Abriss der Villa bemerkte, waren der Rosenstrauch und die Ruine des alten Hauses die letzten Dinge, die von dem alten Grundstück übrig geblieben waren.

Danach kam sie fast jeden Abend zu der Baustelle, watete tapfer durch die tiefen Pfützen der Reifenspuren, die der Bagger hinterlassen hatte, nur um dem Strauch ihre Aufwartung zu machen, als sei er ein heldenhafter Kämpfer, der standhaft rebelliert gegen die Immobilienhaie, die nicht aufhörten, den morbiden Charme unseres Viertels zu zerstören. Irgendwann hatte ich die ständigen Exkursionen und die Klagen über das Schicksal der Pflanze satt. Ich organisierte eine Schubkarre. Dann bargen wir den Strauch in einer der ersten Frühjahrsnächte, in der der Frost die Böden unserer Gegend verschonte, und pflanzten ihn in Christines Garten. Damit sie mir weiter auf die Nerven gehen konnte, sich ständig bei mir erkundigend: „Hast du gesehen, unser Strauch, ist er nicht groß geworden?“

Ich erinnerte mich dann gelegentlich wieder an Maudes Baum. Stellte ihn mir vor, wie er sich entwickelt haben könnte, als kraftstrotzende Ulme mit majestätischer Krone und meterdicken Ästen. Möglicherweise hatte er auf dem Gelände der Paramount Asyl gefunden und gehörte zu den verschwiegenen Attraktionen der Studio-Tour. Sofern er nicht verendet war. Verschollen. Vergessen. Hatte man ihn denn überhaupt wahrgenommen, Anfang der siebziger Jahre, als der Film gedreht wurde? Und wenn ja, wie? Hatte man das Bild von der bedrohten Pflanze vor dem Hintergrund des in *Harold und Maude* so deutlich zum Thema gebrachten Vietnamkriegs nicht eher mit den sinnlos geopferten Leben junger Soldaten in Verbindung gebracht, während man heute an Lisa Simpson dachte, an Renate Künast und das Nachhaltigkeitsgerede von Leuten wie

Sheryl Crow, die behauptete, den Wäldern zuliebe ihrem Hintern nur noch fünf Blatt Klopapier pro Tag zu gönnen?

Ich kannte Christines Persönlichkeit noch nicht in allen Facetten. Allerdings kannte ich sie gut genug, um sie dafür zu lieben, dass sie sich keine dieser Fragen stellte. Dass sie kein allzu weitsichtiger Mensch war und die Welt manchmal mit den Augen eines Kindes betrachtete. Dass sie sich in ihrem Blick auf die Geschehnisse ihrer unmittelbaren Umgebung verlieren konnte. Dass sie hin und wieder in ihrer Küche vor dem Fenster hockte und die Eichhörnchen im Garten beobachtete, manchmal stundenlang.

In Christines kleiner Welt herrschte keine Ignoranz gegenüber den Ereignissen der Ferne, dem Weltgeschehen, aber dieses Weltgeschehen verblasste auf angenehme Weise hinter dem Vordergrund, hinter dem Rosenbusch aus der Nachbarschaft, dem verängstigten Igel unter den Regalen im Geräteschuppen, den besorgniserregenden Gerüchten über den Gesundheitszustand von Bernie aus dem Schreibwarenladen und der Frage, warum das kürzlich in der Gegend aufgetauchte Finken-Pärchen das gerade erst im Vorgarten angebrachte Vogelhaus nicht akzeptierte. In dieser Welt genoss jeder Mensch, jedes Tier, jede Pflanze ihre liebevolle Aufmerksamkeit und ein damit verbundenes Recht auf Leben und Altern in Würde. In dieser Welt verlor sich allmählich meine Dauer-Nervosität wie in einem Gebetsraum, dessen Mauern den Zivilisationslärm absorbieren. In dieser Welt befriedigte sich mein essenzielles und gleichzeitig sehr modernes Verlangen nach Geborgenheit, denn war nicht das der grundlegende Aspekt der Nachhaltigkeit, dass sich Mensch und Natur von der zerstörerischen Macht der ständig nach Wandel und Innovationen gierenden Kräfte befreiten und wieder zur Ruhe kamen? Und würde nicht dann, in absehbarer Zeit, zum nachhaltigen Leben gehören, dass sich der Manufactum-Gedanke ins soziale Leben überträgt und Menschen meines Alters in ihren Beziehungen nach Gleichaltrigen ausschauen? Dass sie älteren Menschen eine Chance geben, so wie man heute wieder älteren Dingen eine Chance gibt? Dass sie den Trieb, sich unentwegt selbst upzudaten, aufgeben und sich nicht mehr länger an der Jugend orientieren?

Wie Christine gehöre ich zur Generation der Baby-Boomer, die in den kommenden Jahrzehnten den überwältigenden Teil der Gesellschaft stellen wird. Allen Prognosen zufolge wird uns eine geringere Anzahl Jüngerer gegenüberstehen, dazu eine noch geringere Anzahl Junger. Deren Bereitschaft, uns zu mögen und zu respektieren, wird aussichtsloser sein als für eine Generation je zuvor. Man wird uns kaum, wie die Alten der Vergangenheit, als rar werdende Dino-Spezies ansehen, der man den Verfall von Körper und Geist nachsieht, solange wir mit Kriegsgeschichten und spendablen Gesten aufwarten. Es wird wohl eher darauf hinauslaufen, dass man uns als erdrückendes, nutzloses, mittelloses und damit nur noch zur Last fallendes Greisen-Prekariat verabscheut.

Mit anderen Worten: Wir werden uns selbst genügen müssen.

Ausgerechnet wir. Die wir heilloser als niemand sonst dem Jugendwahn verfallen waren. Die wir fest entschlossen waren, das Alter zu ignorieren, bis zu dem Moment, in dem wir aufschrecken würden wie aus einem Traum und uns einfach nur noch alt fühlen würden, alt und isoliert, wie auf einer Insel der verdammten Senioren.

Ich erinnerte mich an jene Altersgenossen, die sich in Anbetracht der bevorstehenden Gesellschaftsüberalterung mit der Vorstellung eines alternativen, in psychedelischen Farben getünchten Lebensabends trösteten. Stichwort: Senioren-WG. Klapprige, bleiche Greise, die barfuß und in engen Hosen und bedruckten T-Shirts, in einem mit Kissen und Decken übersäten Altbau-Wohnzimmer auf dem Boden fläzen, wo sie sich bunte Speed-Kapseln aus ihren Pillendosen fischen und die Ermahnungen des Pflegepersonals mit Stinkefinger-Gesten beantworten, während sie mit ätzender Ausführlichkeit erörtern, ob James Williamson zur Urbesetzung der Stooges gehörte oder nicht.

Ich konnte mich gut mit dieser Vorstellung arrangieren, aber sie erschien mir nicht realistisch. Eher sah ich uns Baby-Boomer als willige Opfer einer boomenden Single-Börsen-Industrie, die uns weiterhin das Gefühl verschaffen würde, dass das Leben eine Party ist, und Prince ist immer noch das Coolste, was der Pop zu bieten hat. Wir würden uns virtuell und gegenseitig keinerlei Notiz voneinander nehmend auf den Profilen wesentlich Jüngerer herumtreiben und uns in völliger Einsamkeit der Illusion hingeben, die einzig Junggebliebenen in einer vom Alter verpesteten Welt zu sein.

Am Ende würde es den nachfolgenden, vom Seniorenbild der Baby-Boomer traumatisierten Generationen zukommen, die Nachhaltigkeitsaspekte ihres sozialen Lebens zu entdecken und ihr Glück zu suchen, indem sie dem Alter Lebens- und Liebenswertes abgewinnen.

Und so würde er wohl noch einige Zeit auf sich warten lassen, der zeitgemäße Mythos über den Mann, der nicht bereut, die ältere Frau zu lieben. Christine und ich würden dieses Märchen einfach selbst leben müssen. Und dann, irgendwann, gegen Ende meines Lebens, würde ich sie vielleicht aufschreiben: die schöne Geschichte von der zu Ende geliebten Frau.

12

Über die Straßen

Alle Welt liebt mein Risotto. Nur Christine mochte es nicht. Seit einer ganzen Weile schon betrachtete sie misstrauisch ihre Portion. Bis sie sich endlich überwand, ein paar Reiskörner mit ihrer Gabel aufzunehmen, dazu ein winziges Stück Tomate. Sie aß mit einem Gesichtsausdruck, als würde man sie dazu zwingen, mit vorgehaltener Pistole. Dann stocherte sie mit unverhohlener Lustlosigkeit auf ihrem Teller herum. Bis ich meinen Essvorgang unterbrach. Und sie anschaute. Darauf schien sie nur gewartet zu haben.

Der Reis sei viel zu hart, nörgelte sie. „Und das Gemüse. Zucchini, oder was das sein soll? Fast roh. Und, mein Gott, was ist das denn, Kapern?“

Danach hatte ich keine Lust mehr, für sie zu kochen, mit der Ausnahme eines hauchdünn geschnittenen Kalbfleischs, das ich besorgt hatte. Das ich selbst zuzubereiten wagte, als Geschnetzeltes nach Jägerart, mit Pfifferlingen und Weißweinsauce. Zu meiner Überraschung fand das Gericht Christines Anerkennung. Ihr Lob klang allerdings derart herablassend, dass ich fortan die Küche mied, außer, um mir Tee zu machen oder Butter aus dem Kühlschrank zu holen.

Was Christine wohl recht war. Sie duldete mich ohnehin nicht gern in der Küche, es sei denn, ich verharrte auf meinem Stuhl am Tisch. Wo ich sie beobachtete und mich gelegentlich fragte, ob sie wirklich mit so viel Leidenschaft kochte, wie es den Anschein hatte. Ich neckte sie sogar der schamanenhaften Betulichkeit wegen, mit der sie den simplen Bratvorgang eines Rumpsteaks zu einer aufwendigen Operation aufbauschte, während der sie das Fleisch immer wieder aus der Pfanne nahm, bis es vollkommen kalt geworden war, genauso wie ihre Suppen. Von denen ich einige kaum genießbar fand, weil sie sie zu lange gekocht und mit Zutaten und Gewürzen überfrachtet hatte.

Schließlich erregte ich ihren Zorn, als ich ihr sagte, ich hielte Kochen für eine Kunst des Maßhaltens und der Zurückhaltung. Ich war erstaunt, wie empfindlich sie reagierte. Wie wenig sie sich offenbar aus den Dingen machte, die sie wirklich konnte. Aus den Fremdsprachen (Englisch, Französisch, Spanisch, Italienisch) zum Beispiel, die sie nahezu perfekt beherrschte. Ihr komplettes Selbstvertrauen schien sich aus den dampfenden Töpfen ihrer Küche zu speisen, als gäbe es sonst keine andere Berechtigung ihres Daseins.

In ihrer Jugend, hatte Christine erzählt, habe die Küche sie kaum interessiert. Kochen sei damals nicht wie heute ein genussvoller Akt der Selbstverwirklichung gewesen, sondern eine freudlose Geste der weiblichen Unterwerfung, die sie nicht zuletzt auch deshalb boykottierte, weil sie konventionelles Essen in diesen Zeiten wie eine lebenserhaltende Zumutung empfand. Bis in die Mitte der siebziger Jahre habe sie sich fast nur von Kartoffeln und Quark ernährt.

Eigentlich sogar, bis die Sache mit Scotte passiert sei. Achtundsiebzig müsse das gewesen sein, weil siebenundsiebzig hätten sie und Jens geheiratet, der im selben Jahr sein Kapitänspatent gemacht habe. Und dann habe sie ihn begleitet, gleich bei seiner ersten Fahrt.

Sie sei damals noch in Jens vernarrt gewesen, genauso wie in die Seefahrt, in der sie eine vielleicht nicht mehr zeitgemäße, aber umso männlichere Art gesehen habe, dem Spießer-Dasein zu entkommen. In Jens habe sie gesucht, was er rückblickend wohl nie gewesen sei, ein Rebell, ein Aussteiger, ein Ozean-Rocker, ein Pirat. Und sie wollte seine Gefährtin sein. Seine Komplizin. Seine Piratenbraut. Ihre Liebe sollte keine normale Ehe sein. Kein ruhender Zustand. Sie sollte ein fortwährendes, durch den Fluss des Reisens lebendig gehaltenes Abenteuer sein.

Und Scottie? Christine sagte, sie erschaudere immer noch, wenn sie an den hasserfüllten Blick denke, mit dem er in die Messe schaute, als hätte er dadurch verhindern können, dass sich die Männer gegen ihn verschworen. Sie hätten sogar erörtert, ob er wirklich nur ein schlechter Koch sei oder sogar ein übler Mensch. Ein Sadist. Scotties Spiegeleier hatten die Konsistenz von Panzerketten. Und seine Aufläufe schmeckten nach billigem Öl und fauligen Kartoffeln.

Als sie Scottie vom Schiff gejagt hatten und Christine baten, seinen Posten zu übernehmen, akzeptierte sie, ohne auch nur einen Moment zu zögern. Schlimmer als Scottie konnte sie's kaum machen. Und es gab nichts, was sie sich mehr wünschte, als ein Teil der Mannschaft zu sein.

In den letzten Tagen saß ich häufig in der Küche und starrte durch das Fenster ins Freie, wo die so lange unter Schneemassen verborgenen Konturen des Gartens durch das Tauwetter wieder sichtbar wurden. Ich erinnerte mich an den Nachmittag vor gut zwei Jahren, an dem ich Christine zum ersten Mal besucht hatte. Ich begegnete einem alt gewordenen Blumenmädchen, das mit so viel Liebe über jede Pflanze in ihrem Garten reden konnte, als hätte sie sie in ihrem Leib getragen. Was wusste ich damals schon über ihr wahres Wesen? Über die Verwegenheit ihres Naturells?

Und jetzt, nachdem wir zusammen waren, hatten die eisigen Monate kaum zutage bringen können, dass ich Tisch und Stuhl mit einer Frau geteilt hatte, die, wie sich herausstellen würde, zu den letzten wahren Biker-Bräuten gehörte. Von denen ich dachte, sie seien längst ausgestorben. Mit denen, die sie hervorgebracht hatten. Mit dem ganzen Panoptikum der Wilden, das die Nachkriegsmoderne auf dem Asphalt ins Rollen gebracht hatte. Mit all den Straßen-Cowboys der Sechziger und Siebziger, den Außenseitern, Halbstarken, Gesetzlosen, Aussteigern, Hippies.

Christine hatte immer von meinem Motorrad gewusst. Sie hatte mich sogar damit angetroffen, als wir noch gemeinsam für die Zeitschrift arbeiteten, in der Tiefgarage, gleich nachdem ich es von München nach Hamburg hatte überführen lassen. Es schien sie nicht weiter zu interessieren. Was mich wiederum nicht störte. Zumal ich kein typischer Biker bin. Manche würden sagen: kein *echter* Biker. Ich habe keinen Sinn für die Szene. Für die ihr eigene Angeberei. Für dieses kindische Männlichkeitsgehabe. Für dieses Vintage-Gedöns. Und diesen Outlaw-Scheiß. Motoren, so laut wie Flugzeug-Triebwerke. Auspuffrohre wie eine komplette Blechbläser-Kapelle. Harley-Kult-Wear und was sonst noch alles dazugehört, zu einem gekauften Lebensgefühl, das ich nie haben wollte. Ich will einfach nur frei sein. Frei in einem vollkommen lapidaren Sinn. Frei beweglich in einem dem Kollaps erliegenden Verkehr in der Großstadt. Auto-befreit.

Der Motor war sofort da, er lief cool und souverän und zeigte keine Spur von Übernächtigkeit nach all den Monaten, die er geruht hatte. Ich hatte Christine gesagt, es könne eine Weile dauern, bis ich komme. Es war der erste Tag im März, an dem das Thermometer die Zehn-Grad-Marke überstieg, und ich tat, was ich jedes Jahr um diese Zeit tat: Ich machte mein Motorrad flott.

Ich ließ den Motor warm laufen, arretierte die beiden Transportkisten unter der Rückbank. Dann überlegte ich, ob ich den zweiten Helm mitnehmen sollte, trotz all der Erfahrungen, die ich mit Frauen gemacht hatte, die mir ihr Interesse mitzufahren signalisiert hatten. Am Ende hatten die meisten doch gekniffen.

Christine erwartete mich wie ein aufgeregtes Kind auf der Straße, was sie sonst nie tat. Sie schlich um mich herum, noch während ich im Sattel saß, begutachtete die Maschine mit Neugier und Interesse für jedes Detail. Dann bat sie mich um den Helm. Sagte: „Nur 'ne kleine Runde, bis nach Aldi und wieder zurück."

Rückblickend war es ein Moment, auf den Christine sehr lange gewartet hatte. Vielleicht ein Leben lang. Mir fiel auf, wie sie sich, auf der Rückbank sitzend, an mir festhielt. Eine Umklammerung ohne die geringste Spur von Angst. Eine Umarmung. Der Ausdruck purer Glückseligkeit. Und dann ihre leisen Seufzer, die das angenehme Vibrieren der Maschine im Leerlauf begleiteten. Die sich steigerten zu heiseren Schreien, als ich anfuhr und wir die Schnellstraße erreichten und ich das Motorrad mit sanfter Beschleunigung in die Bahn katapultierte.

Es war der Beginn einer Sucht, die sich ausweitete, während wir immer häufiger immer ausgedehntere Touren durch die Stadt unternahmen. Wir nutzten jeden Anlass. Dann suchten wir nach Anlässen. Schließlich erfanden wir Anlässe.

Weil Christine sich besser als ich in der Stadt auskannte, verlor ich allmählich meine Rolle als Kapitän. Ließ mich degradieren zum Maschinisten. Zum Steuermann, der sich an Christines Zeigefinger gewöhnte, die plötzlich während der Fahrt in meinem Gesichtsfeld auftauchten und mir die Richtung wiesen. Gleichzeitig erfuhr ich die wundersame Verwandlung meiner Person in eine romantische Figur. Eine Art Pirat. Freibeuter der Straßen. In Christines Augen.

Ich versuchte dennoch auf dem Teppich zu bleiben. Was mir gelang, solange ich nicht den eitlen Pfauen der Boulevards begegnete und ihren blank polierten Nostalgie-Gefährten, auf denen sie glaubten, der Gegenwart zu entkommen. Dann empfand ich kindliche Häme. Ich sagte mir: Ihr mögt haben, was ich nicht besitze, die Original-Requisiten, die Original-Kostüme. Aber ich habe das ultimative Original. Ich habe das Mädchen.

Auch wenn Christine auf den ersten Blick nicht mehr viel gemeinsam hatte mit der Widerspenstigen der Vergangenheit. Auch wenn sie mittlerweile nicht mehr in die Badewannen fremder Leute reiherte. Auch wenn sie heute die *Brigitte* las. Auch wenn sie den Jil-Sander-Look bevorzugte. Es passte dennoch, Christine und das Motorrad harmonierten, als würde es zwischen ihr und der Maschine eine tiefe Verbundenheit aus längst vergangenen Zeiten geben. Als wäre die Maschine ein Vehikel, das einen verborgenen Teil von ihrem Selbst zum Vorschein brachte.

Ich sah die Dinge etwas klarer, seit ich die großartigen Memoiren von Marianne Faithfull gelesen hatte, die so persönlich und dennoch völlig uneitel und über die Autorin selbst hinaus geschrieben waren, dass sie zur Gebrauchsanweisung einer ganzen Frauengeneration taugten. Ich kannte sie gut, diese Generation. Ich hatte erlebt, wie sich Teile dieser Generation Anfang der Achtziger radikalisierten und zu den verbitterten Furien wurden, derentwegen ich schließlich die ganze Generation zu verabscheuen begann. Als die Stimmen der mir liebenswürdigen Frauen unterzugehen drohten im hysterischen Geschrei vernagelter Gender-Aktivistinnen. *Ich sprüh's auf jede Wand, neue Männer braucht das Land.*

Dabei hatten die meisten dieser Frauen anfangs gegen die Rollen rebelliert, die die Männer ihnen zuwiesen, weniger gegen die Männer selbst. Einige von ihnen hatten, wie Marianne Faithfull, als Groupies Eingang in die Geschichte gefunden, kaum zu vergleichen allerdings mit den Groupies unserer Zeit. Sie waren mehr Yoko Ono als Jenny Elvers. Obwohl auch sie nach der Aufmerksamkeit im Glanz der Männer gestrebt haben mögen, aber viel mehr wollten sie den Männern nahe sein, sexuell, ja, auch, aber vor allem spirituell. Sie wollten mit ihnen verschmelzen, letztendlich, weil sie Einfluss nehmen wollten auf das, was die Männer dachten und taten. Den Aspekt der Emanzipation betreffend, könnte man sagen: Vor dem Krieg gegen die Männer erfolgte der Putschversuch mittels liebender Unterwanderung.

Christine entdeckte sich also wieder als das Mädchen ihrer Vergangenheit. Als anhängliches Wesen, vielleicht deshalb, weil ich jünger war und ihr unschuldiger erschien als die Männer ihrer Generation. Sie bestieg das Motorrad, von dem wir beide wussten, dass es immer noch der beste Ort war für die symbolische Verschmelzung der Geschlechter. Je öfter sie das tat, desto glücklicher machte sie mich. Mit diesem altmodischen, aber schönen Beweis ihrer bedingungslosen Treue, denn, sind wir ehrlich, Motorräder sind Geschöpfe der Hölle. Und jede Fahrt, die man gemeinsam mit ihnen unternimmt, ist ein romantischer Akt der Courage. Wie eine Beteuerung der Liebe bis in den Tod.

13

Kleine Steine

Offenbar hatte David vergessen, die Kamera auszuschalten. Er und die Jungs hatten sie auf sein Zimmer mitgenommen, wo sie sich gegenseitig filmten, während sie abgefahrene Beastie-Boys-Moves ausprobierten. Und dann, als sie plötzlich Hunger bekamen, okkupierten sie die Küche und holten abgefahrene Lebensmittel aus den Schränken, die sie auf abgefahrene MTV-Art vor der Kamera präsentierten. *Ey, was das denn? Sieht voll wie Sperma aus. Nee, is Knoblauchsauce.*

Und nun lag die Kamera auf dem Küchentisch, das Objektiv auf die mit unübersehbaren Schlieren verdreckte Tür des Kühlschranks gerichtet, der damals, vor sechzehn Jahren, als das Video gedreht wurde, bereits derselbe wie heute war. Kurz vor der Stelle, die ich zufällig bemerkte, weil ich das Video hatte weiterlaufen lassen, hörte man Tellerklappern. Offenbar Christine. Und dann David, wie er seine Mutter anschnauzt.

„Hasse gar keine Flips gekauft?"

„Nee. Kannst ja später mitessen. Gibt Nudeln."

„Nä!"

„Und deine Freunde oben? Und das Mädchen? Ist sie nicht deine Freundin?"

„Nä!"

„Wer iss sie dann?"

„'N Mädchen."

„Hat sie auch 'n Namen?"

„Britta."

„Vielleicht will Britta was essen, hast du sie mal gefragt?"

„Nä. Iss eh zu fett."

Und dann schien David die Küche verlassen zu haben. Man hörte nur noch das Klappern des Geschirrs. Und das sporadische Geräusch von laufendem Wasser in der Spüle. Und immer noch die Monotonie der Kühlschranktür, als wäre sie ein Regie-Einfall, der die Trostlosigkeit der sich allmählich verlustierenden Innigkeit zwischen Mutter und Sohn zum Ausdruck bringen soll.

Ich hatte mir wieder angewöhnt, nachts die Fenster geöffnet zu lassen, wodurch ich morgens das Gezwitscher der Vögel hören konnte. Was mir gut gefiel, und überhaupt, dass wir Frühling hatten. Ich war nun ziemlich häufig in meinen Gedanken bei Christine, und dazu passte der Frühling, beziehungsweise das, was man im weiteren Sinn darunter versteht, ein Gefühl der positiven Veränderung, der Entspannung, der Zuversicht, vergleichbar mit dem, was man empfindet, wenn ein lange andauernder Schmerz abzuklingen beginnt. Ich würde sogar so weit gehen und von einem Zustand der vollkommenen Glückseligkeit sprechen, wären da nicht gewisse Beobachtungen gewesen, die ich zunächst für so wenig bedeutend hielt, dass ich ihnen kaum Beachtung schenkte. Christines Aversion gegen meine Wohnung – sie hatte es nicht offen zum Ausdruck gebracht, aber ich hatte das Gefühl, dass sie es nicht lange bei mir aushielt – störte mich nicht, denn ich hatte mich in Christines Haus verliebt, wo ich mich so weit eingerichtet hatte, dass ich mich dort wohler fühlte als bei mir zu Hause.

Mein Wohlbefinden lag vor allem an dem besonderen Charme des Hauses, aber zu einem gewissen Teil auch an den

Aufmerksamkeiten, die mir Christine zuteilwerden ließ. Den ganzen Tag hielt sie kleine Überraschungen für mich bereit, kalte und heiße Getränke, Kekse, Schokolade, Nüsse, hübsch angerichtete Käsehappen, Zeitschriften. Ich ließ sie mir gern gefallen, genauso Davids abgelegte Sweatshirts, die sie mir gelegentlich reichte, und die Espadrilles mit Gummisohle, die für mich als Hausschuhe angeschafft wurden, denn in den Wintermonaten, auf dem eiskalten Steinboden im Parterre, hatte ich tatsächlich gefroren.

Anfangs schätzte ich auch ihr Angebot, meine Wäsche zu waschen. Und dass sie für mich ein Fach in ihrem Kleiderschrank eingerichtet hatte, in dem ich bald herrlich duftende und tadellos gebügelte Hemden und Unterhosen vorfand. Bis es mich störte, mein Wäschekontingent auf zwei Haushalte verteilt zu wissen, zumal Christine die Wiederaufbereitung ihrer Wäsche einem sorgfältigen und langwierigen Prozess unterzog, mit der Folge, dass von mir geliebte Stücke in irgendwelchen Säcken verschwanden und erst Wochen später wieder auftauchten.

Also begann ich meine abgelegte Wäsche Christines Zugriff vorzuenthalten, indem ich sie in der Tasche versteckte, mit der ich zwischen ihrem Haus und meiner Wohnung pendelte. Als sie dies bemerkte, war sie zutiefst verletzt. Sämtliche Argumente, die ich zu meiner Verteidigung vorbrachte, unterstellte sie, seien vorgeschoben, hinter jeder Ablehnung den Dingen gegenüber, die ein Mensch tue, stecke letztendlich die Ablehnung seiner Person. Sie schien derart untröstlich, dass ich begann, mir Gedanken zu machen, über mich, über sie und über die von mir gefürchtete, wie ich annahm, in der weiblichen Seele angelegte Ambivalenz zwischen Fürsorge und Kontrollwahn. Ich dachte an die liebenswürdige Auftraggeberin aus meiner beruflichen Vergangenheit, die mich einlud, in ihrem Büro zu arbeiten und sie zu unterstützen. Was ich gern tat, bis sie mir indiskrete Fragen über mein Liebesleben stellte und Protokoll über die Zeiten zu führen begann, die ich auf der Toilette verbrachte. Ich dachte an die teuflische Person, die einen guten Freund geheiratet hatte und ihn erst bemutterte, dann enteierte, entmachtete, entmündigte, und ihn sich schließlich wie einen rheumatischen Reihenhaus-Dackel hielt, als zahmes, in seinen Bewegungen eingeschränktes Wesen ohne Zugriff auf das eigene Bankkonto und die Fähigkeit, sich selbst Butter auf die Semmel zu streichen. Ich dachte an Annie Wilkes, die gewalttätige Krankenpflegerin aus *Misery*, und die Altenpflegerinnen, die ihre Patienten aus pervertierter Fürsorge mit der Giftspritze töteten. Und dann wagte ich endlich die äußerst heikle Frage zu stellen, in welcher Art Christine mich betrachtete, als Mann, als Liebhaber oder als Ersatz für ihren entwachsenen Sohn?

Also beobachtete ich sie. Begann Ausschau zu halten nach Hinweisen. Nach einem Schlüssel, der mir verriet, was ihre Gesten zu bedeuten hatten. Wirklich Liebe? Oder waren sie getarnte Versuche, mich meiner Eigenständigkeit zu berauben? Sollte ich abhängig gemacht werden? Zu einem Bequemlichkeitsjunkie? Zu einem leicht zu kontrollierenden Opfer?

Und dann entspannte ich mich ausgerechnet in einer der spannungsgeladensten Situationen der letzten Wochen, in der Christine mich wieder mal dabei erwischt haben wollte, angeblich hätte ich geflirtet, mit einer *Schlampe*, die uns Kaffee serviert hatte und, wie Christine behauptete, weit mehr als das für mich zu tun bereit gewesen wäre. Ich fand mich ihr gegenüber, die sich vor mir aufgebaut hatte, mit weit aufgerissenen Augen, zitternd, wutschnaubend, mit gezücktem Säbel, wie Blücher auf dem Schlachtross. Ich sah sie, wie sie war, eine Frau wie aus einer alten Heldensage, aufrecht, stark, ungestüm. Und wusste: Eine Frau wie Christine würde mich niemals manipulieren. Eine Frau wie Christine würde niemals Spielchen spielen. Eine Frau wie Christine würde ich niemals fürchten müssen.

Ich erinnerte mich an die Frauen meines Lebens. An Frauen deutlich jüngerer Generationen, über die sich Christine übrigens nie erkundigt hatte, weil sie alles über sie zu wissen glaubte, von Reinhardt, dem Chefredakteur, der uns zusammengebracht hatte, er hatte einiges über mich erzählt, vor allem Gerüchte und Halbwahrheiten. Einige dieser Frauen waren wie Elaine Benes in *Seinfeld* oder Diane Keaton in sämtlichen Woody-Allen-Filmen. Sie waren ruhelos, sprunghaft, launisch, ständig hin und her schwankend zwischen Unsicherheit und Eingebildetheit, zwanghaft reflektiert und latent exzentrisch. Andere schienen nicht mehr auf die große Liebe aus zu sein. Sie kannten Männer, mit denen sie wie Kumpel verkehrten. Sie hatten Beziehungen mit Männern – oder Sex, das eine ging nicht zwingend mit dem anderen einher, aber über beides wurde viel geredet. Wieder andere schienen niemals Wäsche zu waschen, niemals zu putzen und zu bügeln. Sie kochten hin und wieder, allerdings nicht für Männer, sondern nur für sich allein. Oder dann halt *mit* den Männern, Hauptsache, es sah nicht so aus, als wollten sie den Männern gefällig sein. Als würden sie sich ihnen gegenüber unterwerfen. Wieder andere gaben sich offen und tolerant. Sahen aber dennoch alles kritisch, allerdings ohne jede Leidenschaft. Auf alles, was man sagte oder machte, reagierten sie irgendwie gleich.

So wenig diese Frauen gemeinsam hatten, so einig waren sie sich in dem Gefühl, ein althergebrachtes Frauenbild überwunden zu haben. Jenes Frauenbild, das Christine immer noch verkörperte. Das auf der einen Seite, den Männern gegenüber, von hingebungsvoller Fürsorglichkeit geprägt war. Und auf der anderen Seite von rigorosem, klar ausgesprochenem Besitzanspruchsdenken. Den altbewährten Grundelementen solider Beziehungsarchitektur. An die ich mit derartiger Überzeugung zu glauben begann, dass sich mir die Frauen aus meiner Vergangenheit nachträglich entfremdeten, meine Erinnerung verwandelte sie in schräge Karikaturen, die mir wie heillos aus dem Lot geratene Entartungen der weiblichen Natur erschienen, über die die Nachwelt nur noch lachen würde wie über die Tänzer aus einem Achtziger-Jahre-Madonna-Video.

Wir lebten mittlerweile in biedermeierlichen Zeiten. Die Phase der sexuellen Befreiung, der Unverbindlichkeit, der Coolness schien überwunden, und man setzte wieder auf alte Werte, auf solide Beziehungen, auf Treue und ganz viel Gefühl. Der Neo-Kitsch des Kinoerfolgs von *Die fabelhafte Welt der Amélie* hatte die herkömmlichen Liebeskonventionen revolutioniert. Fortan wollten sich die Frauen nicht mehr mit couchfixierten Stoffel-Typen zufriedengeben, die sich ihre Ruhe mit Schmuck erkaufen. Die neuen Liebhaber sollten die Frauen erobern, am besten jeden Tag neu. Sie sollten sich Mühe geben. Sie sollten Fantasie entwickeln. Sie sollten die Sprache des Herzens lernen, zu deren Vermittlern sich die Trash-TV-Sender erklärten, die ihr Publikum mit Kuppelshows penetrierten. *Trottel sucht Frau. Der gefühlvolle Schweinebauer will seine Liebste mit einem Wellness-Nachmittag verwöhnen.* Disney-Style-Romantik auf sämtlichen Kanälen. Winter-Kutschenfahrten. Wohnzimmer-Schnitzeljagden. Rosenblütenbäder. Candle-Light-Dinners. Seestrand-Picknicks mit Champagner. Überhaupt ganz viel Champagner und tonnenweise Kerzen.

Als der Irrsinn in seinem kompletten Ausmaß noch in weiter Ferne lag, hatte man mich zu einem Presse-Dinner eingeladen, wo ich am Tisch neben einer bekannten TV-Moderatorin saß, die gerade einen Ratgeber für *Romantiker oder diejenigen, die es noch werden wollen* oder so ähnlich geschrieben hatte. Ein dümmliches Machwerk mit den für die Art von Literatur üblichen, an den Haaren herbeigezogenen Fantasieanregungsvorschlägen (*Wenn es draußen schneit, bauen Sie zwei Schneemänner, die sich an den Händen halten, und ziehen Sie ihnen Sachen von sich und Ihrem Partner an*). Der reinste Swingerclub der Zartgefühle.

Da die Frau unbedingt über ihr Buch reden wollte, fragte ich sie nach ihrer ganz persönlichen Vorstellung von Romantik. Worauf sie mir die wirklich hübsche Geschichte über einen Jugendfreund erzählte, in den sie sich verliebt habe, als er ihr ein Urlaubsfoto von zwei alten Menschen am Meer schenkte, die in liebender Umarmung den Strand entlangspazierten. Eine Geschichte, zu der ich sie bedauerte. Weil ich sie gern in ihrem Buch gelesen hätte.

Echte Romantik ist ein flüchtiges Gefühl, das einem widerfährt, an einem Ort, an dem man nicht damit rechnet, in einer Situation, die man nicht erwartet. Man kann dieses Gefühl wahrnehmen. Man kann es wertschätzen. Aber man kann es nicht reproduzieren. Und schon gar nicht kann man es sich backen wie eine Pizza aus der Tiefkühltruhe.

Ich hatte das einige Male mit Christine erlebt, wenn wir am Wochenende am frühen Nachmittag auf dem Kiez unterwegs waren, dann gingen wir manchmal auf einen kleinen Roten ins Cuneo, um die Leute zu beobachten. Einmal hatten wir den Blick auf die Wirtin hinter dem Tresen des Italieners gerichtet, die mit unvergleichlich gangsterbrautartiger Herzlichkeit ihr Personal dirigierte. Und plötzlich schwiegen wir und genossen den Moment, denn es war eine dieser Impressionen, wegen derer wir unsere Heimatstädte verlassen hatten und nach Hamburg gezogen waren, eine besondere Schönheit, eine besondere Menschlichkeit, die nur gedeihen kann, wo die Sitten rau sind und die Straßen dreckig.

Überhaupt konnte man durch Christine so vieles erfahren. Eben, über was ich bereits gesprochen hatte, die Liebe betreffend, dass es nicht die großen Gesten sind, die zählen, sondern die kleinen. Die ganz kleinen. Ein Lächeln. Ein aufmerksamer Blick. Ein frisch bezogenes Kopfkissen. Eine vom Straßendreck befreite Bierbank.

Die Liebe ist kein aufgeblasenes Musical. Sie ist ein schlichtes Mauerwerk. Und Christine, sie hatte dieses unerschöpfliche Kontingent an Mauersteinen, dem ich eigene Steine beisteuern würde, und damit, da war ich mir ganz sicher, bekamen wir unser gemeinsames Haus gebaut, einen fetten Bunker der Geborgenheit.

14

Der Trottel an Mutters Seite

Langsam genoss ich das Gefühl, meine Ängste überwunden zu haben, was die Beziehung zu Christine betraf. Ich erkannte sogar einen gewissen Vorteil darin, dass sie älter war, zumal sich die peinlichen Auswirkungen meines bisherigen, im engen Radius um mich selbst kreisenden Lebens in den letzten Jahren immer deutlicher offenbarten. Für einen Mann meines Alters hatte ich kaum Erfahrungen mit Kindern. Langsam rächte sich, dass es in meiner Vergangenheit so wenig ernsthafte Beziehungen gegeben hatte. Stattdessen fast nur Affären. Affären mit jüngeren Frauen, von denen sich einige als potenzielle Mütter meiner Nachkommen empfahlen, um am Ende doch zu entscheiden, dass es beim Potenziellen bleiben sollte, aus was für Gründen auch immer. Und ich allein blieb.

Dabei waren mir Kinder niemals fremd gewesen. Es hatte immer Kinder um mich herum gegeben. In meiner Verwandtschaft. In meinem Freundeskreis. Ich kann nicht behaupten, dass ich sie nicht mochte. Im Gegenteil. Ich liebte sie, sogar ungeachtet der Tatsache, dass sie nicht die meinen waren. Und dennoch hatte ich manchmal das Bedürfnis, ihnen aus dem Weg zu gehen. Ich denke, weil ich fürchtete, irgendetwas falsch zu machen. Sie zu enttäuschen.

Zu den positiven Aspekten meiner eigenen Kindheit gehörte die Eigenart meines Vaters, ein Denker gewesen zu sein, der jedem Intellektuellen-Klischee Genüge tat, und dennoch besaß er praktische Fähigkeiten. In dieser Hinsicht war er ein Bilderbuchvater, der Kinderhäuser bauen konnte, Fischteiche, Spielzeuggewehre, primitive Radiogeräte, Funkgeräte. Er konnte Vorhandenes instand setzen und Kaputtes reparieren.

Ich konnte das alles nicht. Weil mir die Begabung fehlte? Das Interesse? Die Motivation? Weil ich mich meinem Vater nicht gewachsen fühlte? Weil ich anders als er sein wollte? Ich weiß es nicht.

Jedenfalls konnte ich um Klassen besser Gitarre spielen als er. Ich konnte besser Schnaps vertragen und hatte mit deutlich mehr Frauen geschlafen (was nicht bedeutet, dass es wirklich viele waren). Ich schien geworden zu sein, was ich mir selbst von meinem Vater gewünscht hätte, aber sonst, wie ich annahm, kein anderes Kind auf der Welt, ein verspielter, trinkfester, nach sich selbst suchender Gelegenheitscharmeur.

Um nicht zu sagen, dass ich wirklich froh war, dass David, dem zu begegnen mir bevorstand, kein kleiner Junge mehr war. David, Christines Sohn. Christines erwachsener Sohn. Was auch immer das bedeutete.

Es war ein Sonntag im Mai. Endlich Mai, wie man ihn sich wünscht. Sonnengespeedete Schmetterlinge. Grashalme wie Schwertklingen. Der Himmel reingewaschen vom Gewitter der letzten Nacht und makellos blau. Die Luft frisch, wohltemperiert. In unserem Garten plötzlich dieser junge Mann, von der Art, wie sie mittlerweile gängig waren, irgendwo im Grenzbereich zwischen über dreißig und zwölf. Sein Look: kurze Hosen, Sneakers mit Rennstreifen und Action-Manga-Motive auf seinem T-Shirt. Sein Accessoire: ein hochgezüchtetes Rennrad, das er über den Rasen schob. Das er, wie sich herausstellte, mitnahm, wohin er konnte, es schien das Allerheiligste zu sein, was er besaß. Gerade eben, erzählte er, sei er im Elektronikmarkt gewesen. In seinem Rucksack: die Konsole der neuesten XBox. Und eine große Flasche Mezzo Mix.

Er nahm kontinuierlich kleine Schlucke aus der Flasche. Verlegenheitsschlucke. Solange er trank, musste er nicht reden. Was er offenbar nicht gern tat, und wenn, dann redete er leise und schnell, so, als wäre er auf der Flucht. Er war der Typ, der lieber für sich behielt, dass er klug war. Der lieber beobachtete. Sich versteckte. Hinter Sarkasmus und Ironie. Hinter pubertären Attitüden. Styles. Gangsta-Hip-Hop-Style.

Mein erster Versuch, mich David anzunähern. Ein Reinfall. Ich sagte: „Ich gehe zu Willke rüber und hole Eis." Und Christine: „Ja, Eis, toll." Und David: „Für mich nicht, danke." Und Christine: „Was denn, du Vogel, du magst doch Eis?" Und David: schwieg. Er vollzog das Schweigen des ewig seltsamen, rätselhaften Kindes, das stets nach Aufmerksamkeit verlangt, nach Aufmerksamkeit und Aufschluss. Auf das Christine nie aufhören würde reinzufallen.

Was mich anging, benutzte David sein Schweigen, um Christine in falscher Sicherheit zu wiegen. Sie meinte, dass es gut sei, dass er sich nicht äußere über mich. Sonst, sagte sie, hätte er sich nicht zurückgehalten. Hätte immer Spott für die Männer, mit denen sie zusammen war, parat gehabt. Sie sagte: „Ich glaube, er mag dich." Ich wusste nicht, was ich glauben sollte.

Ich beobachtete David und dachte an Arthur Abraham. Den Boxer. Den Meister der Zurückhaltung. Der defensiven Zermürbung. Wie Abraham agierte David hinter hochgezogener Deckung. Er beherrschte das Spiel mit den Abwehrmechanismen der modernen Kommunikationsmittel. Er ließ die Anrufe seiner Mutter an sich abprallen. Ließ sie E-Mails schreiben, die er nicht beantwortete. Er hatte ein gutes Gefühl für Timing. Für den Zeitpunkt, an dem er Christine durchkommen ließ.

Christine heulte vor Wut, als sie ihn erreichte. Sie schrie. Sie keifte. Kreischte: „Wo steckst du, was denkst du dir, deine Mutter so zu behandeln?“ Und er, zickig, kindisch, schnippisch: „Brauchst mich doch gar nicht mehr, hast *ihn* doch jetzt.“

Und dann, am nächsten Tag, outete sich David als Regisseur eines wohlarrangierten Dramas, es gab sonst keine Erklärung für seinen Besuch, den er überraschend bei Christine ankündigte. „Das ist sein schlechtes Gewissen“, sagte sie. Sie redete sich das ein. Sie sagte: „So läuft das immer zwischen uns.“

Christine reichte mir die Kaffeetassen aus dem Geschirrschrank, in der Küche, als David plötzlich einmal ins Haus platzte, ohne zu klingeln. Er verschaffte sich Zugang mit einem Schlüssel, den er für Notfälle besaß. Ich ahnte, dass er das nicht aus Mangel an Diskretion machte. Er machte das ganz bewusst. Als wolle er sagen: Hier ist immer noch mein Zuhause.

Ich befreite den Kuchen, den Christine besorgt hatte, von seiner Verpackung, während sie David im Flur begrüßte. Dann kam sie wieder. Allein. Setzte sich an den Tisch. Goss sich Kaffee ein. Ich sagte: „Und, David, wo steckt er?“

„Oben“, sagte Christine.

„Wo oben?“

„Im Fernsehzimmer.“

„Er sieht jetzt fern?“

„Ach was, der hängt da einfach nur rum. Er liebt dieses Zimmer. War ja früher mal sein Kinderzimmer.“

Und dann verließ ich das Haus unter dem Vorwand, mir die Füße vertreten zu wollen. Ich hatte aufgehört, mich wohlzufühlen, als willkommener Gast, viel mehr fühlte ich mich als Eindringling in einem Mutter-Sohn-Kokon, den es offiziell nicht mehr gab, und dennoch existierte er, definitiv, er blies sich auf wie ein unsichtbarer Airbag, sobald David sein Elternhaus betrat.

Die Geschichte fand dann doch noch ein hoffnungsvolles Ende, und das begann mit einem ätzenden, nicht wegzubekommenden Knacken, das durch den Kopfhörer drang, wenn ich Sound-Dateien in meinem Laptop abspielte. Worauf Christine meinte, dass David sich das ansehen sollte, der kenne sich mit so was aus. Worauf er uns einlud, zu sich nach Hause. Und ich zum ersten Mal seine Wohnung betreten durfte, in der fast alle Dinge, der Fernseher, der Rechner, die Espressomaschine, so ungeheuerlich groß waren, so leistungsstark, so schnell, so effizient, dass ich mir vorkam wie ein Flüchtling aus einem Dritte-Welt-Land.

Und dann zückte David, noch während ich mein Anliegen mit dem Laptop schilderte, sein Werkzeug und zog die Schraube an einem der Steckkontakte an. Worauf das Knacken sofort verschwand. Worüber ich mich freute, auch wenn es mich ärgerte, dass er mich endlich hatte, wo er mich haben wollte, als Trottel an der Seite seiner Mutter.

Wo ich mich, zugegebenermaßen, wie sich herausstellte, nicht unwohl fühlte. Zumal die Barriere, die zwischen mir und David existiert hatte, mit der Zeit verschwand und sich unsere Beziehung verselbständigte. Was wiederum dazu führte, dass David gelegentlich in meiner Wohnung vorbeischaute. Wodurch der defekte Kronleuchter in meinem Wohnzimmer Licht spendete. Und das unheilvolle Schlagen in meiner Waschmaschine aufhörte. Und der Dunstabzugsventilator in meiner Küche funktionierte. Und ich die Fotos von meinem Handy auf die Festplatte geschoben bekam und der Boiler in meinem Bad wieder heiß wurde. Und ich, ganz ehrlich, gelegentlich sogar ein wenig nachhalf, den Verschleiß einiger Geräte in meinem Haushalt betreffend, nur damit mich David weiter besuchen kam.

Es ging mir um einen ungeahnten Nebeneffekt, der sich mit jedem seiner Besuche einstellte, eine gewisse Nähe, die langsam zwischen uns zu entstehen schien. Und wohl auch wirklich entstand, denn auch Christine hatte sie bemerkt. Worüber sie entzückt war. Und ich erst, der ich dank David meiner nicht mehr allzu weit entfernten Zukunft als alter und hilfloser Mensch beruhigt entgegensehe. Und irgendwann sogar erkennen durfte, warum mir mein Vater trotz seiner Fürsorglichkeit zeit meines Lebens ein wenig fremd geblieben war. Er hatte sich nie helfen lassen. Und erst vor wenigen Monaten, als er einen Eingriff an seinem Herzen über sich hatte ergehen lassen müssen, ging er den Ärzten mit detaillierten Fragen auf die Nerven, denn am liebsten hätte er sich selbst operiert. Zu seiner Überraschung glückte der Eingriff auch ohne sein Zutun. Sein Herz schlug wieder einwandfrei. Soweit man das so sagen kann von einem einsamen Herzen.

15

Der alte Bock

München im späten Mai, wenn die Kastanien blühen und alle nur noch an den Biergarten denken. Mitten im Stadtteil Lehel, ehemalige Arbeitervorstadt, heute Premiumlage, die, typisch bayerischer Barock, äußerlich unauffällige, aber innen opulente Klosterkirche Sankt Anna. Kindheitserinnerungen an das Vogelgezwitscher von den Bäumen am Morgen meiner Erstkommunion. An den Wachsgeruch meiner Kerze. An Mutters Kajal. An die Blumenkränze in den Haaren von Doktor Hammersteins Töchtern. Und jetzt wieder vor Ort, nach über vierzig Jahren, immer noch aufgeregt, aber ganz anders als damals, kaum noch Vorfreude. Eher Skepsis.

Der Teufel, den ich fürchtete, veränderte seine Gestalt. Er konnte überall sein unter den Leuten. Ich vermutete ihn, gut verborgen, unter den Mädchen, die sich in kleinen Gruppen zusammengefunden und auf dem Kirchenvorplatz verteilt hatten. Man sah alte, auf Gehwagen gestützte Damen, die sich wie müde Schildkröten in den Schatten der Hecken bewegten, um der Mittagshitze zu entkommen. Tobende kleine Jungen, die sich im staubigen Kies ihre weißen Hemden verdreckten. Rauchende Männer in dunklen Anzügen, die auf ihre Uhren schauten. Alles wartete. Auf Gabriel. Den jüngsten meiner Cousins aus väterlicher Linie. Auf Gabriel. Und Anna, seine Braut.

Die Mädchen gehörten, soweit ich das mit einem Blick erfassen konnte, fast alle zur Verwandtschaft. Aber ich hatte auch andere Mädchen gesehen. Mädchen, die ich noch nie zuvor gesehen hatte. Und irgendwo musste er sein, dieser Teufel. Unter den Schwestern der Braut vielleicht. Unter ihren Freundinnen.

Der Teufel also war eine Frau. Eine junge Frau. Eine hübsche Frau. Eine Frau, die später, nach der Trauung, am Festbankett, neben mir sitzen würde. Die vielleicht noch schweigen würde, während wir die Suppe löffelten. Allerdings spätestens wenn der Brautvater redete, würden sich unsere Blicke kreuzen. Und dann würde sie mir vielleicht erzählen, dass sie die letzten Jahre in Shanghai gelebt habe. Ich würde dann neuen Wein bestellen. Würde sie ausfragen. Würde ihr, während sie redete, in die Augen schauen, um mich, sobald der Alkohol wirkt, auf das Wagnis einzulassen, meinen Blick über ihren Körper schweifen zu lassen. Ich würde mich einem Glücksrausch hingeben, den ich ungezählte Male erlebt und immer wieder angestrebt hatte. Nur jetzt, seit ich mit Christine zusammen war, nicht mehr. Ich fürchtete diesen Rausch, wie man den Schwindel fürchtet. Den Schwindel nach der ersten Zigarette, nach Jahren der Abstinenz. Diesen köstlichen Schwindel, der einen ins Verderben reißt.

Der Teufel also war gar nicht die Frau. Er war die durch die Frau verkörperte Jugend. Er war der durch einen hochgerutschten Rock offenbarte Blick auf wohlgeformtes, rosiges Schenkelfleisch. Er war der betörend duftende Lockstoff eines auf Fortpflanzung ausgerichteten Organismus. Er war die Hitze rotglühender Wangen. Er war der helle Rückenflaum auf sich wie Papier über zarte Schulterblätter spannender Haut. Er war, was Christine abhandengekommen war. Was sie als schlimmsten ihrer Makel empfand. Von dem sie fürchtete, dass er unsere Liebe zerstören würde, mit jedem Jahr, mit dem das Alter fortschritt, wie ein gefräßiges, niemals satt zu kriegendes Geschwür. Bis es irgendwann geschehen würde. Und es würde geschehen. Solange Christine diesen Teufel heraufbeschwor. Solange sie ihn an die Wand malte. An Häuserwände, in riesigen Dimensionen, als grinsendes, mich beängstigendes Graffiti-Monster, wo immer ich auch war.

Im Übrigen war es weniger die Versuchung, die mich beunruhigte. Weniger die Angst vor der eigenen Schwäche. Vor einem Fehltritt. Vor schlechtem Gewissen. Viel mehr war es das Ungewohnte meiner neuen Situation, in der mir alles Jugendliche plötzlich fremd erschien. Es war die Angst vor dem Zurückgleiten auf bereits verlassenes Terrain. Dass ich wieder werden würde, wer ich früher war, ein emotional zurückgebliebener, ständig Sex und Liebe durcheinanderbringender Idiot. Es war das Misstrauen gegenüber den Veränderungen, die ich in letzter Zeit erfahren hatte. Gegenüber den Folgen eines unerwarteten, mich noch immer überwältigenden Reifungsprozesses.

Konnte ich ahnen, dass es bei dieser Hochzeitsfeier kein richtiges Festbankett gab? Kein Menü und keine Tischordnung? Stattdessen Büfett und jeder konnte machen, was er wollte? Konnte ich voraussehen, dass mich die Frauen ignorierten? Weil sie Partner hatten? Freunde? Weil es andere Männer gab, interessantere als mich?

Und der Teufel? Hatte ich nicht gesagt, dass er ein tückisches Wesen ist? Dass er sich nicht zu erkennen gibt, und wenn, dann nicht gleich, wenn man ihm begegnet?

Gabriel und Anna tauchten mit dezenter Verspätung auf. Früh genug, um die Geduld der Gesellschaft nicht übermäßig zu strapazieren. Spät genug, um ihrem Auftritt jene Theatralik zu verleihen, die man sich von Hochzeitspaaren erwartet. Sie entstiegen einem tadellos in Schuss gehaltenen, offenen Saab Cabriolet aus einer vermutlich aus den achtziger Jahren stammenden Baureihe, von der Art, wie ihn gern Männer fahren, die als kultiviert angesehen werden wollen, aber dennoch verwegen.

Am Steuer hatte ein leicht korpulenter und dennoch attraktiver Mann um die sechzig gesessen, der sein helles, allerdings an keiner einzigen Stelle weiß gewordenes Haar schulterlang trug, dazu einen gut sitzenden auberginenfarbenen Leinenanzug von allerbester Qualität und, ohne Strümpfe, dunkelblaue, ins Violett gehende Ledermokassins. Nachdem das Brautpaar den Wagen verlassen hatte, folgte er ihm mit einem pinkfarbenen Hello-Kitty-Rucksack, den ich Anna zuordnete. Sie war im Jahr zuvor Mutter geworden.

Während des Spektakels hatte Afra neben mir gestanden. Die älteste meiner Nichten. Als ich mich bei ihr erkundigte, wer der Mann sei, bemerkte ich einen Ausdruck der Verlegenheit. Ein leichtes Erröten.

Ob ich denn wirklich nicht wisse, wer das sei, fragte sie.

Nein, sagte ich.

Ob ich denn wirklich nicht wisse, dass das Onkel Helmut sei?

Nein, sagte ich. Und ob ich jetzt bitte mal erfahren könne, wer das sei, dieser Onkel Helmut?

Na, eben *jener* Onkel Helmut, sagte Afra. *Jener* Onkel Helmut mit der fabelhaft laufenden gynäkologischen Praxis, mit der Yacht am Chiemsee, mit der Finca auf Teneriffa, mit der Blockhütte in Kanada. Mit der privaten Cessna. *Jener* Onkel, na, also wirklich, dass ich denn so gar nichts über Onkel Helmut wisse.

Das Brautpaar schritt lächelnd und grüßend über den Platz, entlang der winkenden Menge, die ein Spalier gebildet hatte. Es verschwand, jenseits der Kirchenpforte, in der Dunkelheit des Raumes, und dann bemerkte ich eine blutjunge, auffallend attraktive Blond-Erscheinung mit auffallender Cameron-Diaz-Ähnlichkeit, dem Saab leichtfüßig entgegentrabend. Dort angekommen, holte sie eine Babytasche aus dem Kofferraum, die verdächtig gut zu Onkel Helmuts Rucksack passte.

Wer das denn nun sei?, erkundigte ich mich.

Schon wieder dieses Erröten. Allerdings Burglinde dieses Mal. Afras jüngere Schwester.

Das sei die Ehefrau von Onkel Helmut, erfuhr ich. Die aktuelle. Bereits die vierte. Und: Da lasse sich ein Muster erkennen. Nämlich: Onkel Helmut, der sehr strenge, nicht unbedingt fachliche Kompetenzen betreffende Maßstäbe an die Auswahl seiner Sprechstundenhilfen anlege, die gelegentlich dazu führten, dass die Frauen schwanger würden. Und er sie dann heirate.

Nach der Trauung begab sich die Gesellschaft in ein Ausflugslokal unweit den Ufern des Kleinhesseloher Sees. Der Wirt hatte Stehtische und Schirme auf der Terrasse aufgestellt, man hatte sonniges Wetter erwartet. Und dann zogen plötzlich dunkle Wolken am Himmel auf, und es gab Regen, der so heftig war, dass die Gäste die Taxen, die sie zum See geshuttelt hatten, im Laufschritt verlassen mussten. Um noch eine Weile, solange das Personal mit letzten Vorbereitungen im Festsaal beschäftigt war, in einer viel zu engen Gasthausstube auszuharren. In der ich Onkel Helmut aus den Augen verlor, er tauchte ab unter all den Leuten, die sich drängten wie in einem U-Bahn-Wagen zur Hauptverkehrszeit.

Nach dem Essen an Stehtischen verzog ich mich Zigarre rauchend ins Freie und machte die Bekanntschaft mit einem linkisch wirkenden Mann, der sämtliche Sonntagsderbys seiner Fußball spielenden Söhne mit der Kamera dokumentiert und die besten Szenen auf seinem Mobiltelefon gespeichert hatte. Er ließ mich wortlos stehen, nachdem er mir alles vorgeführt hatte. Worauf ich wieder in den Saal zurückkehrte, in dem bereits beträchtliche Teile der Gesellschaft die Feier verlassen hatten, während andere im Aufbruch begriffen waren. Auf der Bühne hatte ein DJ das Kommando-Pult besetzt. Auf der Tanzfläche vereinzelte Paare, die sich zu den unvermeidlichen Hits von Earth, Wind & Fire amüsierten. Als ich plötzlich Onkel Helmut wiederentdeckte, der sich gerade selbst beschädigte, indem er in selbstgefälliger Weise, mit in die Höhe geworfenen Armen, zuckende Hüftbewegungen vorführte, während er unverhohlen die Nähe zu einigen ausgelassen hopsenden, sich kreischend gegenseitig in Stimmung bringenden Teenie-Mädchen suchte.

Neben mir zwei Frauen um die Mitte vierzig aus dem Lager der Braut. „Guck mal“, sagte die eine, „da drüben, der Helmut.“ – „Schau ihn dir an“, sagte die andere. Und schon wieder dieser Unterton. Diese Bewunderung. Diese Verklärungsabsicht. Als wäre Helmut der natürliche Mittelpunkt des Geschehens. Die unbestrittene Lichtgestalt, um deren Gunst die Jungfrauen buhlten, ihn tanzend umringend.

Ich will nicht bestreiten, dass ich eifersüchtig war. Entnervt. Weil ich mich genötigt fühlte, einem Menschen Bewunderung entgegenzubringen, dessen Eindruck sich für mich immer mehr reduzierte auf den eines geilen, alten Bocks. Eines eitlen Posers. Eines eingebildeten Geldscheißers, der sich der albernen Illusion hingab, er werde begehrt aus Gründen außerhalb des Geldes.

Aber das war gar nicht mein Problem. Nicht mein eigentliches Problem. Es ging nicht darum, dass Onkel Helmut seine Umgebung verführte. Es ging darum, auf welche Weise er sie verführte. Auf welche Weise er sie beeindruckte. Mit der Fertilität seiner Geliebten. Mit der Schamlosigkeit, mit der er sich unter die Jugend mischte, als gehöre er dazu.

Es ging um den Wertewandel, den Onkel Helmut verkörperte. Den Wertewandel einer Gesellschaft, in der das ewige Jungsein zum obersten Prestigekriterium geworden war. In der sich der Erfolg von Männern nicht mehr in der Anzahl der Schlafzimmer ihrer Villen ausdrückte. Nicht mehr in der PS-Zahl ihrer Gefährte. Nicht mehr in der Hochkarätigkeit der Juwelen, die sie ihren Geliebten schenkten, sondern in der Glaubwürdigkeit, mit der sie zu ebendiesen, stets jüngeren Geliebten zu passen versuchten. In dieser neuen jungen Welt trugen russische Oligarchen keine Pelze mehr, sondern dünne Sweatshirts und Sneakers. Der früher so gelackt auftretende *Bild*-Chefredakteur Kai Diekmann gab sich neuerdings wie ein verpennter Achtsemester auf dem Weg zum nächsten Discountmarkt. Und ich, wie sollte es mir schon gehen in dieser Welt als jemand, der sich, mit noch nicht mal fünfzig, freiwillig in die Lebenswelt einer Übersechzigjährigen begeben hatte? Ich begann mit der Rolle zu hadern, die mir der Zeitgeist aufzudrängen schien. Ich war der Verlierer, oder was?

Während der sich prachtvoll entwickelnden sommerlichen Tage, die ich in München an die Hochzeit angehängt hatte, telefonierten Christine und ich regelmäßig, immer morgens gegen zehn. Einmal erinnerte ich mich an einen bevorstehenden Arztbesuch, den sie vor meiner Abreise erwähnt hatte. Es hätte Auffälligkeiten in ihrem Blutbild gegeben, dem müsse man nachgehen. Also erkundigte ich mich, ob denn nun alles in Ordnung sei. Ja, ja, sagte Christine. Dann wechselte sie das Thema. Und ich wunderte mich schon über ihre Coolness, denn sonst war sie ängstlich in solchen Dingen. Geradezu hysterisch. Jeder Pickel erschien ihr verdächtig, und jedes Kratzen im Hals konnte für sie ein Vorbote sein für schweres Siechtum und baldigen Tod.

In Wahrheit wurde ich belogen. In Wahrheit hatten sich die Auffälligkeiten als Indizien für einen ernstzunehmenden Verdacht auf einen Tumor in der Nierengegend herausgestellt. In Wahrheit hatte sich ereignet, was Hypochonder mehr als andere fürchten, wenngleich sie es auch herbeisehnen, ein echtes Krisensignal, einen Hinweis, dass es einen Grund gibt für ihre Ängstlichkeit. Etwas, das sie entlastet vom Ruf, ein Hypochonder zu sein.

Wieder zurück in Hamburg, war der Zug rechtzeitig angekommen, sodass ich es noch schaffte, zum Kaffee bei Christine aufzuschlagen. Sie hatte mir nicht erzählt, dass sie Besuch hatte. Edwina, eine Freundin aus der Nachbarschaft. Bereits am Gartentor bemerkte ich, dass sie nicht allein war. Man hörte ihr Gelächter, das von der Terrasse in den Vorgarten drang.

Die Party schien bereits seit einiger Zeit im Gange zu sein. Die beiden fläzten auf den Polstersesseln, sie hatten ihre entblößten Füße wie Flegel auf der Tischkante abgelegt. Die Pfirsiche auf dem Tisch hatte Edwina mitgebracht (Christine mochte keine Pfirsiche), die Schüssel mit ihnen schien noch unberührt. Ich bemerkte zwei aufgebrauchte, zusammengeknüllte Chips-Tüten. Und Weißweinflaschen. Drei. Eine davon angebrochen, die beiden anderen leer. Tinka, Edwinas Terrierhündin, hatte sich einen der Korken geschnappt und biss quietschend auf ihm herum.

„Du bisse meine allabesse Freundin“, kreischte Christine, als sich Edwina verabschiedete. Sie hatte zu viel getrunken. Und ich ahnte bereits, ihr Zustand, er war der Höhepunkt einer mehrere Tage andauernden Saufmeditation. Und wirklich, sie hatte den Befund, der ohne Zweifel bedrohlich wirkte, wenngleich er, wie sich am Ende herausstellen sollte, kaum mehr Dramatik in sich barg als ein hartnäckiger Husten, zum Anlass genommen, um sich ungestört zu betrinken und sich einem Rausch hinzugeben. In dem sie ihre düstersten Gedanken auslebte, in dem sie schwelgte, im schwülstigen Sterbekitsch ihrer in jugendlichen Zeiten verschlungenen Mädchenromane, sich selbst auf eine riesige Leinwand projizierend, als Technicolor-Gemälde von ihrem auf einem Floß gelagerten, in der polynesischen See sanft über die Wellen gleitenden Totenlager, eskortiert von Insulanern in Kanus, die leise summend den Weg ihrer in den Himmel aufsteigenden Seele begleiten. Um mich schließlich, als wir uns begegneten, mit ungebremster Wucht auf die *Tatsache,* wie sie sagte, prallen zu lassen, dass sie eine Tote unter den Lebenden sei, zumal sie den Tod schon lange in sich spüre, und mittlerweile habe sie doch beinahe Gewissheit: Das Ende sei ganz nahe.

Die Zettel, die mir Christine überreichte, hatten Knicke und Eselsohren, man sah, dass sie oft gelesen worden waren. Das meiste waren Laborberichte mit Werten und Begriffen, die, wie Christine sagte, kein Mensch verstehe, aber mittlerweile habe sie das eine oder andere im Netz recherchiert, demnach wäre sie froh, wenn sie dieses Jahr Weihnachten erleben würde.

Wir verbrachten dann noch eine Nacht, einen Tag und eine weitere Nacht in einer Art Dämmerzustand. Ich erinnere mich, kaum gegessen zu haben. Und dass ich heimlich auf der Toilette weinte. Immerhin hatten wir einen Arzttermin vor Augen. Immerhin die Hoffnung, dass sich unsere Befürchtungen erübrigen würden (was letztlich auch geschah).

Und schließlich fanden wir uns an einem frühen Morgen auf zwei nebeneinander gestellten Korbstühlen platziert wieder, in einem mit andalusischen Bauernmöbeln bestückten Behandlungszimmer, und starrten auf einen leeren Polstersessel. Die Frau Doktor käme gleich, hatte man uns gesagt, aber nun warteten wir bereits seit einer Viertelstunde, und ich spürte mit der zunehmenden Intensität, mit der Christine meine Hand drückte, den Gedanken, die Verzögerung könnte Übles bedeuten. Könnte bedeuten, dass der Befund, den uns die Ärztin gleich mitteilen würde, so niederschmetternd war, dass sie noch etwas Zeit benötigte, um die richtigen Worte zu finden.

In diesen Minuten, in denen mich die Anspannung und die Müdigkeit nach schlaflosen Nächten quälten, empfand ich mich als Verlierer ohne jedes Wenn und Aber, in einem essenziellen Sinn, wie ihn jemand wie Onkel Helmut vermutlich nie erfahren würde. Dessen Leben sich wie ein über Jahrzehnte langgezogener Spaziergang durch Berlin-Kreuzberg anfühlen würde, entlang der unzähligen Cafés mit ihren Bedienungen, die ihre Limo-Tabletts über wie Hühner über die Bodendielen hinwegpesende Dreijährige balancieren, bis er sein Ende in einem Krankenhausbett finden würde, begleitet von einer achtundzwanzigjährigen Informatikstudentin aus dem Kaukasus, die, während er seine letzten Atemzüge macht, ihren Blick auf eine an die Wand gepinnte Kinderzeichnung von einem sterbenden Mann im Bett richten würde, darunter geschrieben: „PAPA, Kilian".

Ich begriff, dass mir, der ich wahrhaft liebte, keine Macht der Welt dieses vermeintliche Glück bescheren würde. Weil Lieben etwas anderes bedeutet. Es bedeutet, keine Wahl zu haben. Dem Schicksal ausgeliefert zu sein.

Lieben bedeutet zu verlieren.

16

Frische Erdbeeren

Wir waren wieder unterwegs gewesen. In Christines Zeitreisebus. Endstation London, Notting Hill. Neunzehnhundertsiebzig. Christines Stimmung: gereizt. Sie war dabei, sich auf ungemütliches Terrain zu begeben, auf dem sie schmerzlichen Erinnerungen begegnen würde. Sie hatte sich darauf eingelassen, über die Männer aus ihrer Vergangenheit zu reden.

„Ich erinnere mich an Fabio, den Italiener", sagte sie. „Und Carlos und Juan, die beiden Spanier. Albert, den Franzosen. Claude kam aus der Schweiz. Und dann noch Rüdiger. Und Chris ..."

Ich schwieg, auf weitere Namen wartend.

„Du denkst wohl, ich hätte einfach nur mit denen geschlafen?", sagte Christine.

„Hast du nicht?"

„Aber ja! Weil ich sie toll fand. Wirklich toll. Alle. Jeden Einzelnen. Bis auf Fabio. Der hat immer nur gejammert, wegen dem schlechten Wetter, und weil er Heimweh hatte nach seiner Mama in Padua. Hätte ich mir eigentlich sparen können. Wollte mich doch sowieso nicht einlassen auf irgendwen. Auf Rüdiger zum Beispiel. Den hatte ich noch in Deutschland kennengelernt. Kurz vor meiner Abreise nach London. Wir haben uns dann geschrieben. Und dann stand er plötzlich vor der Tür, da hatte ich gerade die Au-pair-Stelle gekündigt und war zu Paula gezogen, du weißt schon, die dicke, alte Frau. Ich hab mich ja so was von verknallt in Rüdiger. Ich dachte, er wäre der Mann meines Lebens. Und dann hab ich das auch von Albert gedacht, den ich entdeckt habe, irgendwie zufällig, weiß gar nicht mehr genau wo. Er schlenderte über den Bürgersteig, und ich ihm hinterher. Ich habe nur diese dunkle Mähne gesehen. Diesen eleganten Gang. Dieses wunderbar nach außen getragene Selbstbewusstsein. Und erst dieser schäbige Penner-Mantel, den er trug, mit dieser Würde, wie einen Hermelin. Und dann Claude. Und dann, weiß der Teufel wer, jedenfalls hat mich Paula irgendwann mit, ich denke, Juan, im Bett erwischt, und sie sagte, Darling, deine achtzehn Jahre, ehrlich, keiner lebt sie wie du, so schnell, so intensiv wie einen runtergekippten Wodka."

„Und die englischen Männer?"

„Chris war Brite, Maler. Kam eigentlich aus Liverpool. Hab ihn bereits ziemlich früh kennengelernt, aber, ehrlich, am Anfang, da ließ er mich völlig kalt. Hab mich immer gefragt, warum er so viele Pickel hatte, wo er doch fast schon dreißig war. Irgendwann habe ich seine Bilder gesehen. Die waren riesig wie Plakatwände, und du hast eigentlich nichts darauf erkannt, außer Pinselstrichen. Ich würde nie behaupten, dass ich sie schön fand, aber richtig scheiße fand ich sie auch nicht. Sie hatten eine Wirkung wie surrende, außer Kontrolle geratene Starkstrom-Trafokästen, dass man es kaum ausgehalten hat mit ihnen, weil du dachtest, dass sie gleich von der Wand springen und dich umbringen würden. Und das Irre war: Chris selbst war so schüchtern und sein Wesen so sanft.

Ich hab ihn in seiner Bude besucht, nicht nur in seinem Atelier, die so eng war, dass es keine Stühle gab. Wir saßen nebeneinander auf seinem Bett. Ich kann mich noch an die Tagesdecke erinnern. feinstes Satin, schwarz mit roten Mäandermustern und nicht mehr ganz frisch. Chris selbst roch nach Gin und Räucherstäbchen, und seine Handrücken, mit denen er meine Wangen streichelte, waren rau. Er hat mich angesehen mit so einem bestimmten Blick, da wusste man gleich, er wartet auf irgendein Signal, dass er über mich herfallen darf. Ich sag zu ihm: *Sag mir, wer ich bin für dich.* Und er so was Beknacktes wie: *Du bist schön, du bist jung, du bist frisch wie Erdbeeren im Frühsommer.* Und ich hatte gehofft, dass wir reden die ganze Nacht und uns in die Augen schauen, und dann würde es eine flüchtige Berührung geben, die sich anfühlen würde wie heißer, den Körper durch und durch erwärmender Tee an einem eiskalten Morgen. Und ich hoffte, er würde mich mit einem großen, schimmernden See vergleichen, dessen Tiefen man erahnen, aber niemals würde ergründen können."

Christine hatte gelegentlich Andeutungen gemacht, was ihre Affären in London betraf. Sie hatte immer wieder von Männern gesprochen, bis ich keinen Überblick mehr hatte, wo und wie sie mit wem verkehrte, worüber sie wahrscheinlich auch selbst nicht mehr Bescheid wusste.

Ich fragte sie nach Bildern. Worauf sie sich in das Chaos ihrer Vergangenheit begab. Sie durchforstete die ungeordneten Fotografien in ihrer Blechschatulle, aus der sie nach einer beträchtlichen Weile ein einziges Bild zutage brachte, das sie selbst zeigte. Es war ein ziemlich ungeschickt aus der Hüfte gezielter Schnappschuss. Aber dennoch: ein wahrer Treffer, schon der verpeilten Schärfe wegen, die das Foto wie ein gemaltes Bild erscheinen ließ. Auf ihm verschmolzen die türkisfarbenen Blumenmuster auf Christines Kleid mit den Mustern der orientalischen Wandteppiche im Hintergrund, während ihre schöne, helle Haut durch die verwischten Konturen und Schatten wie reinster Alabaster wirkte, was der Kontrast zu ihrem lang gewachsenen, dunkelblonden, sich auf ihrem Schlüsselbein eindrehenden Haar zusätzlich zur Geltung brachte.

Zum Glück des Fotografen gehörte, dass er Christine in einem völlig unbemerkten Moment erwischt hatte, in dem sie weit weg war, verschanzt hinter ihrem geistesabwesenden, vollkommen in sich gekehrten Blick, wodurch sie absolut hermetisch erschien, als befinde sie sich unter einer Glocke aus Panzerglas. Es war der resignierte Blick einer ausgebrannten jungen Frau, die verzweifelt im Spiegel der Männer nach sich selbst gesucht hatte, bis sie zu der Verlorenen auf dem Foto geworden war und nur noch Halt an der Zigarette zu finden schien. Die hielt sie weit von sich weg, während ihr inneres Feuer zu erlöschen drohte wie die deutlich auf dem Bild zu erkennende, sich auf den Filter zubewegende Zigarettenglut.

Sie erinnerte mich an Isabella, eine Freundin, mit der ich vor längerer Zeit zusammen war, sogar zusammenlebte, fast fünf Jahre lang, für meine Verhältnisse eine halbe Ewigkeit. Isabella wird mir immer in Erinnerung bleiben als jemand, der den Traum einer Frau für mich verkörpert und gleichzeitig deren Albtraum. Anfangs schien sie wie für mich gemacht, ein postmodernes Selbsterforschungswesen, das müheloser als alle anderen Leute, die ich damals kannte, die unterschiedlichsten Lebensentwürfe in sich vereinen konnte, im ständigen Spagat verharrend zwischen nachts um halb drei Buletten braten für zehnfünfzig die Stunde; T-Shirts mit abgedrehten Motiven bedrucken lassen und unter Freunden verticken; Singen (Leadgesang, Punk-Band); Bierbänke mit Graffitis besprühen; Möbel entwerfen, die keiner braucht; singen (Background, Soul-Band); die eigene Bude zum Kreativlabor erklären, zur Erforschung der Frage nach dem Wohnen im neuen Jahrtausend; für lau modeln (*Aber meinen BH behalt ich an*); als Komparsin jobben (immerhin ein Satz in *Marienhof*: *Du, ich glaub, der Benni kommt heut später*); einen Verein gründen, der sich der überregionalen Verbreitung von bergischem Quittenlikör verschreibt; singen (Background, Demo-Produktion); und immer die Termine für die MTV-VJ-Castings im Hinterkopf behalten.

Eine Weile schien alles tadellos für Isabella zu laufen, ihre Lieblingsmetapher, wenn man sie auf ihr Leben ansprach, waren perfekt aufeinander abgestimmte Zahnräder, die reibungslos ineinandergreifen. Aber die Maschine, von der sie sprach, hatte surrealen Charakter wie die Apparate des Jean Tinguely. Sie schien keinem Zweck zu dienen außer sich selbst.

Es muss ein schleichender, an mir unbemerkt vorübergehender Prozess gewesen sein, an dessen Ende die unaufhaltsam von jugendlicher Neugier getriebene, ständig nach Erfahrungen hungernde Dampflokomotive dramatisch an Fahrt verlor. Plötzlich war Isabella einfach nur noch das naiv gebliebene, in die Großstadt gespülte Mädchen aus der Provinz, das die Träume der Illustrierten ihrer Kindheit zu leben versuchte und verzweifelt auf sämtlichen Kanälen nach Aufmerksamkeit heischte. Als es für ihre halbherzigen, viel zu breit gestreuten Bemühungen keine Hoffnung mehr auf Erfolg gab, beging Isabella den tragischen Irrtum, bei ihren Freunden einzufordern, was ihr das Schicksal zu verweigern schien. Plötzlich genügte ich ihr nicht mehr in meiner bloßen Liebhaberrolle. Sie warf mir vor, nicht der Mann zu sein, den sie an ihrer Seite brauche, der glühende Fan, der umtriebige Produzent, der PR-Mann, gerade ich, der ich doch mehr als alle anderen an sie glauben müsse. Unsere Beziehung verwandelte sich in ein zerstörerisches Kammerspiel, in dem unsere Versuche, die kläglichen Reste unserer früheren Harmonie aufrechtzuerhalten, von immer länger andauernden alkoholischen Exzessen boykottiert wurden, während denen mir Isabella damit drohte, als Table Dancer in einem Nachtlokal am Münchner Hauptbahnhof anzuheuern, weil ihr lieber als meine Gleichgültigkeit der lüsterne Blick des allerletzten, ihr auf den Hintern glotzenden Idioten sei. Sie verließ mich tief gekränkt für einen unscheinbaren Bierzelttrompeter, der ihr beteuert hatte, er würde sein Leben für ihre Karriere geben. Um dann, nur wenige Jahre später, in ihre Heimatstadt zurückzukehren, wo sie mittlerweile, wie ich hörte, in einer Telefonzentrale arbeitet.

Mich also wieder an Isabella erinnernd, betrachtete ich das apathische Mädchen auf dem Foto. Nicht auszudenken, wie es sich in Christine verwandeln konnte, in die robuste Frau, die sie heute war, die fast immer die Ruhe behielt, von den gelegentlichen Erzürnungen abgesehen, die sich wie fein gemahlener Pfeffer in den Alltag mischten, etwa, weil ich mit Schuhen ins Haus getreten war oder mein Kopfkissen zerknüllt im Bett zurückgelassen hatte. War ich dem Geheimnis unserer Beziehung auf die Spur gekommen? Vielleicht sogar dem Geheimnis der Beziehung zu älteren Frauen überhaupt? Profitierte ich von den bemerkenswerten Veränderungen, die das weibliche Selbstbild im Lauf des Lebens mitmacht, in seiner Entwicklung vom unfertigen, konturlosen Gebilde, das stets die Gestalt einer Göttin genauso wie die einer Kröte annehmen kann, zu fester, unabänderlicher Substanz? Bestand mein Glück in der Nähe zu einer ausgependelten, gefestigten Person, die keine falschen Erwartungen an mich zu stellen schien und mich nicht länger missbrauchen würde, als Claqueur, als Stützkorsett, als Ego-Therapeut?

Der Tresen in der Ritze war der Traualtar unserer unvollzogenen Eheschließung, bereits lange bevor Christine und ich es schafften, dort gemeinsam aufzuschlagen. Das Lokal tauchte bereits in unseren ersten Unterhaltungen auf, in der Zeit, als ich für Christine noch der Neuling war, der Bayer, der Außerhamburgische, einer von jenen Leuten, vor denen sie das Lokal gern verklärte, als wäre es die heimliche Kathedrale der Stadt, die ihre wahren Schätze in düsteren Katakomben birgt. Dabei hatte sie den berüchtigten Keller unter der Ritze nie betreten. Die Kneipe und ihre besondere Atmosphäre hatten ihr genügt. Der Geruch aus abgestandener Luft, aus ätzendem Männerschweiß und Zigarettengestank. Dieses unvergleichliche Flair, eine Mischung aus übelster Spelunke und Sportler-Heim, in dem die Porträts legendärer Faustkämpfer jeden Millimeter der Wände beanspruchten und das Lokal in einen Altarraum verwandelt hatten, in eine schmierige, aber nicht minder glanzvolle Hall of Fame des Boxsports. Christine hatte eine besondere Schwäche für die spröde Freundlichkeit von Hanne Klein, dem Wirt, über den Einigkeit im Milieu herrschte, dass er das Herz des Kiezes verkörpern würde. Und sie schätzte diese phänomenale, von jeder touristischen Unterwanderung verschont gebliebene Unberührtheit, die der Laden wohl auch der gefährlichen Ausstrahlung verdankte, mit der er die Besuchertrupps, die Olivia Jones im Zwei-Stunden-Takt zu der berühmten Fassade auf der Reeperbahn mit den gespreizten Graffiti-Beinen (daher *Ritze*) führte, davon abhielt, auf eigene Faust zurückzukehren.

Die Ritze war ein modernes Gruselkabinett, in dem die Geister immer noch lebendig waren. Und jeder in der Stadt kannte die Geschichten über die Luden, die sich oben, in der Kneipe, bekriegten, während die anderen unten trainierten, in jenem Keller eben, wo der Ring stand, wo sich tätowierte, halbnackte Gorillatypen an den Sandsäcken abarbeiteten und man eines Morgens den schlimmsten aller Gangster fand, Stefan Hentschel, aufgeknüpft durch eigene Hand an einem der Deckenhaken.

Ich selbst war über den Sport in die Ritze geraten, nachdem ich, noch in München lebend, aus einem spontanen, wütend-selbstdisziplinarischen Impuls heraus mit dem Boxen angefangen hatte, der Hoffnung verfallen, der Sport würde Aufruhr in meinem festgefahrenen Leben verursachen.

In Hamburg angekommen, fand ich in Altona in einem einschlägig situierten Gym eine Boxheimat, vor deren Eingang sich die weiblichen Bediensteten eines zwielichtigen Massagesalons rauchend die Beine auf hohen Hacken vertraten, während sie versuchten, sich an das Gegröle der betrunkenen Punks zu gewöhnen, die mit alten Bauwagen ein nahe gelegenes Grundstück besetzt hielten. Dimitrios, ein freundlicher Grieche mit markanter Nase und tadelloser Körperverfassung, der gelegentlich mit mir trainierte, hegte Kontakte zur sanktpaulianischen Szene-Gastronomie, darunter einem Kerl namens Henner, der Boxabende in der Ritze organisierte, bei denen er Leute wie Dimitrios in den Ring schickte, Amateurboxer, aber auch Schläger ohne jede Disziplin, Clowns, die jeder Gelegenheit, ins Rampenlicht zu kommen, folgten, und junge Kerle, die irgendwelche Wetten verloren hatten. Hauptsache, das Publikum hatte seinen Spaß.

Der Tag der Veranstaltung fiel auf einen schwülwarmen Juli-Sonntag. Ich erreichte die Ritze am frühen Nachmittag, wo man mir, gleich am Eingang, riet, mich unverzüglich in den Keller zu begeben, der bereits so voll war, dass die Leute in der vordersten Reihe gegen die Ringseile gepresst wurden. Manche hatten schon ihr erstes Bier geleert, und nun starrten sie alle erwartungsvoll in die Mitte des Raumes, wo der Ringboden, den der Werbeslogan einer Münchner Brauerei zierte, den strauchelnden Kämpfern in Aussicht stellte, buchstäblich im „Himmel der Bayern“ zu landen.

Im Publikum mischte sich der etwas fade Gammel-Chic der Electro-Generation mit kantigen Knast-Physiognomien in weißen Trainingsanzügen. Letztere hatten für die aufgedonnerten Chicas gesorgt, die sich modisch auf trägerlose Tops und Hot Pants geeinigt hatten und sich Luft mit den am Eingang verteilten Programmflyern zuwedelten. Als sich Henner, der Veranstalter, tänzelnd im Rhythmus der krachenden Hip-Hop-Beats aus der Ecke in die Ringmitte bewegte, hörte man bereits die ersten ungeduldigen Pfiffe. Die wiederum Henner, der sich wie die Karikatur eines klassischen Box-Impresarios, mit hochglanz-grünen Gummistiefeln, viel zu eng geschnittenen Khaki-Shorts und einem überdimensionierten Gondoliere-Strohhut in Szene setzte, erst richtig in Stimmung zu bringen schienen. Er nippte demonstrativ an einem Champagnerglas, dann kündigte er die Kämpfer an, als wären sie die Protagonisten einer schrägen Schwulen-Revue.

Was sich danach abspielte, empfand ich als mitreißend und abstoßend in gleicher Weise, unvergleichlich allemal. Nachdem zwei vollkommene Box-Dilettanten, deren Begegnung einer Kissenschlacht näher kam als einem Boxkampf, die Meute im Saal erheitert hatten, traten zwei kleine, etwas untersetzte, aber kompakt gebaute Typen vom Schlag Inkasso-Konchenbrecher-AG in den Ring, die sich, kaum war der erste Gong verklungen, wie Pitbull-Terrier ineinander verkeilten. Bis sie das markerschütternde Gekreische der Mädchen in einen apokalyptischen Gewaltrausch versetzte, den der Ringrichter erst beendete, als der Schwerfälligere von beiden völlig entkräftet und blutüberströmt zu Boden sackte.

Mir schien es, als wäre ich zum ersten Mal jener rohen Energie begegnet, von der Christine mir manchmal erzählt hatte. Von der sie behauptete, sie habe einst den Charakter von Hamburg geprägt und man habe sie damals überall gespürt, in jedem Winkel der Stadt. Nun hatte ich endlich Gewissheit, dass diese Energie immer noch existierte, wie ein schlafender Hund, der manchmal für einen Augenblick die Augen öffnet und die Zähne fletscht. Von da an war die Ritze für uns beide, Christine und mich, etwas Besonderes. So etwas wie ein Symbol unserer tiefen Sehnsucht nach einer rar gewordenen, wilden, ungedrosselten Lebendigkeit.

An jenem Abend, an dem wir, der Geburtstagseinladung eines Freundes folgend, den Ritze-Keller zum ersten Mal gemeinsam betraten, trug Christine eine Kunstfelljacke mit Leopardenmuster, darunter ein schwarzes Seidentop mit tief ausgeschnittenem Dekolleté und kirschroten Lippenstift. Sie hatte sich für diese Kombination entschieden, nachdem kein einziger Tag in den letzten Wochen vergangen war, an dem sie nicht intensiv darüber nachgedacht hatte. Man könnte sagen, dass Christine sich selbst erotisierte. Denn der zutreffende Vergleich ihres Aufzugs mit dem Erscheinungsbild einer Fünfziger-Jahre-Prostituierten kam von ihr selbst und bestätigte alles, was ich bisher gehört hatte, über die Aura von Verbrechen und Gewalt und ihre Auswirkung auf die weibliche Libido.

Obwohl die Feier gut besucht war, wirkte die Gesellschaft etwas verloren in dem Keller, der viel größer war, als ich ihn in Erinnerung hatte. Einige Leute versuchten ihre Verlegenheit zu überspielen, indem sie sich in die Displays ihrer Handys vertieften, währenddessen hauchte ein hagerer, seine Rastalocken teilweise unter einem Bowler-Hut verbergender, im Ring positionierter Gitarrenspieler psychedelisch gefärbte Jazz-Akkorde in seinen Verstärker.

Der Mann, den ich Friese nannte, weil er mich an einen gleichnamigen, mir vorgesetzten Feldwebel aus meiner Militärzeit erinnerte, fiel mir auf, weil er die Nähe zu zwei giraffenartig gewachsenen Schönheiten suchte, die die Aufmerksamkeit der gesamten Umgebung nicht zuletzt deshalb auf sich zogen, weil sie wie Storchennester auftoupierte Judy-Garland-Frisuren trugen und ärmellose, eng anliegende Rockabilly-Karo-Shirts. Friese schien wenig Chancen bei den Mädchen zu haben, zumal er die Sechzig weit überschritten haben dürfte. Seine Erscheinung war durch sein schlohweißes, dichtes, kurz geschnittenes Haar geprägt. In seinem gesamten Habitus und seiner schlichten, betont maskulinen Kleidung erinnerte er an einen alten Cowboy, der die eiskalten Stürme der Rockys und die Bisse der Klapperschlangen überlebt hat. Und der schon lange keine halben Sachen mehr macht.

Ich verlor Friese aus den Augen, als wir unerwartet einem mir befreundeten Paar begegneten, dem ich Christine vorstellte. In diesem Moment tauchte Friese plötzlich neben mir auf. Zunächst dachte ich, er würde die Leute kennen, aber er schien sie gar nicht zu bemerken. Ich sah nur noch seine sehnige Hand, die sich geradewegs auf Christines Ausschnitt zubewegte, währenddessen brüllte er ihr Unverständliches ins Ohr. Anzüglichkeiten, wie ich später erfuhr.

Und dann erstaunte ich mich selbst mit meiner der Situation kaum angemessenen Sanftmut. Mit dem Ausbleiben jeglichen Zorns, den ich zumindest Christine wegen hätte empfinden müssen. Hatte sie mich doch, mehr noch als der alte Draufgänger, kompromittiert, indem sie den Übergriff mit einem seligen Lächeln über sich ergehen ließ. Und auch später, als ich Friese mit einem beherzten Klaps in die Flucht geschlagen hatte, ließ sie jegliches Opfergebaren vermissen. Den Vorfall nahm sie als eine romantische Galanterie für sich in Anspruch, und so verhielt sie sich auch, wie eine errötende Jungfrau aus einem Jane-

Austen-Roman, der man Rosenblütenblätter ins Gebetbuch geschmuggelt hatte. Und ich sah an ihr nur noch das mir so lange unbewusst gebliebene Schöne, das nicht mehr Selbstverständliche für eine desillusionierte, vom Leben gebeutelte Frau. Christine hatte nie der Versuchung nachgegeben, sich aufzugeben. Sie hatte nie aufgehört, eine Frau zu sein. Eine sexuelle Frau. Die vielleicht nicht mehr so viel wie früher darauf gab, was die Männer von ihr wollten und wie sie über sie dachten. Aber betrachtet werden wollte sie noch immer. Von möglichst vielen Männern. Von den älteren wohl sogar lieber als von den jüngeren, in deren Augen sie ewig bleiben würde, was zu sein sie als junges Mädchen verabscheut hatte, aber mittlerweile nicht mehr: eine süße, Begehrlichkeiten nach sich ziehende frische Erdbeere.

17

Wir sind alt genug für Rock 'n' Roll!

Hamburg war und würde wohl immer die Stadt meiner ungezwungenen Wahl bleiben, aber manchmal, wenn ich durch die zentralen Viertel streifte, erschien mir dieser Ort, den ich immer für einen einzigen aufgekratzten Live-Musik-Club gehalten hatte, seltsam blutleer, fast wie eine Geisterstadt. Die Hafenstraße, die Rote Flora, der Kaiserkeller, der Boxring in der Ritze, das alte *Spiegel*-Gebäude. Alles nur noch Denkmäler einer dem Siechtum verfallenen Vergangenheit. Touristen-Hot-Spots. Alles Underground-Folklore wie der Sankt-Pauli-Totenkopf auf jeder Kaffeetasse, auf jedem Karstadt-Sweatshirt. Wo waren sie nur geblieben, die verschwurbelten Rebellen, Sänger, Dichter? Der letzte in Hamburg verbliebene Rest, waren das nur noch die Betrunkenen auf dem Kiez, dem Dom, im Sankt-Pauli-Stadion? Event-Publikum, Hafengeburtstag, Schlagermove, Harley-Days? Und die anderen? Lebten jetzt alle in Berlin?

So viel zum Hintergrund meiner lausigen Gemütsverfassung in Anbetracht der mir bevorstehenden ultimativen Zombie-Show im St. Pauli Theater auf dem Kiez, eine Rock-'n'-Roll-Revue zu Ehren der früh verstorbenen Helden der Pop-Geschichte, besser bekannt als *Club 27*. Ich sagte: „Bitte nicht noch mehr Retro-Cover-Scheiße." Half aber nichts. Christine wollte dort unbedingt hin.

Wenige Tage später vor Ort. Ein warmer Sommerabend. Im Foyer: graue Köpfe. Weite T-Shirts. Deformierte, vom Leben gezeichnete Sandalen-Füße. Wedelnde Programmhefte. Kurparkatmosphäre.

Auf der Bühne: jede Menge Marshall-Türme, Perücken, Schlaghosen, Gogo-Tanzschritte, „Uhs" und „Ahs". Ein virtuoser Brian-Jones-Darsteller, der vermutlich tausendmal lässiger rüberkam als der echte Brian Jones, und später, als Kurt Cobain, war er auch nicht schlecht. Die detailliert nachempfundene Inszenierung eines Doors-Konzerts inklusive verzweifelter, sich auf der Bühne mit Hells-Angels-Ordnern balgenden Groupies. Und der etwas absurde Versuch einer möglichst originalgetreuen Live-Kopie von Jimi Hendrix' fast nur aus Verstärker-Rückkopplungen bestehenden Interpretation der US-Nationalhymne auf dem Woodstock-Festival.

Am Ende Amy Winehouse. *They tried to make me go to rehab, I said: „No, no, no."* Und schließlich, als sich alle noch einmal zur finalen Jamsession auf der Bühne zusammenfanden, Jim Morrison, Janis Joplin und die anderen, sprang das Publikum geschlossen von den Stühlen auf und applaudierte, johlte. Man konnte nur darüber spekulieren, wem sie zujubelten, den jungen Interpreten, den von ihnen dargestellten Heroen, den großen Songs, die Letztere der Nachwelt hinterlassen hatten, oder dem Schicksal, das sie teilten, dass sie wie Heilige und Heilande für die ewige Jugend gestorben waren.

Konnte es ein treffenderes Bild dieser jüngeren Seniorengeneration geben, die auf das eigene Leben zurückblickt, das sie am Grad der exzessiv gelebten Jugend misst, den sie wahrscheinlich höher einschätzt als die Anzahl der gezeugten Söhne, der gepflanzten Bäume, der geschriebenen Bücher, höher als die beruflichen Erfolge und die angehäuften Vermögen? Gab es eine bessere Demonstration der Widersprüchlichkeit des Rock 'n' Roll, der doch mittlerweile irgendwie tot zu sein schien? Und dennoch war er so lebendig und so präsent wie kaum ein anderes geteiltes Lebensgefühl auf dieser Welt.

Seit ich mit Christine zusammen war, rückten die Fragen, die mich und mein Leben und den Rock 'n' Roll betrafen, stärker in den Vordergrund als je zuvor, zumal Christine keinen Sinn für Männer ohne jeglichen Hang zum Alkohol, zur Selbstzerstörung, zu Gewaltausbrüchen und zu oberflächlichen Frauenbeziehungen zu haben schien. In meiner Jugend war ich dem scheinbar naheliegenden Gedanken verfallen, die Musik würde mich auf direktestem Weg mit dem Rock 'n' Roll in Berührung bringen, aber das war ein Trugschluss. Wie der Großteil meiner Generation drückte ich mich in irgendwelchen Kellerräumen herum, wo ich mir Stromschläge im Umgang mit stümperhaft gebauten Verstärkern zuzog, stets hoffend, dass sich irgendetwas von dem, was ich mir unter dem wilden Leben vorgestellt hatte, erfüllte.

Ich scheiterte, nicht begreifend, dass der Rock 'n' Roll keine zwingende Musiker-Angelegenheit war. Die meisten Leute, mit denen ich als Bassist zusammenspielte, machten Musik, wie sie ihre Jobs und ihre Studien erledigten, manche faul und halbherzig, manche brav, fleißig, akribisch, wenige sogar leidenschaftlich und selbstvergessen, aber ohne den nötigen Wahnsinn.

Im Rückblick fand ich am meisten Rock 'n' Roll, wo ich ihn am allerwenigsten vermutet hatte, in den Büros der harmlosen Unterhaltungsblätter, für die ich nach meiner Entlassung gelegentlich arbeitete. Nach außen vermittelten die Redakteure ihren Lesern die Werte einer biederen Weltanschauung, während sie selbst, völlig abgekoppelt, wie Astronauten durch Raum und Zeit kreuzten und, stets auf Anschlag, Arbeitsexzesse im Wechsel mit Partyexzessen feierten, für die immer genügend

Geld vorhanden war, genügend Drogen, genügend Alkohol, genügend willige Praktikantinnen. Nur Pausen gab es nie, und Entspannung. Und Menschlichkeit. Und Distanz. Selbst wenn man in der Kantine saß, nervten Kollegen mit unappetitlichen Geschichten, in denen ein mysteriöser schwarzer Koffer und eine Suite im Pariser George V eine Rolle spielten, diverse Prostituierte beiderlei Geschlechts, kiloweise Koks in Plastiktüten, Helmut Berger und ein aufgerichtetes, nie zur Ruhe kommendes Geschlechtsteil.

Ach Gott, und Klaus. Mein seltsamer Freund. Keiner liebte ihn wie er sich selbst und seine Mutter, die ihn vergötterte, verzärtelte, behütete bis ins Erwachsenenalter. Das war seine Tragik. Die Frauen schwärmten für ihn, weil Klaus so schön war. Aber keine wollte mit ihm schlafen. „Wer weiß, was passiert, wenn man ihn berührt", sagte eine, „er könnte zerbersten wie Salzstangen, die in der Einkaufstasche zwischen die Kartoffeln geraten sind."

Zunächst suchte Klaus Heilung im Glauben. Er verschrieb sich dem Buddhismus, einer Religion, die eigentlich Weitsicht, Bescheidenheit und Selbstlosigkeit in den Vordergrund stellt. Und trotzdem schien sich der Radius seiner narzisstischen Wahrnehmung mit den Jahren eher zu verengen. Irgendwann, vermutlich ausgelöst durch die Pöbeleien eines Bekannten, der Klaus und sein Weltschmerz-Gejammere nicht mehr ertragen konnte, begann er seine Isolation zu verklären, indem er sich selbst verklärte, zu einem unangepassten Rock-'n'-Roll-Rebell. Auf einmal trug er speckige schwarze Lederjacken, Motorradstiefel, Totenkopfringe, bis er, der zarte Klaus, der früher ein Faible für blütenweiße Hosen gehabt hatte, für Batikshirts und Jesussandalen, wie ein als Sid Vicious verkleideter Dorian Gray aussah.

Er begann wieder den Sound seiner Jugend zu hören. Sex Pistols. Ramones. Clash. Iggy war sein Held. Er sagte: „Iggy sagt, *life is a struggle.*“ Und wenn man sich bei ihm erkundigte, wo sich der Kampf in seinem stets auf Unbehelligtheit und Komfort ausgerichteten Leben abspielen würde, dann meinte er diese hysterischen Zickenanfälle, die ihn regelmäßig überkamen, wegen absoluten Lächerlichkeiten, weil jemand den Patz im Restaurant besetzte, den er gern für sich gehabt hätte, oder weil man ihn in der U-Bahn angerempelt hatte.

Klaus war nahezu auf den Tag so alt wie ich, und ich begann mich zu fragen, ob wir alle in den Sechzigern Geborenen, die wir den Rock 'n' Roll für uns in Anspruch nahmen, ein wenig wie Klaus waren – oder wie Wigald Boning oder Campino, jeder auf seine Weise ein tragischer Rock-'n'-Roll-Clown? War der Rock 'n' Roll eine Party, die bereits Mitte der Siebziger zu Ende war, und wir waren die Letzten, die gekommen waren, aber viel zu spät? War der Rock 'n' Roll für uns nur noch ein Film? Eine Projektion?

Fred war ein Rock 'n' Roller durch und durch, und er besaß keinen Funken Musikalität. Anfangs, als Fred und ich noch nicht sehr viel voneinander wussten, telefonierte Christine fast jeden Tag mit ihm, und sie besuchte ihn jede Woche in der Klinik St. Georg und brachte ihm Tupperdosen mit selbst gemachter Hühnersuppe. Fred hatte sich einer schweren Darmoperation unterzogen, danach behielten sie ihn noch eine Weile unter Beobachtung. Sein Leiden, sagten die Ärzte, sei genetisch bedingt, aber zum Teil wohl auch eine Folge seiner Zeit im Knast und seines immensen Alkoholproblems.

Fred war ein verurteilter Betrüger. Er hatte Gelder seines Arbeitgebers, ein großer deutscher Buchverlag, veruntreut, dessen Auslandsinteressen er in New York vertrat. Freds Pech war, dass seine Masche so gut funktionierte, dass er am Ende einen mehrstelligen Millionenbetrag zur Seite geschafft hatte. Als er aufflog und vor Gericht gestellt wurde, verurteilten sie ihn zu der von der Staatsanwaltschaft geforderten Höchststrafe. Dreieinhalb Jahre. Fred saß die Zeit auf Rikers Island ab, einer Gefängnisinsel in der Nähe der New Yorker Bronx.

In dieser Zeit hatten Fred und Christine nur beruflich miteinander zu tun gehabt, aber Fred schickte ihr Briefe, in denen er über den Gefängnisalltag berichtete, auf erstaunlich unpersönliche, schnörkellose Weise und ohne den geringsten Anflug von Selbstmitleid. (*Der Typ auf dem Bild neben mir ist Julio. Draußen hat er jemandem die Eier abgeschnitten, weil er ihm Geld für Drogen schuldete. Hier drinnen gibst du ihm Cash und er hilft dir, wenn du Ärger hast.*)

Noch am Tag seiner Entlassung wurde Fred zum Flughafen gebracht und ausgeflogen, nach Deutschland, Hamburg, wo er seither im Haus seiner verstorbenen Mutter lebte, von Sozialhilfe und den Almosen seines älteren Bruders.

In jenen Wochen also, die Fred im Krankenbett verbrachte, begann Christine, wenn sie mit ihm telefonierte, nicht ohne Koketterie im Unterton meinen Namen zu erwähnen. Es dauerte eine halbe Ewigkeit, bis er mich zur Kenntnis nahm, in einer abfälligen E-Mail-Bemerkung, einer schlüpfrigen Zweideutigkeit über mich, den Youngster, den Konkurrenten, und mein Motorrad, irgendwas in der Art mit Kolben oder Zündkerzen. Wir begegneten uns, nachdem Fred, der Christines sämtliche Einladungen kommentarlos ausgeschlagen hatte, plötzlich einlenkte. Er wollte uns auf einmal besuchen. Ich erlebte ihn als adrette, lässig elegante Erscheinung um die Mitte sechzig, die noch immer die Aura früherer Macht zu verströmen wusste. Es wunderte mich kaum, dass er es so weit im Leben gebracht hatte, denn sein einnehmendes Wesen erreichte auch mich. Gleichzeitig erschien er mir gebrochen. Ich hatte den Eindruck, dass er die Feindseligkeit, die er gegen mich gehegt hatte, nicht allein aus dem Grund aufgab, weil er mich kennengelernt hatte. Vielmehr schien er keine Lust mehr zu haben, gegen mich zu kämpfen.

Jedenfalls wurden Fred und ich Freunde. Ich konnte ihn gut leiden, seines Humors wegen und seiner Liebenswürdigkeit, aber es waren andere Eigenschaften, wegen derer Fred mich anzog. Irgendetwas Geheimnisvolles, das ich nicht beschreiben konnte, vielleicht sogar die kriminelle Energie, die ihm, aus der Distanz betrachtet, nicht anzumerken war.

Fred reizte meine Neugier mit jedem Schritt, den ich ihm entgegenkam, denn je näher man ihm rückte, desto weniger schien er greifbar. Schon allein wie er lebte, vollkommen zurückgezogen und vereinsamt wie ein vergessener Stummfilmstar, in dem winzigen alten Haus, das sich im Lauf der Jahre in eine Messie-Behausung verwandelt hatte. Nach seiner Rückkehr nach Deutschland hatte sich Fred die komplette Einrichtung seiner ehemaligen Fünf-Schlafzimmer-Hamptons-Villa nach Hamburg schicken lassen, und nun hauste er, als wäre er nur noch ein Fan von sich selbst, zwischen endlosen Kleiderstangen, Postern, trockengelegten Aquarien, aufgetürmten Kisten, aufgestapelten Stühlen, dicht aneinanderstehenden Möbeln im Fundus seiner Vergangenheit. Die meiste Zeit verbrachte er im Bett vor einem riesigen Fernseher. Das Schlafzimmer, die Küche und das Bad waren die einzigen Räume, in denen er sich frei bewegen konnte.

Das Beste in seinem Haus war die Foto-Galerie, die die gesamte Fläche der Wand hinter der Treppe in Anspruch nahm, die vom Erdgeschoss ins Schlafzimmer führte. Durch die Fotos kam man ihm näher, zumal er sonst, wenn man ihn nach persönlichen Dingen fragte, stets auswich. Offensichtlich war Fred kein Schönling, auch damals nicht, als er jung war. Aber er sah toll aus, auf ganz eigene Art, das musste man ihm lassen. Bis in die Mitte der Siebziger trug er Anzüge und wirkte dennoch verrucht, wie ein Gangster, und später, als er Pelzmäntel, Gucci-Sonnenbrillen und Cashmere-Schals für sich entdeckte, sah er wie ein osteuropäischer Oligarch aus, der kein Gebiet mehr kennt, auf dem er Grenzen akzeptiert. Und dann sein Blick, dieser Napoleon-Blick, dieses ungeheuerliche Selbstbewusstsein, mit dem er sich in Szene setzte, vor dem Weißen Haus, vor dem Rockefeller Center, vor der Golden Gate Bridge, so, als würden ihm diese Orte gehören. Und schließlich die Frauen, diese unzähligen Frauen, mit denen er posierte. Sie waren schön, aber auch unübersehbar von der Sorte, wie man sie bekommt, wenn man Jaguar fährt und mit dem Scheckbuch wedelt.

Die Foto-Galerie half mir loszulassen, nachdem ich lange nach einer Erklärung für Freds Verderbtheit gesucht hatte, nach einem neurotischen Muster, nach irgendeinem Trauma in seiner Kindheit. Bis ich endlich begriff, dass es keine Erklärung gab außer der, dass er ein Kind seiner Zeit war, gleicher Jahrgang wie Bon Scott. Und Uschi Obermaier. Dass er in den Jahren groß geworden war, in denen sich die Sehnsucht nach Ausbruch, Abenteuer und Freiheit in den Gangster-Geschichten der Filmtheater spiegelte, im Verbrecher-Lifestyle am Rand der Gesellschaft, fette Zigarren, schnelle Autos, protzige Villen, die Strände von Saint-Tropez und an der Copacabana, Swimmingpool-Partys und Mädchen. Viele Mädchen. Die begehrtesten Mädchen. *Cartouche, der Bandit,* und Claudia Cardinale. *John Robie, die Katze,* und Grace.

Fred wollte, was sie damals alle wollten, nur wollten er und ein paar andere es ein bisschen mehr: ein Leben, das nicht mehr durch Opferbereitschaft geprägt war, durch Redlichkeit und Fleiß, damit man am Ende auf ein gebautes Reihenhaus stolz sein konnte und wieder alles blühte, wo der Krieg verbrannte Erde hinterlassen hatte. Sie wollten ein intensives Leben im Hier und Jetzt, sie wollten den lange zurückgehaltenen Exzess, der niemals enden sollte, und wenn die Kräfte und das Geld versiegten, dann half man eben nach, mit Drogen und Gaunereien.

Freds Problem war nicht, dass er alt wurde, sondern dass er alt wurde, aber kein Stück weise. Dass er immer noch sein altes Leben zu leben versuchte und nicht den Schalter fand, mit dem er es hätte beenden können. Überhaupt, dass er immer noch lebte. Dass er keinen Plan hatte. Dass er nichts anzufangen wusste mit der Zeit, die ihm noch blieb. Dass er auf dem besten Weg war, dem Ozzy-Osbourne-Syndrom anheimzufallen, einer Hilflosigkeit angesichts des Schicksals, trotz konsequenter Selbstzerstörungsbemühungen in einen nicht vorgesehenen Lebensabschnitt geraten zu sein.

Ja, und ich empfand Mitleid mit ihm. Er tat mir leid, weil es ihm nicht gelungen war, Christines Herz zu gewinnen, denn es war offensichtlich, dass er sie liebte. Und sie ihn auch. Ich spürte, dass er Chancen bei ihr hätte, wäre er nicht so durchgeknallt.

Auf der anderen Seite konnte er sie nicht respektieren. Eben weil sie ihm zugeneigt war. Weil sie sich nicht zierte. Weil sie nicht funktionierte wie die anderen Frauen in seinem Leben, wie spröde Spielautomaten, in die man Geld warf und dann leuchteten sie, lachten sie, tanzten sie, zogen sich aus.

Fred besaß durchaus Herz. Er konnte hinreißend fürsorglich gegenüber Freunden sein, gegenüber seinen Kindern, die beide in Übersee lebten, und vor allem den Enkeln gegenüber, nach denen er sich verzehrte, dass er heulen konnte wie ein altes Waschweib, wenn man ihn darauf ansprach. Aber für die Liebe zwischen Mann und Frau hatte er nichts übrig, er betrachtete sie immer noch beschränkt, wie ein geiler Teenager, in den Dimensionen eines Zwei-Minuten-Blowjobs.

Und ja, auch das muss ich zugeben, dass mich Fred auch abstoßen konnte. Gerade deshalb war er so wertvoll für die Beziehung zwischen Christine und mir, denn er verschaffte uns Klarheit über die Frage, was der Rock 'n' Roll für unser Leben bedeutete. Der doch letztendlich für uns alle nur noch eine Projektion war, für mich, für Christine, für Fred, auch für die Rock-'n'-Roll-Veteranen selbst, die heute meditierten, Yoga machten, grünen Tee tranken oder, wie Mick Jagger, bis Mitternacht nur noch klassische Musik ertrugen.

18

Unsere Kinder sind überall

Zu meinen nicht explizit verbotenen voyeuristischen Vergnügungen in Christines Gästezimmer gehörte das Schmökern in den prallen Fotoalben. Von denen ich eines besonders mochte, ein mit der Aufschrift „David, 1981 bis 1983" versehenes, ziemlich aus dem Leim geratenes, weil weit über die Grenzen seiner Kapazität bestücktes Album, das von dem irrsinnigen Glauben junger Elternpaare zeugte, ein Baby könne man nicht oft genug fotografieren.

Wie oft hatte ich das Album in der Hand? Vielleicht ein Dutzend Mal? Meistens verweilte ich auf den ersten Seiten, die Christine als junge Frau zeigten. Gerade schwanger geworden. Ihre Erscheinung: immer noch mädchenhaft. Aber es gab einen unübersehbaren Bruch mit der unbekümmerten Lässigkeit der siebziger Jahre. Eine Hinwendung zum damenhaft Adretten. In dieser Lebensphase, sagte Christine, habe es in ihrer Ehe mit Jens zum ersten Mal gekriselt. Umso erstaunlicher die Fotos. Kein Hinweis. Nur das ungetrübte Glück einer jungen Mutter. Die sich freut. Auf ihr Kind. Und über das Gefühl, nach den Jahren einer turbulenten Jugend im Leben der Erwachsenen angekommen zu sein.

Ich, der ich kinderlos war, hatte dieses Glück nie erlebt. Vermisste ich es? Ja, sehr. Mittlerweile, nachdem ich mich für ein Leben mit Christine entschieden hatte und damit für den vorläufigen Verzicht auf eigene Nachkommen, machte es mir fast nichts mehr aus. Weil ich begriffen hatte, dass es in Beziehungen nicht um das Streben nach biedermeierlichen Werten geht, nach Familienidyll und trautem Glück? Dass es vielmehr darum geht, Beziehungen nicht allein zum Selbstzweck zu führen, weil sie einer gewissen Tiefe bedürfen, eines über sich selbst hinausgehenden Sinns? Kann schon sein.

Die meisten Paare hinterlassen Kinder. Andere, die keine Kinder bekommen (aus welchen Gründen auch immer), verschreiben sich gemeinsamen Projekten. Der gemeinsamen Forschung (Marie und Pierre Curie). Oder der gemeinsamen Kunst (Christo und Jeanne-Claude). Also begann ich mir langsam Sorgen zu machen. Was geschah mit uns? Mit Christine und mir, solange wir uns weiter ziellos durch das Nirwana unseres Glücks treiben ließen, von Wochenende zu Wochenende, irgendwo, zwischen nicht mehr enden wollenden Flitterwochen und einer sich unbemerkt in unser Leben schleichenden Routine?

Immerhin das: Wir, die wir nicht allzu viele Leidenschaften teilten, wollten wenigstens gemeinsame Dinge unternehmen. Kino. Theater. Ausstellungen. Es wäre ein Anfang gewesen. Dem nichts im Weg zu stehen schien. Von der einen oder anderen Ablenkung, die unsere Aufmerksamkeit in Anspruch nahm.

Rocky war ein kleiner, schmächtiger Kater, der gelegentlich durch unseren Garten schlich. Seinen Rundgang beendete er vor unserer Haustür. Er schrie. Flehte um Einlass, mit Vorliebe dann, wenn wir wenig Zeit hatten oder im Begriff waren, das Haus zu verlassen. Wir wussten nicht viel über Rocky. Wir wussten nicht einmal, wie er wirklich hieß, hatten ihn einfach so genannt. Wir wussten, dass er zu den Leuten am Ende unserer Straße gehörte, von denen Christine behauptete, sie seien Lehrer mit großen Fenstern und exhibitionistischen Neigungen. Weshalb Rocky immer auf uns zählen konnte. Auf unser Mitgefühl. Er genoss nahezu uneingeschränktes Asylrecht. Und er nutzte das hemmungslos aus.

Rocky war ein Junkie. Er war ein Opfer der Katzenfutter-Industrie. Er war ein nervtötender Beschaffungsterrorist, der niemals aufgab. Und wenn er nicht bekam, was er wollte, stapfte er mit dreckigen Pfoten über die frischen Bettlaken im Schlafzimmer, wetzte anschließend ins Wohnzimmer und kratzte am Sessel. Christine kreischte, wenn sie ihn erwischte. Schrie: „Du gehst nach Hause, du Scheißer!“ Ich flüsterte ihm ins Ohr: „Sie blufft nur.“ Rocky wusste das. Er hatte uns längst durchschaut.

Wir ihn aber auch. Da konnte er sich noch so lange verstecken. In den dunkelsten Ecken der Kleiderschränke. An den unerreichbarsten Stellen des Dachbodens. Wo er zu ruhen vorgab. In Wahrheit lauerte er. Er wusste genau, wann er zuschlagen musste.

Rocky besaß einen sicheren Instinkt für die Phasen der totalen Entspannung. Er tauchte auf, sobald der Fernseher lief. Erst machte er sich nur bemerkbar. Zog gemächliche Kreise durch das Zimmer wie ein eingebildetes Nummerngirl, das die Hauptattraktion der Veranstaltung sein will. Dann der Zugriff. Rockys Liebesbekundungen waren unwiderstehlich. Er verabreichte sie in kleinen Tranchen, immer abwechselnd an Christine und an mich, damit sich keiner von uns zu kurz gekommen fühlte. Wir sollten ihn beide lieben, auf diese Weise, dachte er wohl, habe er die besten Chancen auf die Green Card in Christines Haus.

Und wir? Hatten uns immer noch kein Katzenklo angeschafft und setzten Rocky nachts wieder an die Luft. Aber es wurde schwieriger. Verdammter kleiner Mistkerl!

Was Herrn Pohlmann betrifft, will ich gar nicht weiter ausholen. Da gehe ich gleich zu der Szene, in der ich, mit Jacke und Mütze bekleidet, im Flur stand, kurz davor, das Haus zu verlassen. Kurz davor, die Klinke der Haustür herunterzudrücken, woran mich Christine in letzter Sekunde hinderte, die im Wohnzimmer aus dem Fenster schaute. „Warte noch", zischte sie, „einen Moment noch."

Draußen auf der Straße: ein älterer, gedrungener Mann mit Schiebermütze, der sich breitbeinig auf dem Gehsteig postiert hatte. Der die Umgebung beobachtete, als wäre er für alles verantwortlich, für jeden Fußgänger, für jeden Fahrradfahrer, für jeden Hund, der in der Nachbarschaft bellt. Für jeden Windstoß, der die Blätter von den Bäumen fegt.

Christine legte ihre Hand auf meine Schulter, sie bedeutete mir, noch eine Weile auszuharren. Als könnte sie erahnen, was sich abspielte, mit der gebrechlichen, alten Frau, die sich, nicht weit von der Stelle, auf der sich der Herr Pohlmann befand, mit einem Gehstock aus dem Hauseingang schleppte. Bis er sie bemerkte. Und sie so lange begrüßte, bis sie stehen blieb und ihm die Aufmerksamkeit schenkte, auf die er aus war, ganz offensichtlich. Christine knuffte mich in die Seite und wir verließen das Haus. „Komm", sagte sie, „los, los, los!"

Das war Herr Pohlmann. Oder was noch übrig blieb von einem Lebensentwurf, der vermutlich keiner gewesen war. Der, wie es scheint, darauf ausgelegt war, dass die Dinge sich nicht verändern. Was für ein Gedanke! Armer Herr Pohlmann!

Herr Pohlmann vor vierzig Jahren: Polizist. Streifenbeamter. Glücklich. Herr Pohlmann vor fünfzehn Jahren: immer noch Polizist. Immer noch Streifenbeamter. Immer noch glücklich. Pohlmann liebte seinen Beruf. Er mochte das, draußen sein, unter Leuten. War, wie er selbst sagte, ein *Schutzmann mit Leib und Seele.*

Wie dumm, dass Pohlmanns Ehefrau keine Schutzmannsgattin mit Leib und Seele war. Dass sie gelegentlich mit Pohlmanns Wesen haderte. Einmal soll sie sich sogar zu der Bemerkung hinreißen haben lassen, Pohlmann sei ein unterwürfiger Trottel, der den Dienst über alles stelle, über sich selbst und seine Familie. Gegen Ende ihrer Ehe, hörte man, habe es eine Phase gegeben, in der sie sich eingeredet habe, sie habe sich an ihn gewöhnt. Bis sie ihn einfach nur noch überhatte wie einen zu oft erzählten Witz.

Es folgte die Scheidung. Pohlmann begann zu trinken. Sein Absturz war tief, er verlor wirklich alles, seine Frau, seinen Job, seine Würde. Am schlimmsten nagte der Verlust seines Sohnes, der keinen Kontakt mehr zu ihm wollte.

Immerhin war Pohlmann wieder trocken, seit gut zehn Jahren. Er hauste in einer komplett abgedunkelten Einzimmerwohnung, wo er vermutlich viel schlief und fernsah. Hin und wieder quälte ihn die Einsamkeit, dann ging er raus. Machte sich nützlich. Kontrollierte, obwohl ihn keiner dazu aufgefordert hatte, die Mülltonnen, ob sie im Hof an der richtigen Stelle standen. Dirigierte die Nachbarn in die Parklücken vor dem Haus. Schrieb ihnen kleine Zettel, wenn er bemerkte, dass der TÜV bei ihren Autos abgelaufen war. Und ging jedem, der ihm in die Arme lief, auf die Nerven.

Ich ging ihm ins Netz, als ich den Fehler machte, Christines Fahrrad auf dem Bürgersteig zu überholen. Herr Pohlmann stand plötzlich hinter mir, er hatte gelernt, sich an die Leute heranzuschleichen. „Das ja mal 'n alter Knochen", sagte er. Sonst nichts. Keine Vorstellung. Keine Fragen. „Er weiß über alles und jeden Bescheid", sagte Christine.

Mit den Jahren der gesellschaftlichen Entfremdung schien Pohlmann das Gefühl für Distanz verloren zu haben. Unterhielt man sich mit ihm, kam er so nahe ran, dass man seine schiefen, stummeligen Zähne sehen konnte, als wäre man sein Zahnarzt. Sein Atem stank fürchterlich. Wie ranzig gewordenes Hundefutter.

Er sagte: „Sie sind ja wohl nicht von hier, ich höre das schon." Typisch Pohlmann. So verschaffte er sich den Zugang zu den Herzen seiner Mitmenschen. Immer mit der Brechstange.

Ich sagte: „Bayern, München."

„Ach", sagte Herr Pohlmann, er habe früher einen Kollegen gehabt, „der kam auch von da."

„Schön", sagte ich. Ich merkte schon: Er mochte keinen Small Talk.

Er kam lieber gleich zur Sache. Sein Gebiet war die deutsche Geschichte unter militärischen Gesichtspunkten. Schwerpunkt: Drittes Reich. Er sagte: „Kriege und Schlachten, das ist nicht dasselbe. Das hat der Hitler unterschätzt."

Ich versuchte, wenigstens Pohlmanns Blick zu entkommen. Und fand Aufnahme in den Augen von Christine, die sich mittlerweile zu uns gesellt hatte. Pohlmann ignorierte die Geste. Er sagte: „Und der Göring erst, ich sage Ihnen ..."

„Sie sind aber heute wieder sabbelig, was, Herr Pohlmann?", warf Christine ein.

Pohlmann grinste.

Christine behauptete, dass Herr Pohlmann im Grunde kein schlechter Mensch sei. Und dass er so verschroben sei, weil sich keiner um ihn kümmere. Einmal beobachteten wir ihn, an einem regnerischen Tag, wie er sich wieder auf der Straße herumdrückte und darauf wartete, dass jemand vorbeikam, vergeblich, denn es war wirklich sehr kalt und nass. Und dann tat

Christine, was sie, wie sie behauptete, noch nie zuvor getan hatte: Sie ging raus und holte Herrn Pohlmann ins Haus.

Herr Pohlmann freute sich sichtlich wie ein herrenloser, in jeder Beziehung ausgehungerter Hund. Er durfte seine nassen Sachen ablegen. Er durfte im Wohnzimmer in dem großen Sessel vor dem Ofen Platz nehmen. Er durfte ansetzen zu einem seiner vermutlich umfangreichsten Monologe der letzten Jahre. Thema: Ostfront. Christine brachte Kaffee. Sie brachte Kuchen. Dann ging sie aus dem Wohnzimmer und kam nicht wieder.

Ich ging in die Küche, wo sich Christine aufhielt.

Ich sagte: „Was soll das, bitte, was lässt du mich alleine mit dem Irren?"

Sie sagte: „Sind doch Männergespräche, die ihr führt."

Ich kehrte wieder zurück ins Wohnzimmer.

„Wo waren wir stehen geblieben?", sagte Herr Pohlmann.

„In Leningrad", sagte ich. „Oder war es Kiew?"

Die meisten Dinge, die ich über Schwule wusste, verdankte ich Adrian. Ich konnte mich nie entscheiden über die Rolle, die er in meinem Leben spielte. Ich kannte ihn als Vermittler, als Erzähler, als Reporter, der mir Einblicke ins schwule Leben verschaffte. Ich kannte ihn als Verführer, der nicht aufgab, mich zu Exkursen in die Welt der Schwulen zu überreden. Ich kannte ihn aber auch als schrägen Ideologen, der sich der konservativen Sexualauffassung, nach der die Schwulen kranke, entartete Heterosexuelle seien, mit der ins Gegenteil verkehrten These entgegenstellte. Er vertrat mit Ernsthaftigkeit die Überzeugung, alle Heterosexuelle seien verkappte Schwule.

Rückblickend betrachtet, erschien mir meine bald fünfzehn Jahre dauernde Freundschaft mit Adrian fragmenthaft. Wie eine beinahe vergessene Geschichte, die ich gerade neu, in einer zweiten Auflage erlebte. Ich sollte erwähnen, dass ich Adrian noch aus München kannte. Und dass er München lange vor mir verlassen hatte, um nach Hamburg zu gehen. Als wir uns wiederbegegneten, hatte es lange Jahre keinen Kontakt mehr zwischen uns gegeben.

Anfangs, in München, waren wir nur Journalisten-Kollegen, die sich ein Büro teilten. Adrian gab die schräge Tucke, die mich stets bei Laune hielt mit disco-glitzerndem Tunten-Witz, mit mitgebrachten Sachertortenstücken, mit zweifelhaften Späßen, etwa, wenn er mich einlud, ihm beizuwohnen, während er in den Chatrooms der sich damals gerade etablierenden Gay-Foren mit anderen Männern frivole Unterhaltungen führte.

Adrian näherte sich mir, indem er die Grenzen meiner Toleranz mit kleinen Provokationen auslotete, die er gleichwohl zu respektieren vermochte, sobald ich sie ihm aufwies. Allmählich wuchs das Vertrauen zwischen uns. Und währenddessen offenbarte sich mir immer mehr die rein menschliche, nicht-sexuelle, nicht-lustige Dimension des schwulen Universums. Adrians Schilderungen über seine trostlose Jugend in der Gefangenschaft eines verlorenen Kaffs in Oberfranken blieben mir unvergessen.

Unsere Wiederbegegnung in Hamburg verdankten wir einem winzigen Zeitschriftenladen in der Innenstadt, in dem wir uns zufällig über den Weg liefen. Adrian hatte gerade eine langjährige Beziehung beendet. War, mehr oder weniger pleite, wegen der günstigen Mieten nach Wilhelmsburg gezogen, Hamburgs Bronx. Er, die alternde Tunte, allein mit einer Katze unter Dealern, Kampfhundebesitzern, Muckibuden-Posern, Türken-Machos, Bulgaren-Mafiosi. Er sagte, er habe damals den Kontrast zu seinem hübschen Leben in Hamburg-Eppendorf gesucht. Und die Abgeschiedenheit. Die mit den Jahren allerdings, wie er zugeben musste, zur lästigen Gewohnheit geworden sei. Er sagte: „Die wahre Schwulenseuche ist die Einsamkeit."

Ich bewunderte Adrians Tapferkeit, mit der er sich, der neunzehn war, als seine beiden Eltern starben, durchs Leben schlug. Im Lauf der Jahre bemerkte ich, dass ihm, wenn er auch glücklich schien, eine gewisse Lebensfreude abhandengekommen war. Ich erlebte ihn oft geplagt von Zweifeln. Von Verbitterung. Von Ängsten. Er sagte, wenn er in die Zukunft schaue, dann sehe er ein schwarzes Loch.

Er sehnte sich nach Solidität. Beklagte sich zunehmend über den typischen Schwulen-Lifestyle. Er sagte, er habe genug von Abenteuern. Von Affären. Von Darkrooms. Von der Seelenlosigkeit der Internet-Flirtereien und den daraus resultierenden Rammel-Rendezvous. Von der Abgefucktheit der alternden Schwulen, die nichts Besseres miteinander anzufangen wüssten, als sich gegenseitig die jungen Liebhaber auszuspannen.

Einmal, erzählte Adrian, habe ihn jemand hoffnungsfroh gemacht. Wolfgang. Ein ihm wohltuend unprätentiös erscheinender Bekannter, den er durchaus schätzte, obwohl Wolfgang schon über fünfzig gewesen sei. Obwohl er eine gewisse Neigung zum Übergewicht gehabt habe. Obwohl er eine gewisse Neigung zur Langeweile und zu mangelnder Coolness gehabt habe, weil im Einzelhandel beschäftigt, allerdings ohne jeden Bezug zu Mode, Kunst oder Gastronomie. Es habe ihm gefallen, dass ihn Wolfgang an einem heißen Sommertag auf eine etwas antiquierte Weise zu einem Ausflug nach Travemünde einlud, wo er in kurzen Hosen und Sandalen über die Promenade flanierte.

Unglücklicherweise, sagte Adrian, könne er keinen Mann lieben, der kurze Hosen mit Sandalen kombiniere.

Das machte mir etwas Sorgen.

Als ich zum ersten Mal, seit ich mit Christine lebte, bemerkte, wie wohl mir ihre Gegenwart tat, regte sich der Wunsch in mir, Adrian an der Gunst meines Schicksals teilhaben zu lassen, als wäre er mein noch bedürftigeres Alter Ego, dessen Einbeziehung in Christines Liebe unumgänglich sei. Die Begegnung der beiden, die ich in meiner Wohnung arrangierte, gehört zu den wenigen von mir arrangierten Begegnungen in meinem Leben, die genau so harmonisch verliefen, wie ich sie mir vorgestellt hatte. Christine und Adrian verstanden sich auf eine mich erstaunende Weise, als wären sie Angehörige einer gemeinsamen, mir fremden Kultur. Sie stürzten sich mit der hemmungslosen Offenheit aufeinander, die sich nur Menschen entgegenbringen können, denen die Sexualität nicht im Weg steht.

Der ersten Begegnung folgten weitere, während derer sich die anfängliche Zuneigung zu einer innigen Freundschaft entwickelte, die sich gegenseitig zu versichern Christine und Adrian nicht müde wurden. Obwohl ich keine Zweifel an der Aufrichtigkeit ihrer Beteuerungen hatte, hoffte ich, es würde Adrian verborgen bleiben, dass Christine ihn, wie es manchmal schien, für seine ungeniert schwule Art liebte, in der er sich mit angezogenen Beinen auf der Couch in ihrem Wohnzimmer breitmachte, während er sich eine Wärmflasche vor den Bauch hielt und eine brennende Zigarette zum Vorwand nahm, seinen linken Arm in einer tänzerisch-grazilen Haltung in die Höhe zu recken. Und für seine Angewohnheit, wenn er sich echauffierte, seine Bemerkungen in einem lang gezogenen „Hallo" gipfeln zu lassen: „Hallo, was ist das denn?", „Hallo, geht's denn noch?"

Ich fürchtete, dass Christine Adrians Attitüden mehr schätzen könnte als seine Persönlichkeit. Dass sie ihn, mit dem mich eine tiefe Freundschaft verband, möglicherweise auf dieselbe Weise liebte, in der sie kleine Kinder liebte. Kleine Kinder und Hunde.

Um auf Anke zu kommen, will ich voranstellen, dass mir, bis ich Christine begegnete, die Erfahrung mit vorstädtisch geprägten Wohngegenden fehlte. Jedenfalls mit solchen, in denen die Menschen fast alle in Einfamilienhäusern leben, in denen sie mehr Zeit, als sie zugeben würden, hinter heruntergelassenen Gardinen am Fenster stehen und sich gegenseitig beobachten, als wären sie Späher verfeindeter Kriegsparteien. Meine Vorstellung über Vorstädte nährte sich aus der modernen nordamerikanischen Literatur und dem jüngeren Hollywood-Kino. Wo der ambivalente Charakter der Vorstadt, die beides sein kann, auch gleichzeitig, Paradies und Hölle, so oft als Metapher bemüht worden war, dass wohl kein Mensch mehr auf der Welt einem Gartenfest mit bunten Luftballons und kleinen, hübsch angezogenen Mädchen mit unbekümmertem Blick beiwohnen kann, ohne nach dem verstoßenen, verstörten, dicken Jungen zu suchen, der sich im Keller versteckt und Ameisen zwischen seinen Wurstfingern zerdrückt.

Das war mir schon in den ersten Wochen meiner Beziehung mit Christine klargeworden. Damals spazierten wir an kalten, aber sonnigen Nachmittagen in einem in der Nähe gelegenen Freigelände, in dem die Stadt ein paar Hektar als Schrebergarten-Parzellen verpachtet hatte. Wir gingen entlang dieser oft verwaisten, nicht selten heruntergekommenen und mit Gerümpel vollgestellten Grundstücke, in denen sich kaum mehr regte als das Flackern einer im Vorgarten gehissten HSV-Flagge. Hin und wieder war das heisere Bellen eines Hundes zu hören und das Kreischen einer Baumaschine. Worauf mir mein Kino-

Gedächtnis Harve Presnell ins Bewusstsein projizierte, wie er einen Gartenhäcksler mit den Teilen einer zerstückelten Leiche füttert.

Irgendwann verlor Christine die Lust an den Spaziergängen. Sie verbrachte ihre Sonntage arbeitend in ihrem Garten und empfing gelegentlich Leute aus der Nachbarschaft, die sie mir vorstellte. Wodurch mir das nicht mehr eingebildete, sondern das tatsächliche Grauen begegnete, in einer mir bis zu diesem Zeitpunkt kaum vorstellbaren Form.

Gabriele und Ansgar, die Eltern von Anke Rudlow, verkörperten das im katholischen Süden oft gehegte Vorurteil über protestantische Norddeutsche, denen man unterstellt, sie würden sich ein Gefühl der Überlegenheit verschaffen, indem sie sich zu einer ethisch einwandfreien Lebensweise kasteien. Bei den Rudlows gab es kein böses Wort, es gab keinen Streit, keine Flüche, keine Lästereien, keine Autorität. Stattdessen gab es selbst aufgestellte und ständig nachgebesserte Regeln. Es gab Wunschlisten, die man sich gegenseitig überreichte. Es gab moderat formulierte Kritik und Diskussionen, und wenn man sich ärgerte, sagte man: „Das finde ich nicht okay, das sollten wir uns mal anschauen."

Unvergesslich: meine Erstbegegnung mit den Rudlows in Christines Vorgarten. Besser: mit Gabriele, die geklingelt hatte. Dieses Sich-nicht-entscheiden-Können zwischen Rein-ins-Haus-Kommen oder Draußen-Bleiben. Diese körperlose, gespenstische Erscheinung. Dieser tote Replikanten-Blick. Dieses kraftlose Gesäusel. Und dann, als Gabriele vorschlug, mit ihr zu gehen, zu Ansgar rüber, 'ne Runde Schnacken, Wein und so – dieser Schauer auf meinem Rücken.

Manchmal begegneten Christine und ich Ansgar auf der Straße. Meistens hatte er schlechte Laune und wurstelte lustlos an seinem Auto herum, und man ahnte schon, wie sie das im Jargon der Rudlows nannten: *Er nimmt sich eine Auszeit aus der Beziehung.* Wenn man ihn ansprach, gab er wirres Zeug von sich. Als könne er sich plappernd des Frusts entledigen, darüber, längst begriffen zu haben, dass es nach fünfundvierzig Lebensjahren, nach dem Zerfall einer zutiefst zerstrittenen Anti-Bürgerlichkeits-oder-was-auch-immer-Bewegung, nach den letzten, mit öden bürokratischen Tätigkeiten in einer Sozialbehörde vergeudeten Jahren kein alternatives, kein besseres Leben gab. Sondern nur den ständigen Schmerz durch die Unterdrückung der Gefühle. Und die Erkenntnis, dass die erbitterte Vermeidung von allem Negativen und Ausgelassenen geradewegs dorthin führt, wovor sie eigentlich bewahren soll: in die zermürbende Hölle eines fade dahinsimmernden Alltags.

Ein Teil dieser Hölle war das Haus der Rudlows, dessen Einrichtung trotz des Vorhandenseins von hübschen Antiquitäten aus Gabrieles Familienbesitz durch die Ergänzung mit pflegeleichtem Gebrauchsmobiliar jegliche Behaglichkeit erstickte. Dazu kam der permanente Gestank nach lieblos zubereitetem Essen, nach unerledigter Wäsche und alter Katzenpisse. Und der schwelende Hass einer Siebzehnjährigen, die sich rund um die Uhr in ihr Zimmer verzog und ihren Eltern das Gefühl vermittelte, als seien sie das Personal einer privat betriebenen Justizvollzugsanstalt.

Hin und wieder konnte man Anke beobachten, wie sie das Haus ihrer Eltern verließ. Sie experimentierte gern mit ihrem Äußeren, sie wechselte die Frisuren und die Haarfarben, nur ihre Umgebung blieb dieselbe. Das war Ankes Problem.

Ihre Besuche in unserem Haus begannen damit, dass Christine sie einlud, ein Kosmetikset aus alten Beständen nach brauchbaren Lippenstiften zu durchstöbern. Danach erschien sie fast jedes Wochenende und blieb jedes Mal so lange, bis Christine sie nach draußen komplimentierte. Einmal, als ich mich unerwartet an der Konversation beteiligte, die sie mit Anke führte, bemerkte ich, dass sie rot wurde. Ich begann, mit dem eitlen Gedanken zu spielen, dass Anke so oft vorbeikam, weil sie vielleicht für mich schwärmte. Bis ich diesen Gedanken verwarf, als ich mir bewusst machte, dass Anke bei uns war, weil sie, solange sie bei uns war, nicht bei sich zu Hause sein musste.

Manchmal, wenn sie uns wieder verließ, behielt ich sie noch eine Weile in meiner Erinnerung und war froh darüber, dass sie kein Junge war, dass sie vermutlich keine Ego-Shooter-Spiele auf der Festplatte ihres Computers hatte und es auch sonst keine Anzeichen gab, dass sie irgendwann zur Gefahr für sich selbst und ihre Umgebung werden könnte.

In der frühen Zeit meines Erwachsenwerdens erschien mir das Glück der Liebe so unbegreiflich wie das Sterben und der Tod, und ich stellte es mir vor als einen nicht endenden, erotischen Rausch, wie ich ihn aus dem Kino der damaligen Zeit kannte, aus *Emmanuelle* und *Zärtliche Cousinen*. Hätte ich mir vorstellen können, dass ich irgendwann über die Liebe schreiben würde – und ich würde an eine verschlagene Katze denken? Und einen alten Polizisten? Und einen einsamen Freund? Und eine verkorkste Familie? Hätte ich gedacht, dass es sich mit der Liebe verhält wie mit einem großen Vermögen, das man erst genießt, sobald man etwas damit anfängt? Sobald man es mit anderen teilt?

Gelegentlich spürte ich eine Traurigkeit, der Christine verfallen zu sein schien, seit sie angefangen hatte, mich zu lieben. Man könnte von einer Tragödie sprechen, ausgelöst durch das

Glück der Gegenwart, das die schweren Stunden der Vergangenheit umso schmerzlicher erscheinen ließ. Weshalb es manchmal passierte, dass Christine ihrem Schicksal Vorwürfe machte. Warum ich ihr erst jetzt widerfahren sei, klagte sie dann, zu einem Zeitpunkt, an dem sich ihr Leben langsam dem Ende neige? Warum es sich so ergeben habe, dass sie die Ältere von uns beiden sei und nicht ich?

Sie sagte: „Dann wäre ich jetzt Anfang dreißig und hätte ein Kind von dir."

„Aber wir haben doch Kinder", sagte ich.

19

Der Vorleser

Eines Tages war Heinrich plötzlich verschwunden, oder besser, das Foto, ein schlicht gefasstes Porträt, das ihn in den letzten Jahren seines Lebens zeigte. Dass das Bild in Christines Wohnzimmer fehlte, war mir sofort aufgefallen, genauso wie ich es gleich bemerkt hatte, als es plötzlich aufgetaucht war, auf dem Pultdeckel des alten Sekretärs, auf dem sonst nicht mehr zu finden war als ein paar Stifte und der übliche Stapel Briefe und Rechnungen, der darauf wartete, auf die Fächer verteilt zu werden.

Es hatte für beide Vorfälle keine besonderen Gründe gegeben, weder dafür, dass Christine Heinrich plötzlich in ihrer Nähe duldete, noch dafür, dass sie ihn wieder verbannte. Ihre Beziehung zu ihrem verstorbenen Vater war ein nicht zur Ruhe kommender, heftigen Schwankungen ausgesetzter Zustand, ein ständiges Oszillieren zwischen Vergötterung und abgrundtiefem Hass, zwischen nachsichtiger Verklärung und bitterer Unversöhnlichkeit. Mal redete sie über ihn wie ein dummer Backfisch. Schwärmte über sein schönes, dichtes Haar, das sich bis ins hohe Alter, mit fast neunzig, über die gesamte Schädeldecke scheiteln ließ. Dann wiederum geschah es, dass sie nur für einen Augenblick an ihren Vater dachte, sich ihre Miene verfinsterte und es kaum zu übersehen war, dass sie mit den Tränen kämpfte.

Es schien, als habe sie nie verwinden können, dass sie und ihre Mutter Heinrich vermissten, während er fast jede freie Minute auf dem Rasen verbrachte, in *seinem* Fußballverein, wo er sich als Trainer um den Nachwuchs kümmerte. Um Leute, die ihm später, als Erwachsene, auf die Schulter klopften und ihn dafür lobten, dass er ihnen so viel mehr als nur ein Trainer gewesen sei, fast so etwas wie ein Vater. *Ausgerechnet er!*

Manchmal, sagte Christine, habe sie sich gewünscht, ihr bis an die Grenzen der Asexualität distanziert erscheinender Vater hätte es vorgezogen, wie die meisten Männer mit anderen Frauen zu schlafen. Stattdessen habe er sie, die Tochter, mit anderen Kindern betrogen. *Ist doch so, oder was?*

Es war der Tag, an dem Christine mir den Ring zeigte. Sie hatte sich auf allen vieren in den düsteren Bereich ihres Dachbodens begeben, wo sie eine gequetschte Schuhschachtel unter ausrangierten Wintermänteln hervorzerrte. Der Ring, ein schlichter Silberring, wie ihn sich junge Verliebte gern zum Geschenk machen, befand sich lieblos aufbewahrt, ohne Schatulle, zwischen abgelegten Kontoauszügen, einer Gürtelschnalle und drei kaputten Armbanduhren. Christine sagte, sie habe den Ring nie getragen.

„Ein Geschenk von Heinrich?“, fragte ich.

„Kann man so nicht sagen“, sagte Christine.

„Hast ihn geklaut?“

„Nee. Ganz anders.“

„Wie denn?“

„Na ja, mit Papa hatte es schon zu tun. Er war ja nicht oft in Hamburg, aber manchmal hatte er dort Termine. Einmal kam er gleich danach hierher. War ’n schöner Tag. David spielte im Garten. Weiß ich alles noch genau, und auch, dass Papa erschrak, als er mich gesehen hat. War ja schon ’ne Weile her, als wir uns zuletzt gesehen hatten, vielleicht ein Jahr oder so. Mensch, siehst ja aus wie deine Mutter früher, hat er gesagt.

Dann ist er ins Haus gegangen. Hat sich zu Jens ins Wohnzimmer gesetzt. Hat er immer gemacht, obwohl er und Jens sich eigentlich gar nicht leiden konnten. Aber so allein mit mir, das ging ja gar nicht. War ihm irgendwie unangenehm. Seltsam, was? Na ja, Papa eben.

Und dann, was soll ich sagen? Hatte er sich verpisst, er blieb ja meistens nicht lange, vielleicht 'ne Stunde oder so. Dann lag da dieser Briefumschlag auf dem Couchtisch. Ich sag noch zu Jens, guck mal, hat Papa wohl liegen gelassen. Da hatte er den Umschlag schon aufgemacht. War'n da tausend Mark drin. Acht Hunderter, vier Fünfziger, ich weiß das noch ganz genau. Hat er so hingelegt, dass man es gleich gesehen hat, sobald er weg war. Hat gedacht, so regelt er das mit mir. Wie mit 'ner Nutte. Hat gedacht, tausend Mark für 'ne beschissene Kindheit, und alles ist gut."

„Und?"

„Erst wollte ich ihm das Geld zurückschicken. Dann wollte ich es verbrennen. Dann bin ich zum Jungfernstieg gefahren und hab den Ring gekauft. Hab mir gedacht, wenn er das schon nicht hinbekommt, mir was Richtiges zu schenken, mach ich das eben selber."

Zu den Dingen, die ich besonders an Christines Haus schätzte, gehörten die Bücher. Sie hatte sie nicht nur im Wohnzimmer bis unter die Decke gestapelt, sondern fast überall, im Schlafzimmer, im Gästezimmer, auf den Fluren, in Wandregalen, in Tüten und Kisten: alte Bücher, neue Bücher, verschmähte, immer noch in Zellophan verpackte Bücher, vollkommen kaputte, tausendmal gelesene Bücher.

Für mich sind Bücher und CDs die Seele jeder Wohnung. Sie geben am besten, umfassendsten, detailliertesten Auskunft über Menschen, weshalb immer mehr Leute, so mein Eindruck, ihre Geburtstage in Kneipen und Restaurants feiern. Sie fürchten das üble Gerede ihrer Gäste über einen aus alten Zeiten übrig gebliebenen, zwischen zwei Design-Bildbände geratenen Uli-Stein-Kalender oder eine im Player vergessene Mariah-Carey-CD.

Christine machte sich über solche Sachen wenig Gedanken. Ich fand bei ihr ohne Schwierigkeiten eine herrlich peinliche, weil verschämt in pseudo-hochwertigen Kunstledereinbänden verborgene *Kulturgeschichte der Erotik* in zwölf Bänden und ein offensichtlich bis zum Ende gelesenes Exemplar von *Shades of Grey*. Meine Lieblingsfundstücke waren eine Reihe Kinderbücher aus der frühen Nachkriegszeit, darunter ein Gedichtband (*Aus deutschem Herzen*), eine Katzengeschichte (*Taps und Tudel*) und ein den Leser mit durchwegs in Rosé gehaltenen Illustrationen penetrierender Roman über ein kleines Mädchen, das sich Nesthäkchen nennt und in einer Welt lebt, in der unbarmherzig der Diminutiv regiert: *Nesthäkchen hat dicke Ärmchen und Beinchen, es lebt in einem hübschen Städtchen. Es schläft in einem Bettchen, und morgens, wenn unser Nesthäkchen wach wird, blinzelt die liebe Sonne zum Fenster herein.*

Mir waren diese Dinge vertraut, denn ich hatte weite Strecken meiner Kindheit bei einer alten Tante verbracht, die mich abends mit Malzkaffee zur Ruhe brachte und Märchenplatten aus der Epoche, aus der auch ihre Telefunken-Musiktruhe stammte. War es nicht erstaunlich, wie sehr sich Christines Jugend und die meine ähnelten? Man hatte uns beide mit diesem postfaschistischen, bis weit in die Sechziger reichenden Heile-Welt-Mist genährt, und dann prallten wir, kaum hatte man uns aus der behüteten Obhut unserer Eltern entlassen, auf den kompletten Wahnsinn der Post-Achtundsechziger-Ära, die brennenden Gitarren, Frank Zappa auf dem Scheißhaus, Charles Manson, Johnny Rotten und die ganzen Typen, die über nichts anderes mehr redeten außer dem, was sie gerade genommen und mit wem sie gestern gebumst hatten, und wir begannen uns zu fragen, wie die Welt so dermaßen und in so kurzer Zeit aus den Fugen geraten konnte.

Abgesehen von den Kinderbüchern und ein paar Klassikern wie John Irving, Charles Dickens, Henry Miller, Truman Capote oder Siegfried Lenz hatten wir wenige Gemeinsamkeiten, was unsere literarischen Vorlieben betraf. Von einer schnöseligen Bildungsbürger-Warte aus hätte man Christines Geschmack anhand der Fülle der von ihr geschätzten Liebesromane, Biografien und Schicksalsschilderungen als trivial bezeichnen können. Ich hätte das allerdings nie getan, weil ich genügend Leute kannte, die sich, jeglicher Trivialität entsagend, mit freiwilligem TV-Entzug kasteiten und ohne Ausnahme lasen, was die seriösen Zeitungen hervorbrachten, einschließlich dem, was diese zu lesen empfahlen. Und dennoch verstanden sie nicht annähernd so viel vom Leben und der Welt wie Christine, die ich, sollte je zustandekommen, was kluge Menschen in meiner Umgebung schon lange forderten, eine Akademie der Herzensbildung, dem Lehrkörper wärmstens hätte anempfehlen wollen.

Natürlich beobachtete sie mich genauso wie ich sie. Mir fiel auf, dass sie meiner zuweilen etwas exzentrischen Lektüre (über die Entstehung von Las Vegas als ökonomisches Wüstenbiotop unter kriminalgeschichtlichen Gesichtspunkten zum Beispiel) mit derselben Mischung aus Befremdlichkeit und Bewunderung begegnete, wie sie Kinder den Tätigkeiten ihrer Väter entgegenbringen. Weshalb sie mir manchmal von ihren Shopping-Touren aus der Innenstadt, ohne dass ich danach verlangt hätte, Zigarren mitbrachte oder ein Exemplar der *New*

York Times. Und mich, wenn sie mit unserer Katze redete, *Papa* nannte oder *Doktorchen*, als wäre ich ein tölpelhafter, knuddelig-feister Industriekapitän aus einem Peter-Alexander-Streifen.

Es dauerte eine Weile, bis ich ihr das nachsehen konnte. Bis wir die Phase in unserer Beziehung erreicht hatten, in der man versucht, sich gegenseitig zu missionieren. Christine hatte mir das von ihr mit Begeisterung verschlungene Schwangerschaftstagebuch einer prominenten Autorin ans Herz gelegt, dessen Eigenart, dem Leser die Zugehörigkeit zu einer verschworenen Schwangerschaftsgemeinschaft zu unterstellen, mir Schwierigkeiten bereitete. Ich revanchierte mich mit einem vermutlich etwas oberlehrerhaft geratenen Vortrag über René Goscinny, über den unvergleichlichen Charme und die pointierte Erzählweise seiner Geschichten über den *Kleinen Nick*, deren Qualität ich nach wie vor für unerreicht halte, auch in Anbetracht der Bemühungen einer hierzulande in den letzten Jahren stark in Mode gekommenen Gemütsjournaille. Ich trug Christine meine Lieblingsgeschichte vor, in der Nick, ein achtjähriger Junge, den Kindergeburtstag einer Siebenjährigen schildert wie ein exotisches Ritual auf einem fremden Kontinent: *Es hat an der Tür geläutet und es sind ganz viele Mädchen reingekommen, alle in Kleidern mit ganz vielen kleinen Falten und mit ganz doofen Geschenken.*

Christine, die sich niemals zu etwas nötigen ließ, worauf sie keine Lust hatte, überraschte mich als geduldige Zuhörerin, wobei ihr, mehr noch als die Geschichte, die Geste des lauten Vortrags gefiel. Mein Verdacht bestätigte sich, als wir uns an einem der darauffolgenden Abende etwas früher als sonst schlafen legten und Christine, die bis zu diesem Zeitpunkt, wenn wir zusammen waren, noch nie im Bett gelesen hatte, sich das Taschenbuch auf ihrem Nachtkasten schnappte, die Schilderung eines britischen Familienalltags aus der Perspektive einer Katze, und es mir reichte. „Vorlesen, bitte“, sagte sie. Was ich dann auch tat. Währenddessen schmiegte sie sich an mich heran, und dann hörte ich, kaum hatte ich das erste Kapitel zu Ende gelesen, ihre ersten Schnarchlaute und spürte, wie ihre Körperteile, die auf meinen lasteten, immer schwerer wurden, wie sich die Wärme ihres Körpers auf den meinen übertrug.

Es hätte einiges gegeben, das diesen Augenblick des Glückes hätte erklären können, die zunehmende Entspannung und das Hinübergleiten in den Schlaf während des Moments der körperlichen und seelischen Verschmelzung etwa. In dieser Situation war es ein mich plötzlich überkommendes Gefühl der Erleichterung. Denn wir hatten erfahren, was wahre Liebe ausmacht, nämlich dass sie einem Rollenspiel ähnelt, das sich uns nun weit über die Grenzen der gängigen Schlafzimmer-Stereotypen offenbarte, weit hinaus über den in den Unterhaltungsmedien rauf und runter exerzierten Beischlaf-Karneval mit seinen Polizeiuniformen, Handschellen und Krankenschwester-Kostümen.

Wenn Christine in meiner Gegenwart wieder das nach Geborgenheit suchende Kind sein konnte und ich ihr Vater, wenn wir uns gegenseitig sein konnten, was wir wollten, wenn das Leben die Möglichkeit bereithielt, dass Väter zu Müttern werden konnten und Mütter zu Vätern, dass Eltern wieder Kinder wurden und Kinder Eltern, was scherten uns dann noch die gesellschaftlichen Konventionen und die Vorurteile? Die Schubladen? Ödipales Muttersöhnchen? Geile, alte Schlampe? Hatten wir uns nicht der Rollenkostüme entledigt wie lästige Unterwäsche an einem einsamen Badesee und waren geworden, was man wohl sein muss, wenn man sich lieben will: wir, einfach nur wir, nackt, pur?

20

Herr Beaulieu lässt bitten

Wiebke war hinreißend, wirklich hinreißend, was bedeutet, sie schien auf beinahe widernatürliche Weise makellos zu sein für eine Frau, die auf die fünfzig zuging und dem Alter mit großer Feindseligkeit begegnete, als hätte man sie mit einem üblen Fluch belegt. Neben Christine war Wiebke der einzig erwähnenswerte Flirt, seit ich in Hamburg lebte, sie war außergewöhnlich in jeder Beziehung, schon allein deshalb, weil sie jedes denkbare Persönlichkeitskriterium erfüllte, auf scheinbar mühelose Weise, so, als wäre die Perfektion, die sie verkörperte, ein Bestandteil ihrer Natur.

Wiebke war schön, kultiviert, begehrenswert *und* liebenswürdig. Und erfolgreich, vor allem in ökonomischer Hinsicht. Sie gehörte zu den Frauen, die nicht ständig darüber reden müssen, dass sie unabhängig sind. Man glaubte ihr das auch so. Sie hatte wirklich den schnellsten und überlegensten Verstand, der mir je begegnet war.

Außerdem besaß Wiebke neben Disziplin, Willen und Durchsetzungskraft den nötigen Machtinstinkt, mit dem man sich Vorstandsposten und Präsidentenämter ergattert, weshalb ihre Versuche, bescheiden zu wirken, manchmal die Grenze zur Albernheit und Überheblichkeit tangierten, etwa wenn sie mit derselben Rhetorik, mit der sich notorische Verlierer herausreden, ständig vom Pech verfolgt zu sein, behauptete, mit ewigem Glück gesegnet zu sein.

Tatsächlich schien Wiebke Übernatürliches anzuhaften. Sie konnte die Aura einer Göttin ausstrahlen. Zum Beispiel wenn sie, wie es mir passierte, ohne jede Vorwarnung, in einem atemberaubend eng anliegenden Samtkleid, mit weit über die Knie reichenden Lacklederstiefeln und einer Cashmere-Stola zu einem Rendezvous erschien. Der Aufzug hätte nicht besser gewählt sein können, um die Reize ihres schmal gewachsenen Einsfünfundachtzig-Körpers zur Geltung zu bringen, gleichzeitig verstand sie, ihre Erscheinung mit einer besonderen Eleganz anzureichern, so, wie man sie von Frauen der Upperclass in New York oder Paris kennt, von Frauen, wie sie in Deutschland gar nicht existieren.

Sie hatte mich in ein winziges Lokal in der Nähe des im allerfeinsten Blankenese gelegenen Süllbergs gelotst, in dem die Damen Haarreifen und Siegelringe trugen und die Herren weinrote Cordhosen und Blazer mit Einstecktüchern. Sie bestellte Austern und Chablis für fünfzehn Euro je Glas, mit einer Selbstverständlichkeit, die ihr verwehrte, die Ironie einer Unterhaltung zu bemerken, die sich um den studentisch-reduzierten Lifestyle drehte, den sie in letzter Zeit für sich entdeckt habe.

Prompt erschien sie wenige Tage später in Jeans und Lederjacke, und wir verirrten uns in eine zwielichtige Hafenkneipe, wo Wiebke einen lautstarken Randalierer so respekteinflößend, mit einem einzigen „Mensch, Alter" in die Schranken wies, dass neben dem Randalierer das gesamte Publikum im Lokal verstummte.

Unfassbar, dass Wiebke dennoch den Beschützerinstinkt in mir zu wecken vermochte. Ihr Allerinnerstes schien so empfindlich, zerbrechlich wie dünnes Porzellan. Was soll ich sagen? Sie war ein Freak. Und ich war ihr verfallen, von Anfang an.

Wir waren uns während einer improvisierten Küchenparty begegnet, in einer dem Abriss geweihten Wohnung. Es war hilfreich, dass die Leute dort nichts Besonderes waren, die üblichen Langweiler, Poser, betrunkenen Schmarotzer. Und dass ich nichts über Wiebke wusste. Über ihre Reputation in der Filmbranche. Über ihre Produktionen. Über die Preise, die man ihr verliehen hatte. Über ihre gesellschaftlichen Beziehungen. Dass es nichts gab, was mich einschüchtern konnte, außer ihrer Persönlichkeit.

Wiebke und ich kamen zusammen, aber unsere Affäre dauerte nicht lange, nur so lange, bis sie sich eingestand, dass ich nicht der Mann war, den sie liebte, sondern nur jemand, auf den sie ihren Wunsch zu lieben projizierte. Ich wiederum entwickelte durchaus Gefühle für sie. Und fand mich dennoch ziemlich schnell damit ab, nur noch aus der Distanz für sie zu schwärmen. Wie jeder andere auch. Denn ein Problem hatte Wiebke schließlich doch: Man konnte nicht mit ihr leben.

Die Auffälligkeiten begannen mit einer Verabredung in einem uns beiden kaum bekannten Stadtteil, in dem sie ein Möbelgeschäft anvisierte. Dort angekommen, überraschte sie mich mit detaillierten Kenntnissen. Sie hatte kriminalistische Recherchen angestellt, über das Sortiment des Geschäfts und die Profile seiner Betreiber weit hinaus, auch über die Läden und gastronomischen Einrichtungen der gesamten Umgebung. Als wir nach der Besichtigung des Möbelgeschäfts – Wiebke war mehr der Erkundungs- und nicht der Kauftyp – eine Eisdiele verließen, in der man, wie Wiebke in Erfahrung gebracht hatte, vortreffliches Ingwer-Limetten-Sorbet bekam, gab es einen kurzen Moment der Unentschiedenheit, welche Straßenseite wir für den Fortgang unserer Erkundungen wählen sollten. „Du darfst entscheiden", sagte Wiebke, „genieß es, denn es wird nicht oft passieren."

Die Auffälligkeiten setzten sich fort in der Weise, in der Wiebke über ihr Leben redete, sie sprach von Projekten, von Konzepten und Experimenten. So, als gäbe es neben ihr noch eine zweite, übergeordnete Big-Brother-Wiebke, die das Leben der ersten ständig steuert, auswertet, konzipiert.

Die Auffälligkeiten erreichten ihren alarmierenden Höhepunkt, als sie eine völlig überdimensionierte Wohnung in der Innenstadt erstand, die sie später, wie sie verriet, als Rentnerkommune nutzen wolle. Natürlich hatte sie die Mitbewohner bereits bestimmt, ohne dass die Betroffenen, wie sich herausstellte, davon Kenntnis hatten.

Was soll man noch erzählen über einen Menschen, der die Dinge im Leben nicht auf sich zukommen lassen kann? Wiebke schien Schach gegen ihr eigenes Schicksal zu spielen, sie hatte jeden Millimeter ihrer Zukunft verplant, wodurch sich die Frage erübrigte, wie je ein anderer Mensch an ihrer Seite hätte Platz finden sollen. Das war die eine Sache. Die andere war die fortschreitende Zeit, mit der Wiebkes Probleme immer schlimmer werden würden. Denn die einzigen Dinge, die sie nicht kontrollieren konnte, waren Krankheiten, Alter und Tod. Es war also davon auszugehen, dass Wiebke in ständiger Furcht vor dem Älterwerden leben würde, bis sie müde und gebrechlich wäre. Um sich dann davor zu fürchten, noch müder und gebrechlicher zu werden, um schließlich, wenn sie sterben würde, damit zu hadern, dass dieses Sterben nicht so ablaufen würde, wie sie es vorgesehen hatte. Und so würde es in diesem, Wiebkes Leben, niemals Ruhe geben, keine Gelassenheit, kein allmähliches Loslassen, sondern nur das Ende. Ein abruptes, erlösendes Ende.

Irgendwann hatte ich Wiebke aus den Augen verloren, und dann begegnete ich ihr noch ein letztes Mal. Ein Wirtschaftsmagazin hatte eine Geschichte über sie gemacht, irgendwas zum Thema Weiblichkeit und Erfolg. Man hatte sie cinderella-artig, in einem leichten Sommerkleid, mit Ballerinas und mit ausgebreiteten Armen fotografiert und sie in einen Himmel montiert, so, als würde sie von einer Wolke zur nächsten springen. Genauso wie auf dem Bild behielt ich sie dann in Erinnerung, als zartgliedrigen, leichtfüßigen, mit Glück, aber ohne jede Glückseligkeit gesegneten Engel, der einsam wie ein Komet in der Atmosphäre verglüht, bevor er die Erde erreicht.

In meinem Leben hatte es bisher nur wenige mit der Zukunft befasste Gedanken gegeben. Es hatte schmerzliche Erinnerungen gegeben. Es hatte die Widrigkeiten der Gegenwart gegeben. Und Betäubung. Alkohol. Bis mir klarwurde, dass der Alkohol die Seele schneller als den Körper und den Verstand zerstört. Und ich das Interesse am Rausch verlor.

Vielleicht verdankte ich es ebendieser in den letzten Jahren gewonnenen Klarheit, dem Alter gelassen entgegensehen zu können. Vielleicht auch Christine. Ihrer Reife. Ihrer Ruhe. Vielleicht aber auch Herrn von Beaulieu und der durch ihn in Aussicht gestellten Zuversicht, dass das fortgeschrittene Leben seinen Wert behält. Selbst am bitteren Ende, in den letzten Phasen des Verfalls, wenn es einem die Schönheit raubt, die Kräfte, die Erinnerung, die Selbstbestimmung, aber eines bleibt, selbst dann, wenn man verblödet und weder stehen noch sitzen kann: die Haltung.

Vor meiner Begegnung mit Herrn von Beaulieu empfand ich keinerlei Trost, wenn Christine und ich Käthe im Heim besuchten, eher ein Gefühl der Zuneigung, wie man sie kleinen Kindern gegenüber entwickelt. Als solche man Alzheimer-Patienten empfindet, wie Kinder in den Körpern von Erwachsenen, die die Phasen der Adoleszenz mit umgekehrten Vorzeichen durchleben. Am Ende verharren sie wie Säuglinge in ihren Sesseln, stieren mit ausdruckslosen Mienen in die Umgebung, von der sie kaum noch mehr wahrnehmen als das Fell der Kuscheltiere, die man ihnen reicht, seit sich die Auffassung durchgesetzt hat, der Kontakt mit weichen Materialien würde ihre Nerven beruhigen. Manche geben nur noch undefinierbare Laute von sich. Heitere Gesänge. Oder herzzerreißende Klageschreie. Anderen, wie Käthe, gelingen noch verlorene Sätze. Einzelne Wörter. Auf die ihre Angehörigen in derselben Weise reagieren wie auf die ersten Dinge, die Zweijährige von sich geben. „Gestern", hatte Christine jemandem stolz am Telefon berichtet, „hat meine Mutter *Tatütata* gesagt."

Es hatte sich eingerichtet, dass ich Christine an jedem Sonntag begleitete, wenn sie ihre Mutter im Heim besuchte. Wo ich anfangs den Eindruck hatte, als wäre Christine auf Käthe fokussiert, mit der sie jede Sekunde der gemeinsamen Zeit auszukosten versuchte. Was ihr gelang. Während sie das Kunststück schaffte, gleichzeitig aufmerksam nach allen Seiten zu sein. Sie hatte Beziehungen aufgebaut mit den Pflegerinnen sowie den Mitpatienten ihrer Mutter, von Dieter abgesehen, dem hageren, stets mit Pudelmütze bekleideten, in der Haltung von Gottesanbeterinnen in seinem Rollstuhl kauernden Mann, den sie alle *Dödel-Dieter* nannten, weil er unentwegt masturbierte (weswegen ihn die Frauen von der Pflege gern allein auf der Terrasse zurückließen, weil ihm keine dabei zusehen wollte).

Ich hatte es noch immer nicht geschafft, meine Beobachterposition zu überwinden. Selbst zu Käthe hatte ich kaum Kontakt, bis auf das eine Mal, als ich ihr, in einem unbeobachteten Moment, eine halbe Gelee-Banane in den Mund schob und mich danach schuldig fühlte, wie nach einem Übergriff. Ihre

Mitbewohner erschienen mir noch distanzierter, als wären sie Darsteller eines absurden Theaterstücks, die meisten wie Statisten, lebende Staffagen.

Natürlich: Es gab Ausnahmen. Herr Bredow zum Beispiel, ein ehemaliger Boxer, der, obwohl die Krankheit bei ihm bereits ihr letztes Stadium erreicht hatte, zu den jüngsten Patienten auf der Station gehörte. Auf den ersten Blick betrachtet, schien er ein gepflegter älterer Mann zu sein, dem man nicht ansah, dass er sich kaum bewegte, er hatte noch immer den schönen, athletisch geformten Körper seiner sportlich aktiven Vergangenheit. Wenn Herrn Bredow die Wut überkam, gab es keine erkennbaren Ursachen, auch keine Anzeichen, außer seinem Gesichtsausdruck, der sich plötzlich verfinsterte. Wenn die Pfleger diesen Gesichtsausdruck bemerkten, schlugen sie Alarm und brachten sich selbst samt ungünstig stehender Tassen und Teller in Sicherheit, wissend, dass ihnen nicht viel Zeit blieb, bis Herr Bredow seine Hände zu Fäusten ballte und seine Arme in zuckenden, explosiven Bewegungen in die Luft schleuderte. Und wehe, man fasste ihn währenddessen an, dann schlug er wild um sich, und es konnte einem ergehen wie Jörg, dem jungen Pfleger aus der Nachbarstation, dem Herr Bredow die Rippen gebrochen haben soll, als er versuchte, ihn zu beruhigen.

Frau Günther lebte zwei Stockwerke tiefer als Käthe, im Erdgeschoss, wo die Patienten untergebracht waren, bei denen die Krankheit noch nicht das frühe Stadium überschritten hatte. Was bedeutete, dass sich Frau Günther ohne Einschränkungen bewegen konnte. Und es keinen Ort im Haus gab, an dem man vor ihr sicher war.

Von Frau Günther wusste man, dass sie vor der Krankheit bei der Stadt beschäftigt gewesen war, als leitende Bibliothekarin. Und dass dieser Beruf gut zu ihr gepasst habe, denn es habe nicht viel mehr in ihrem Leben gegeben außer Büchern, *Dalli Dalli* am Samstagabend, dem einen oder anderen erotischen Gedanken und kleinen Reisen, am liebsten an die Ostsee oder nach Südtirol, immer mit der besten Freundin.

Die sexuellen Triebe, die offenbar ein ganzes Leben lang unterdrückt worden waren, die mit der Krankheit einhergehende Hemmungslosigkeit und der sich im Alter dramatisch ausbreitende Verlust ihres Haars auf dem vorderen Bereich ihres Schädels hatten Frau Günther in jenes Gespenst verwandelt, einen äußerlich geschlechtlich indifferent erscheinenden, nymphomanen Kobold in grauen Keilhosen, der das männliche Personal belästigte und ahnungslose Besucher erschreckte.

Meine erste Konfrontation ereignete sich in der Teeküche, wo Christine und ich uns nach einem frischen Latz für Käthe umschauten und ich mich Frau Günthers lodernden Blicken ausgesetzt sah. Sie legte irre grinsend ihren Kopf zur Seite und breitete ihre Arme aus, als wären sie die Fänge eines riesigen Mauls, mit dem sie mich verschlingen wollte.

Da würde mich aber jemand richtig gern haben, scherzte Christine.

Ich sagte, toll, aber ich wäre mir nicht sicher, ob ich mich darüber freuen würde.

Ach was, sagte Frau Günther, sie wolle mich doch nur küssen.

Ich sagte, ich fände es nett, wenn wir uns vorher kennenlernen würden.

Auf unserer Flucht dem Ausgang entgegen begegneten wir im Treppenhaus einer gebeugten Frau mit dünnen, zu einem winzigen Dutt zusammengebundenen Haaren und roten Augen. Frau Doorenkamp. Wie Frau Günther lebte sie im Erdgeschoss. Manchmal vertat sie sich im Aufzug mit den Stockwerken und verlor die Orientierung. Und dann heulte sie wie ein kleines Kind.

„Na, Frau Doorenkamp, wieder mal unterwegs auf großer Fahrt?", sagte Christine.

„Neehe", schluchzte Frau Doorenkamp.

„Auf der Suche nach Frau Günther?"

„Weiß ich nicht."

„Aber Frau Günther ist doch Ihre Freundin."

„Nee."

„Ach was. Habt ihr euch denn gestritten?"

„Weiß ich nicht."

„Na, dann wollen wir Sie mal noch ein Stück begleiten."

„Ja, bitte."

„Wissen Sie denn noch, wohin Sie wollten?"

„Nee."

An diesem jeglicher Normalität entkoppelten Ort wirkte Herr von Beaulieu wie edelster Hennessy-Cognac in einem Faschingspunsch mit Kaugummi-Geschmack. Wie eine feine, leichte Aufregung erzeugende, exotische Zutat. Seit er im Heim Quartier bezogen hatte, schien durch die verlässlich von süßlichem Schweißgeruch, Penaten-Creme und Putzmittelgerüchen geschwängerte Stationsluft ein neuer Wind zu wehen, ein Hauch von altem Teakholz, Havanna-Zigarrenrauch und Seborin-Haarwasser. Den, um es gleich zu sagen, das Personal nicht besonders schätzte, zumal Herr von Beaulieu, wie man hörte, kein angenehmer Patient war. Seine Renitenz gegen die Heim-Kasernierung bekamen die Pfleger jeden Tag bereits vor dem Frühstück zu spüren, wenn er sich weigerte, sein Zimmer, was die Pfleger forderten, ohne jenen Strohhut zu verlassen, den er für den Rest des Tages zu tragen pflegte.

Der Hut war ein letztes Relikt aus der Welt, der Herr von Beaulieu entstammte. Der Welt der schönen Dinge. Er war der Letzte einer Händler-Dynastie, die ein renommiertes Antiquitätengeschäft am Hamburger Jungfernstieg betrieben hatte. Was man ihm immer noch ansehen konnte, es hatte mit seiner äußeren Erscheinung zu tun, allerdings noch viel mehr mit einer seiner Stärken, die man nur unzureichend als *Stilbewusstsein* hätte bezeichnen können, denn es handelte sich um Herrn von Beaulieus Eigenart, in wirklich jeder Lebenslage absolut präzise und bis ins kleinste Detail zu wissen, was er wollte und was nicht. Es war diese Widersprüchlichkeit, die ihn ausmachte, dass er so viel Feinsinn besaß und dennoch diese Härte. Einen Charakter wie aus Titan. Menschen wie er würden sich selbst dann, wenn sie komplett ihr Gedächtnis verlieren, niemals ihrer Umgebung anpassen. Eher würden sie ihre Umgebung prägen.

Ein weiteres Accessoire neben seinem Hut, auf das Herr von Beaulieu besonderen Wert legte, war seine Lesebrille, deren Besonderheit sich in einer sich jeder Mode widersetzenden Sperrigkeit ausdrückte sowie in der Form ihrer Gläser, die einfache Kreise beschrieben (niemals hätte sich Herr von Beaulieu für elliptische Formen entschieden). In der Regel trug er sie in der Zeit nach der Mittagsruhe, wenn sich die Patienten am großen Tisch im Gemeinschaftsraum aufhielten. Wo er stets eine ungewöhnlich helle Aktentasche vor sich liegen hatte, aus echtem, besonders weichem Naturleder, ein seltenes Stück. Einmal offenbarte sich mir die unfreiwillige Komik einer Szene, bei der Herr von Beaulieu die Tasche öffnete und ihr die leicht zerfledderte Ausgabe einer Boulevardzeitschrift der billigsten Sorte entnahm, der er sich hingab mit einer Aufmerksamkeit, die das Blatt kaum verdiente. Es gab nur eine Erklärung für diesen Vorgang, nämlich dass er nicht mehr verstehen konnte, was er las. Die Krankheit hatte ihm weitgehend den Verstand geraubt, aber dem schönen, Herrn von Beaulieu in Fleisch und Blut übergegangenen Ritual des andächtigen Lesens konnte sie nichts anhaben.

Wahrscheinlich war es das, was wir alle an Herrn von Beaulieu liebten, dass er ein Pflegeheim so erscheinen lassen konnte, als wäre er die Lobby im Waldorf Astoria. Dass er ein bisschen wie die Herren war, die Loriot in seinen Sketchen verkörperte, die ihre liebenswürdige Komik aus jener aristokratischen Haltung heraus entwickeln, mit der sie in den erbärmlichsten Situationen ihre Würde zu bewahren versuchen.

Ich hatte das Vergnügen, Herrn von Beaulieu beizuwohnen, als man ihm das *Abendbrot* verabreichte. *Abendbrot* im wörtlichen Sinn, denn es gab jeden Nachmittag immer dieselben Vollkornschnitten, nicht besonders appetitlich mit Käse und Wurst belegt, in mundgerechte Portionen geschnitten. Wenn ich mich recht erinnere, war Herr von Beaulieu der Einzige, der die Mahlzeit mit Messer und Gabel verzehrte. Er hatte sich gerade ein Stück gekochten Schinken in den Mund geschoben, als ich ihn fragte, wie es denn schmecken würde. Worauf er kurz innehielt, den Kopf zur Seite legte und schließlich anerkennend nickend, als würde er über ein Weihnachtsmenü im Pariser La Coupole sprechen, zu Protokoll gab, das *Kalb*, wie er sich ausdrückte, sei leider etwas kalt geworden, aber der Käse sei durchaus zu empfehlen.

Ich begleitete ihn dann noch ein Stück auf dem Weg zu seinem Zimmer. Wenige Meter davor ließ ich ihn allein, sah ihm noch nach, wie er sich auf die Tür zubewegte, die so weit offen stand, dass man ein Stück des Vorraums erkennen konnte, in dem die Putzfrau einen blauen Müllsack deponiert hatte. Herr von Beaulieu drehte sich noch einmal um und rief zu mir: „Sagen Sie bitte den Herrschaften, ich bin in meinem Büro."

Irgendwann war er aus dem Heim verschwunden. Wie man hörte, hatte er Aufnahme im Haus seiner Tochter gefunden. Er war mir damals ans Herz gewachsen, wie ein echter Freund. So wie jemand eben, den man liebt, weil er, Herr von Beaulieu, viel mehr geschafft hat, als das letzte Eis zwischen sich und einem selbst zu brechen. Weil er einem die Furcht vor einer fremden, unheimlichen Welt genommen hat.

Was am Ende blieb, war der elegante Schwung, den Herr von Beaulieu in die Station gebracht hatte. Was ich mir vielleicht aber auch nur einbildete. Jedenfalls absolvierte ich meine Besuche bei Käthe mit zunehmender Leichtigkeit. Bis mir das Heim so vertraut erschien, dass es Eingang in den Bereich meiner ständigen Gedanken fand.

Anders kann ich es mir nicht erklären, dass ich mich spontan, als ich, unterwegs mit Christine in einem Supermarkt, einen Einkaufswagen vor mir herschiebend, zu folgender Albernheit habe hinreißen lassen: Ich blieb stehen und setzte meinen Gang mit drastisch reduziertem Tempo fort, während ich mich in ein zombieartiges Wesen verwandelt zu haben schien, das sich mit leblosem Blick und steifen Bewegungen gegen den Wagen stemmte, als wäre er zentnerschwer beladen.

Zunächst war Christine kühl entschlossen, mich zu ignorieren. Dann spürte ich ihre Hand auf meiner Schulter. Was das denn bitte darstellen soll?, fragte sie.

„Das sind wir", sagte ich. „In dreißig Jahren."

„Und wo bin ich?", sagte Christine.

Ich deutete auf den Einkaufswagen. „Du sitzt im Rollstuhl."

Es schien für Christine keine Rolle zu spielen, dass wir mittlerweile, zwischen Chips und Gummischlangen, in einem Gang gelandet waren, in dem sich die Leute drängten und jeder alles hören konnte. Christines Stimme war gedämpft, aber jeder spürte ihre Erregung. Ich bemerkte, wie man sie beobachtete.

Was das denn sein soll?, fauchte sie. Sich so was auszudenken. Und überhaupt, wie ich darauf kommen würde, dass *sie* im Rollstuhl sitze. Könnte doch auch sein, dass *ich* im Rollstuhl sitze. Oder tot sei. Während sie noch lebe. Als ob das Altern ein Prozess sei, der bei allen gleich ablaufen würde! Ha! Was für eine Vorstellung! Wo man doch heute wisse, dass jeder anders altere. Und in anderen Phasen. Der eine werde Mitte siebzig. Und werde krank. Und sterbe. Der andere werde neunundachtzig. Und fühle sich immer noch wie fünfundsechzig.

Ich denke, wir haben dann sehr lange Zeit nicht mehr über diese Dinge geredet. So war das eben in der ersten Zeit, in der Herr von Beaulieu nicht mehr da war. Und Christine und ich bemerkten, wie sehr wir ihn vermissten.

21

Das Anti-Anti-Ager-Woodstock

Die letzten Tage im August. Christine und ich auf dem Motorrad. Wie im Halbschlaf und doch hellwach glitten wir über die Fahrbahn, betört von der lärmenden Stille des Fahrtwindrauschens und der Monotonie des Motorsurrens, immer der Küste entgegen und dem letzten Rest des Sommers, den es nicht gegeben hatte, in diesem Jahr, in unserer verregneten Stadt. Für Christine war Grömitz ein Heilversprechen. Ein Synonym für ihre Sehnsucht nach kontinuierlicher Wärme einerseits und andererseits nach Distanz und Unbehelligtheit nach den zermürbenden Leiden an der Fremdbestimmtheit, die ihr das Überleben in dem neuen, anstrengenden Bürojob abverlangt hatte, den sie vor einigen Wochen, wieder bei einem Zeitschriftenverlag, angetreten hatte.

Für mich war Grömitz ein Abenteuer. Ein Ort der Gefahr. Ich war zuletzt mit einer Frau ans Meer gefahren, es waren die Tage eines eisigen Aprils, da sollte der schwächliche, von Kälte bedrohte Setzling unserer jungen Beziehung im warmen Schatten der Kakteen gedeihen. Aber dann entfachte die Sonne Mallorcas ein höllisches Inferno, das unsere Liebe zerstörte. Und viel schlimmer als der Bruch waren die zermürbenden Tage gewesen, bis es endlich so weit kam. Die Unentrinnbarkeit in der Abgeschiedenheit unserer Ferien-Finca.

Orte wie Grömitz waren mir bisher fremd gewesen. Auch wenn ich beträchtliche Teile meiner Kindheit auf vergleichbarem Terrain verbracht hatte, in den Bergen, nicht weit von Garmisch-Partenkirchen. Wir hausten in der Hütte, die mein Urgroßvater errichtet hatte. Umgeben von einem nahe gelegenen Alpengasthof, zwei Badeseen, Wanderwegen, dem eindrucksvollen Panorama des Karwendelgebirges und einer Touristenschar in Kniebundhosen und roten Strümpfen, die wir Kinder hassten, weil sie mit uns, die sie für Einheimische hielten, fraternisieren wollten, auf ihre unbeholfene, nassforsche Art. Wir selbst dagegen fühlten uns nie als Feriengäste, aber für die Menschen, die tatsächlich aus der Umgebung stammten, blieben wir immer die Münchner. Die Leute aus der Stadt.

Im Winter waren wir gelegentlich ausgebrochen, über die Grenze, nach Österreich, zu den Schul-Skilagern nach Seefeld, Schladming, Ischgl, Kössen oder Zell am See. Damals waren Wintersportorte dampfend heiße, zischende Oasen in der eisigen Kälte der winterlichen Bergregionen. Es waren Orte des Grauens, allein aufgrund dessen, wie sie sich selbst verleugneten und sich dem Tourismus anbiederten, mit ihrem penetranten Geschnörkel und den hässlichen Lüftlmalereien, aber viel mehr noch, weil ihre eigentliche Bestimmung, die körperliche Ertüchtigung, der Sport, die Erholung und Gesundung an der frischen Luft, eine Lüge war. In Wahrheit ging es um das nächtliche dionysische Treiben, weshalb man den ganzen Wahnsinn kaum ertragen konnte, diese Heuchelei, dieses Hansi-Hinterseerische Unschuldsweiß der schneebedeckten Berge und der Skioveralls, und die Abgründe auf der anderen Seite, auf der dunklen, seelenlosen Seite, der Nepp, der Suff, die sexuellen Übergriffe, der allgegenwärtige Geruch nach gepanschtem Jagertee.

Was für ein Gegensatz zu Grömitz, dieses sich mir geordnet, mit restriktiven Tendenzen behaftet darstellende Paradies, das sich jeglichen Dreck verbot, jeglichen Wildwuchs, jegliche noch so geringe Ausschweifung. Der gesamte Ort bestand fast nur aus Ferienhäusern und Ferienappartements, die sich wie Theaterlogen gegen den Strand ausrichteten, gegen die sich endlos hinziehende Uferpromenade, entlang sich reihender Kioske und Souvenir-Shops, Eisbuden, Cafés und Restaurants. Wo sich das Leben konzentrierte, tagsüber, am Abend wurde es merklich ruhiger. Die meisten Feriengäste verließen die Strände am späten Nachmittag, und dann bildeten sich Autoschlangen vor dem Parkplatz eines gigantischen Aldi-Markts. In Grömitz sollte alles so sein wie zu Hause, nur ein wenig entspannter. Die Gäste, wie uns die Frau von der Ferienwohnungsagentur sagte, legten besonderen Wert auf große Kühlschränke und HD-Bildschirme mit Satellitenanschluss.

Zumal die Ortschaft ohnehin verblasste, sobald die Sonne weg war. Was blieb, war der Eindruck von Leblosigkeit, so, als wäre man miniaturisiert und verpflanzt in die weltverniedlichende Atmosphäre einer Märklin-Siedlung. Hier gab es keine sich selbst überlassenen, gelangweilten Teenager. Keine reichen Schnösel. Keine Jetski-Fahrer. Keine im Sand aufgereihten Bastsonnenschirme. Keine Strandbars. Keine im Gekreische Volleyball spielender Kinder untergehenden Reggae-Beats. Keine herumlungernden Casanova-Typen, die sich nach hübschen Mädchen umsehen.

Es gab alte Menschen. Rollstuhlrampen. Blumenbeete, die wie Teppichmuster aussahen. Schwimmbäder, die das Meerwasser temperierten. Und eine unsichtbare Substanz in der Luft, die das Gefühl verbreitete, sich ohne Kurtaxe-Quittung angetroffen wie ein Krimineller zu fühlen und ohne T-Shirt in der Kiosk-Schlange wie ein Exhibitionist.

Christine und ich fanden Quartier in einem der unauffälligeren Appartementhäuser in der unmittelbaren Nähe des Strands.

Die Wohnung hatte sich den funktionalen Charme der fünfziger Jahre bewahrt, obwohl man sie wenig glücklich eingerichtet hatte, nach dem Vorbild einer in die Jahre gekommenen Zahnarztpraxis. Wir begegneten marineblauen Teppichböden, zart gehauchten Meerblick-Aquarellen, Delfter Fliesen und spülmaschinenfesten Frühstücksbrettern mit Leuchtturm-Motiven. Und fühlten uns dennoch wohl. Was mich, offen gestanden, etwas beunruhigte.

Ich erinnerte mich an frühere Reisen, die ich mit Freundinnen unternommen hatte. Während denen wir in Pensionen abgestiegen waren, die an Spießigkeit kaum zu übertreffen waren. Womit wir aber keinerlei Probleme hatten, im Gegenteil, wir fanden das eher lustig und erfreuten uns an der Ironie, dass wir jung waren, dass wir irre rauchend und mit Schuhen auf der Matratze fläzten und Whisky aus der Flasche tranken und uns ruchlosen sexuellen Handlungen hingaben, wo nach uns, wie wir annahmen, alte, brave Eheleute mit aufgeklappten Illustrierten vor laufendem Fernseher die Ziehung der Lottozahlen über die Ränder ihrer Lesebrillen hinweg verfolgen würden.

Und jetzt beobachtete ich Christine im Schlafzimmer, die helle, bequeme Sachen trug, seit wir in Grömitz waren. Sie stellte kleine Mineralwasserflaschen auf die Nachtkästen und räumte unsere Sachen aus den Motorradkisten in die Schränke, und plötzlich war er da, der Gedanke, der mich noch eine Weile beschäftigen würde, die Frage, ob sie noch existierte, die Distanz zwischen mir und dieser Wohnung, dieser Ortschaft, oder ob Grömitz mittlerweile spiegelte, was ich, Christine, wir beide also, geworden und wo wir hingekommen waren. Konnten wir an diesem Ort noch den Status von Fremdkörpern behaupten, oder würden wir bereits nicht mehr auffallen, inmitten der Trecks all der in Jack-Wolfskin-Jacken Uniformierten auf dem

Weg zum Strand, die wir jeden Vormittag durch unser Schlafzimmerfenster beobachten konnten?

Wir lebten uns ein, verbrachten unsere Nachmittage am Meer. Allmählich begann ich an Grömitz den Stolz einer strengen Urlauberbastion zu schätzen, die sich vor jeglicher Ballermann-Anwandlung bewahrte. Wobei die Strandkörbe, die ich für mich entdeckte, einen beträchtlichen Anteil zu meiner Freude beitrugen. Sie taten Christines und meinem Bedürfnis nach Abkapselung Genüge, ohne dass wir uns abgeschnitten fühlten von den Elementen der Natur. Manchmal lagen wir mehrere Stunden nebeneinander, uns gegenseitig in den Armen haltend, ohne den Korb nur ein einziges Mal zu verlassen. Wir genossen das Licht, die Wärme, den Wind und die Aufmerksamkeit der Möwen, die uns liebten, seit sie wussten, dass wir Salzbrezeln in unserer Tasche hatten. Wir genossen, dass der Laden, bei dem wir eiskaltes Alsterwasser in blauen Plopp-Verschluss-Flaschen kauften, nur wenige Schritte von uns entfernt war, direkt an einem der Hauptknotenpunkte der Promenade. Und dass wir von dem ganzen Trubel, der dort herrschte, nichts mitbekamen.

Wir verließen den Strand, sobald die Sonne ihre Kraft verlor. Und kehrten manchmal wieder nach dem Abendessen. Dann verhielten wir uns, als wären wir ausgebüxte Kinder. Wir begaben uns zu den Strandkorb-Arealen, versteckten uns vor dem Mondlicht im Schatten der Körbe und rauchten Joints, während wir uns an dem Gedanken erfreuten, dass das, was wir taten, nicht erlaubt zu sein schien.

Einmal hatten wir Lust, uns auf der Promenade herumzutreiben, wo wir vereinzelte Paare antrafen, mit lose über den Schultern verknoteten Pullovern. Wir passierten einen Kursaal mit durchgehenden Fenstern, der sein Publikum im grellen Licht der Deckenbeleuchtung wie Zootiere exponierte. Man sah viel weißes Haar, vermutlich der abendliche Höhepunkt einer Ausflugsfahrt. Auf den Tischen schmale Pils-Kelche und abenteuerlich geformte Weißwein-Karaffen. Ganz leise hörte man die sperrigen Gesänge einer kleinen, resoluten Frau, die sich ganz allein auf der gigantischen Bühne verlor, man konnte sie kaum erkennen hinter der sperrigen Ziehharmonika, mit der sie sich selbst begleitete.

Nur wenige Schritte weiter hatten sich Schaulustige vor den weit geöffneten Pforten eines verwaisten Tanzlokals angesammelt. Von der Promenade hatte man Sicht auf die komplette, weitgehend leere Tanzfläche. Das Geschehen beherrschten die Musiker einer polnischen Kapelle, die im Wechsel die Hits von Wolfgang Petry und Michael Wendler brachten, sie hatten Schwierigkeiten mit den deutschen Texten, dafür spielten sie die Titel weniger mechanisch als die Originale, mit mehr Swing und Energie, an manchen Stellen klangen sie wie Van Halen in ihren besten Zeiten, was die Trostlosigkeit der Veranstaltung noch drastischer zur Geltung brachte.

Christine und ich hatten uns darauf verständigt, dass wir weiterschlendern würden, als wir, in letzter Sekunde, die Attraktion entdeckten, wegen der die Leute auf der Promenade stehen geblieben waren. Unter die vereinzelten, müde und stoisch im Takt vor sich hin wackelnden, älteren Frauen hatte sich ein deutlich jüngeres Tanzpaar gemischt, das, kaum zu übersehen, die Aufmerksamkeit der Umstehenden genoss. Der Mann war ein großer kräftiger Kerl mit Schnauzbart, eigentlich attraktiv, Typ Tom Selleck alias Magnum, aber das war auch irgendwie sein Makel, dass er aussah wie ein in den Achtzigern stecken gebliebener Friseur. Die Frau war eher klein und zierlich. Sie trug einen leicht verfilzten weißen Rollkragenpulli und hatte Spangen in ihrem glatten Haar.

Die beiden waren wirklich gut, sie hatten die höhere Schule des Gesellschaftstanzes genossen, das sah man schon an der Spannung ihrer Körper. Man sah es daran, wie sie sich bewegten, an den komplizierten Schrittfolgen, den Figuren und Pirouetten, die sie beherrschten, mit denen sie, die sie Umgebenden in den Schatten drängend, wie eine rauschende Woge, die ständig ihre Gestalt verändert, über die gesamte Tanzfläche fegten.

Doch sie waren nicht mitreißend. Jedenfalls nicht in der Weise, in der man sich manchmal mitgerissen fühlt, von Tänzern, die nie von sich behaupten würden, sie könnten tanzen. Aber ihren Gefühlen können sie Ausdruck verleihen. Die aufflammende Leidenschaft zweier sich zugetaner Bürokollegen während einer Weihnachtsfeier etwa, wenn sie sich endlich näher kommen, oder das Glück eines stolzen Vaters, wenn er zum ersten Mal seine gerade erwachsen gewordene Tochter in den Armen hält. Von alledem war auf der Tanzfläche nichts zu spüren. Nur die Eitelkeit zweier vom Ehrgeiz getriebener Selbstdarsteller, die sich letztendlich nur um die eigene Achse drehten. Und sich keine Pause gönnten, bis die Band den finalen Höhepunkt ihres Andrea-Berg-Sets erreichte. *Die Gefühle haben Schweigepflicht.*

Christine hatte sich ein Stück nach vorne gewagt, sie stand jetzt beinahe auf der Schwelle der Eingangstür und schien sich zu amüsieren. Sie kasperte herum wie eine Zwölfjährige, machte sich lustig über die Figuren der Tänzer. Hin und wieder warf sie mir auffordernde Blicke zu. Die ich nicht erwiderte. Ich hatte keine Lust. Mich hatte ein lähmendes Unwohlsein überkommen. Ein Schwindel. Ein Gefühl, als würde ich auf einer Klippe stehen, und unter mir die Tiefe. Und Felsen, die wie Messerklingen in die Höhe ragen. Es war dieses plötzliche, nur für den Bruchteil einer

Sekunde aufblitzende Grauen, in dieser Situation, in der die Lebhaftigkeit der Tänzer ihre Glaubwürdigkeit verlor, als wäre sie nur eine über die innere Leblosigkeit gestülpte Verblendung. In diesem Moment erschien mir Grömitz fremder denn je. Wie ein gigantisches Senioren-Disneyland.

Ich fragte mich, ob es am Ende meines Lebens nur noch Orte wie diesen geben würde. Orte, an denen das Leben nur noch als Illusion existiert. Orte, an denen man schon tot sein würde, bevor man gestorben ist. Ich sah noch einmal zu Christine hinüber, die nicht aufhören wollte, mit der Gefahr zu spielen. Ein einziger Schritt, und wir würden Teil dieses Geschehens sein. Gott, wie ich sie dafür hasste. Gott, wie ich sie dafür liebte.

Als ich noch in München lebte, hatte ich Kontakt zu einem Pärchen, Susa und Bernd, sie hatten eine Besonderheit insofern, als sie älter als die Leute waren, mit denen sie sich trafen, deutlich älter. Und dass sie ziemlich viel darauf verwendeten, dies zu überspielen, von kosmetischen Tricks abgesehen, so was fanden sie ordinär. Es gab eine Zeit, da begegnete ich ihnen auf jeder noch so absurd situiert stattfindenden Flüster-Vernissage, gleich einer Flüster-Party, auf jedem noch so bemüht dem Mainstream entgegenwirkenden Underground-Konzert. Sie hatten sich modisch auf ultraweit geschnittene Ballonseide-Hosen im Camouflage-Look kapriziert, auf argentinische, in spärlichen Stückzahlen produzierte, ausschließlich über eine Weinhandlung in Berlin-Mitte zu beziehende Vintage-Sneakers und körperbetonende Hochglanz-Lederjacken, die sie auch deshalb trugen, weil sie mit Ende vierzig immer noch die Körper von Anfang-Dreißigjährigen hatten und sich das durchaus leisten konnten.

Ich weiß nicht mehr genau, was passiert war, warum unsere Freundschaft, die sich anzubahnen schien, weil wir uns einfach sympathisch fanden, nicht zustandekam. Ich weiß nur noch, dass die beiden mich irgendwann anzuöden begannen, ich denke, zu einem Zeitpunkt, an dem die jungen Kreativen das Interesse an der Techno-Kultur verloren und Susa und Bernd, die gerade erst auf die Electro-Welle aufgesprungen waren, sich ständig über die Szene beschwerten, in der alles so spießig geworden sei, alles nur noch Werber, Banker und dergleichen. Und sich herausstellte, dass Susa und Bernd nicht die jung gebliebenen, neugierigen, für alles offenen Paradiesvögel waren, für die sie sich selbst und andere sie gehalten hatten, sondern zwei alt gewordene Hipster-Teenies, die darüber verbitterten, dass man sie nicht mehr über jede Party informierte.

Christine versuchte immer noch, mich zu animieren. Sie war dazu übergegangen, ihre Hüften zu schwenken. Vielleicht einen Tick zu ausladend für jemanden in ihrem Alter. Sie spielte mit ihrer Undurchschaubarkeit. Mit der Möglichkeit, dass ihr Sarkasmus in echte, ungetrübte Freude übergegangen sein könnte.

Und dann stellte ich mir vor, wie alt und erbärmlich sie wohl für mich wäre, würde sie, durchnässt und übersät mit Schlammspritzern, unweit einer lärmenden Festivalbühne in der endlosen Warteschlange einer stinkenden Dixie-Kabine stehen und das letzte schale Bier aus einem eingedrückten Plastikbecher kippen. Und wie jung sie mir erschien, eben gerade in diesem Moment. So jung, wie man mit über sechzig eben nur sein kann, wenn man der ewigen Jugend abschwört und dem Alter entgegenschreitet. Mit ebendiesem Humor, von dem Christine so viel besaß, dass sie Jahrhunderte überleben konnte.

Tief in ihrer Seele hatte sie nie aufgehört, das unbeugsame Riot Girl zu sein, das in den Sechzigern gegen die Alten aufbegehrt hatte, gegen ihre Starrköpfigkeit und ihr autoritäres Gehabe. Sie hatte mit den Jahren gelernt, diesen Alten zu verzeihen, weil sie sie anders kennenlernte, an der Seite ihrer hilflosen Mutter. Aber jetzt rebellierte sie wieder. Gegen die neuen, nicht alt werden könnenden Alten und ihren Jugendwahn und ihre Fitness-Diktatur und ihren brutalen Kampf gegen die eigene Sterblichkeit. Grömitz war für Christine der Ort eines kleinen, leisen Aufruhrs. Grömitz war ihr spätes Woodstock.

Und ich war der kleine Junge, von dem mir Christine erzählt hatte, mit dem sie als Kind auf dem Dachboden einer Scheune gespielt habe. Einmal, sagte sie, habe sie den Jungen, mit der Absicht, mit ihm gemeinsam ins Heu zu springen, bei der Hand genommen. Da habe er sich losgerissen und sich ängstlich an einen Balken geklammert.

Sie sei dann allein gesprungen.

22

Abschied

Die Songs waren schon immer das gewesen, was mir Auskunft gab über mein Leben, viel mehr als die Fotografien der Alben in meinem Bücherschrank. Sie waren die Seismografen meiner Seele. Anfang der Achtziger, da war ich sechzehn, siebzehn, die ersten Aufzeichnungen. Dürftige Ausschläge. Ich hatte keine richtigen Songs. Ich hatte Kompositionen. Simple Akkordfolgen. Gesangslinien. Und: keine Texte. Klar, keine Texte. Keine Stimme, keine Texte. Kein Leben, keine Texte. Keine Erfahrung, keine Texte. Keine Mädchen, keine Geschichten, keine Texte.

Also bat ich andere, die Texte zu schreiben. Bat wieder andere, die Songs zu singen, von denen ich dachte, sie hätten Stimmen, sie hätten Mädchen. Am Ende waren es irgendwelche Songs. Weder deren Songs noch meine. Songs ohne Eigenschaften. Songs, die keinen interessierten. Mich auch nicht mehr.

Und schließlich, nachdem ich in den Neunzigern für einige Zeit in Paris gelebt hatte und wieder nach Deutschland zurückgekehrt war, der endgültige Absprung von München. Hamburg und der neue Job. Endlich Hamburg. Und dann Sommer. Mein erster Sommer in der Stadt. Mia. Ein Traum. Alles so schön weiß an ihr. Ihre Haut. Ihre Zähne. Und ihre Seele so zart. Schon ein bisschen kaputt, aber gerade deshalb: umso bezaubernder.

Unsere erste Begegnung unter Abgestürzten. Schanze. Rote Flora. Das übliche Terrain.

Mia spielte den ganzen Abend mit dem Strohhalm in ihrer Cola-Flasche, sie redete ohne Pause, als ob sie fürchten müsse, mein Interesse zu verlieren. Ich hatte meine Wahrnehmung auf ihr rotes, im Gegenlicht der Abendsonne schimmerndes Haar fokussiert. Hörte ihr kaum zu. Bis sie Salzburg erwähnte. Und ich, blöd: „Ja, was macht denn ein Mädchen aus Hamburg in Salzburg außer Urlaub?"

„Studieren. Gesang."

Und ich, immer noch blöd: „Bringst du's mir bei?"

„Was denn?"

„Singen."

„Wann?"

„Jetzt gleich."

Wir verabredeten uns in Altona, in einer der letzten sich selbst überlassenen Gegenden des Stadtteils, in der die Kids Kapuzen trugen und die Abgefucktheit der Straßen so penetrant erschien, dass man glauben mochte, sie stehe unter Denkmalschutz. Ich traf Mia in einem düsteren Hinterhof, von dort gelangten wir in einen alten Bunker, in dem sie stundenweise Übungsräume vermieteten. Schlichte, kahle Räume mit nichts drin außer einem Stuhl und einem Klavier.

Der Bunker wurde zu meinem Kloster. Und Mia zu meiner Schamanin. Vielleicht war es anfangs nur ihre Nähe gewesen, die mich lockte. Ihr Duft. Ihre Berührungen. Der besondere Reiz des Sexuellen in einer nicht-sexuellen Situation. Am Ende war es Mia, die mir meine Stimme schenkte. Die meine Seele zum Explodieren brachte wie einen stillgelegten, verstaubten Motor. Der ich dieses Erlebnis verdankte. Dieses Überwältigtsein vom Klang der eigenen Stimme.

Von da an geschahen die Dinge einfach. Mit der Stimme kamen die Texte. Und die Gitarren. Und die Tasten. Und die

Mikrofone. Mit der Stimme kamen die Songs. Songs über die Liebe, über das Leben, über den Tod. Songs, von denen man glaubt, es gebe bereits genug davon. Und dennoch wurden sie immer noch geschrieben. Mussten immer noch geschrieben werden. Weil jede Liebe anders ist, jeder Kuss, jeder Abschied, jeder noch so kleine Moment des Lebens.

Es hatte lange gedauert, bis ich das begriffen habe. Ich war so arm als Teenager. Arm an Empfindungen. Im Grund kannte ich nur dieses eine Gefühl. Ein Gefühl, das ausgelöst werden konnte durch ein Nichts. Ein Lächeln. Einen bloßen Gedanken. Dieses Gefühl in Dur, das klingt wie der Radiosound der Sechziger, wie die Beatles, wie die Beach Boys. Dieses wundervolle, frische, die Gegenwart verachtende, nach vorne treibende Wirtschaftswunder-Popmusik-Gefühl, das sagt: Vergiss, was grade läuft, das Beste kommt noch. *Here comes the sun.*

Mittlerweile hatte ich dieses Gefühl verloren. Ich hatte es im Lauf der Jahre eingetauscht gegen hundert neue Gefühle, darunter ein ziemlich aktuelles, das ich schätzte wie kein einziges zuvor. Eine besondere, exklusive, allein Christine betreffende Melancholie, die mich gelegentlich überkam, sobald ich an sie dachte.

Ich hatte schon einmal versucht, dieses Gefühl auszudrücken, in einem Song mit dem Titel: „Ich kann es mir nicht leisten, dich nicht zu lieben". Eigentlich hatte ich erzählen wollen, wie mich Christine dazu brachte, vor dem Single-Leben zu resignieren. Aber dann hatte sich der Text verselbständigt. Und es wurde ein Song über die mir bisher durch kaum jemanden wie Christine bewusst gewordene Ambivalenz der Liebe. Das Glück, das man erfährt, auf der einen Seite. Und diese ungeheuerliche Angst auf der anderen, dass man alles verlieren könnte. Das zerbrechliche Glück einer reifen Liebe, das all die Frauen, die ältere Männer lieben, wie selbstverständlich in Kauf zu nehmen scheinen, Gott weiß, warum.

Und dann der zweite Song, in dem sich die herbstliche Stimmung der letzten, immer kürzer werdenden Tage niederschlug. In denen die Erinnerung an die Dämonen des vorangegangenen Winters, die Angstzustände, wiederkehrte und den Gedanken aufbrachte, die Liebe zu zelebrieren wie einen letzten, bereits etwas frösteligen Oktober-Nachmittag auf dem Balkon, der den frühen Abend nicht mehr überlebt.

Still wie wir

Die dunkle Woge am Horizont kommt immer näher, und das ist nicht so gut
Du trägst noch immer dieses Sommerkleid, wahrscheinlich ist es damit demnächst vorbei
Hey, lass uns morgen so tun, als ob es gestern wär
Hey, lass uns noch ein letztes Mal zum Weiher gehen
Dort gibt es das Limoneneis, das du so gern magst.
Dort schweigen wir die Fische an, denn die sind still wie wir

Der Regen wird immer leiser, und morgen liegt auf unseren Dächern Schnee
Die letzte Fliege hab ich gestern gesehen, da lag sie tot vorm Fenster auf dem Sims
Lass uns in Ferien vorm Älterwerden gehen
Lass doch die anderen Uhren auf Winterzeit umstellen
Wir klauen uns etwas Tageslicht und gehen ein Stück spazieren
Dann schweigen wir die Fische an, denn die sind still wie wir

Ich sang diese Zeilen einmal, zweimal, dreimal, währenddessen trieb sich der Tod auf den Straßen unserer Stadt herum und erschreckte die Leute. Bis ich mich ernsthaft fragte, was ich angerichtet hatte. Hatte ich wirklich nur einen Song geschrieben? Eine Stimmung beschrieben? Oder mehr, eine Ahnung? Oder schlimmer: Hatte ich heraufbeschworen, was da gerade auf uns zukam?

Die Hiobsbotschaft, die Christine und mich unsanft aus der Lethargie eines halb vergammelten Sonntagnachmittags riss, verbarg sich in ihrem E-Mail-Account, tückisch hinter harmlosem Betreff: „Liebe Grüße aus Barmbek“. Die Nachricht: eine einzige Zeile. Ein gellender Aufschrei. „Scheiße, scheiße, der Krebs ist wieder da.“

Birgit war eine alte Freundin von Christine. Vielleicht keine besonders enge Freundin. Eher das, was man Sandkastenfreundin nennt. Eine symbiotische Freundin. Birgit und Christine. Gleiches Alter, fast. Beide in Göttingen aufgewachsen. In derselben Straße. Gleicher Spielplatz. Gleiche Schule. Ihre Mütter waren befreundet. Für Christine, das Einzelkind, war Birgit die Schwester, die sie niemals hatte.

Ich befand mich in unmittelbarer Nähe, den Blick auf den Monitor des Laptops gerichtet, als Christine die E-Mail öffnete. Ich erschrak mich erst an der Nachricht selbst, dann an der befremdlichen Art, mit der Christine sie zur Kenntnis nahm. Völlig kommentarlos. Sie sah mich nur an. Zog die Augenbrauen nach oben. Dann verließ sie das Zimmer. Ließ mich allein mit meiner Verwirrtheit. Mit meinen Fragen.

Und es wurde ruhig im Haus. Beunruhigend ruhig. Ich begann mir Sorgen zu machen. Sah nach Christine, fand sie aber nicht. Konnte sie auch gar nicht finden, solange sie sich versteckt hielt. Solange sie draußen, im Garten, im Geräteschuppen wie ein frisch verknallter Teenager auf dem Boden hockte und telefonierte. Mit Birgit.

Christine überraschte mich in der Küche, während ich Teewasser aufsetzte. Vollkommen kraftlos, so, als könne sie sich kaum noch auf den Beinen halten, schlurfte sie gebeugt in den Raum, bis sie den Tisch erreichte. Wo sie Halt fand. Und verharrte. Bewegungslos wie ihr stoischer, auf den Boden gerichteter Blick. Nach einer Weile sah sie mich an. Sagte: „Ohne Chemo hat sie nur noch drei Monate. Drei verschissene Monate." Dann der Zusammenbruch. Endlich. Christine verlor jegliche Haltung, innerlich und äußerlich. Mit den Tränen flossen die Hemmungen. Pure Verzweiflung. Schmerz.

Ich spürte, wie sich der Schmerz auf mich übertrug. Mich erschütterte wie die Schwingungen einer wummernden Lautsprecherbox. Ich dachte an meinen Song. Langsam verstand ich, was er bedeutete. Langsam verstand ich, was die Melancholie bedeutete. Langsam verstand ich, was es bedeutete, einen älteren Menschen zu lieben. Dem Alter näherzurücken. Dem Tod näherzurücken. Ein Gefühl wie kurz vor dem Ende eines rauschenden Fests im Dezember. Wenn der Schweißgeruch und der Zigarettenrauch unerträglich werden. Und die Fenster geöffnet werden. Und eisige Windstöße wie winzige Dolchhiebe die Gemütlichkeit stören. Und man weiß, dass man bald wieder raus muss, in die Kälte.

Angeblich wollte Birgit vorbeikommen, weil Christine ihr ein Buch schenken wollte. Oder Birgit Christine? Ich hatte nicht richtig zugehört. Interessierte mich auch nicht, denn Christine und ich, wir beide wussten: Es ging nicht um Bücher. Es ging um Abschied. Eine Trauerfeier, für die wir Vorbereitungen trafen. Eine ziemlich makabre, weil vorgezogene Trauerfeier mit der Besonderheit der Anwesenheit der noch lebenden Verstorbenen.

Christine kontrollierte die Spannung des Tischtuchs über dem großen Tisch im Esszimmer, während ich silberne Gabeln und Messer aus der Kommode fischte. Gerade hatte sie zwei wuchtige Kerzenleuchter aus dem Keller geholt, von denen ich bisher nicht gewusst hatte, dass sie überhaupt existierten. In der Küche warteten sechs kleine Geranientöpfe und zwei Tulpenvasen darauf, ins Esszimmer getragen zu werden.

Christine sagte: „Ich weiß nicht, ob das reicht mit den Blumen."

Und ich sarkastisch: „Was soll das werden, ein Esszimmer, eine Aussegnungshalle?"

Christine fand das nicht witzig.

Ich wusste nicht besonders viel über Birgit. Ich kannte dieses eine Bild von ihr, es zeigte sie mit ihrem Ehemann und ihren beiden erwachsenen Töchtern. Die Aufnahme erinnerte an die gestellt wirkenden Familienporträts, die sich Fotogeschäfte zu Werbezwecken ins Schaufenster hängen.

Die leibhaftige Birgit, die ich kennenlernte, wirkte, kaum vorstellbar, noch weniger lebendig als auf dem Foto, alles an ihr war so starr, so maskenhaft, so kontrolliert. Sie sagte: „Haste schon gehört, Frau Gläser ist gestorben. Neunzig ist sie geworden. Was meinste, Tinchen, wie alt wir mal werden?"

Birgits Mann, Thorsten, sekundierte mit unglaubwürdigem Lächeln. Er sagte: „Jetzt müssen wir erst die Chemo überstehen." Und dann: „Kennt ihr den, sitzen zwei Frauen beim Onkologen? Sagt die eine: Was ist los, weshalb sind Sie hier? Sagt die andere: Krebs. Und Sie? Sagt die andere: Hummer. Sagt die eine wieder: Wie bitte, was ist das denn? Sagt die andere: Na ja, Krebs, wie bei Ihnen. Aber Hummer klingt besser, oder?"

Thorsten scannte die Reaktionen in der Runde. Keiner lachte. Was ihm nichts auszumachen schien. Aber zur Kenntnis nehmen sollten wir, wie er und Birgit mit der Krankheit umgingen, wie er und Birgit gern hätten, dass der Rest der Welt mit Birgits Krankheit umgehen sollte: immer locker, lustig.

Birgit und er blieben nicht lange, kaum länger als zwei Stunden. Als sie fort waren, fühlten Christine und ich uns erschöpft. Wir ließen die Teller im Esszimmer stehen. Ließen uns im Wohnzimmer auf die Couch sinken, und ich gestand, dass ich Birgit und Thorsten nicht ausstehen könne. Christine gestand, dass sie sie gerade auch nicht ausstehen könne. Wir gestanden uns gegenseitig, dass wir sie nicht ausstehen konnten, weil sie die meiste Zeit geschwiegen hatten. Uns auf Distanz gehalten hatten. Weil sie die ganze Zeit darauf gewartet hatten, dass wir unsere Betroffenheit abwürgten. Dass wir irgendwas sagten. Oder machten. Irgendwas Amüsantes. Irgendwas, was ablenkt. Positive Energie verströmende, Hüften schwenkende, „Chaka" brüllende Animateure sollten wir sein, die Birgit aus der Umklammerung des Todes entführen sollten.

Und dann durchlitt Birgit eine Chemotherapie, die so erfolgreich war, dass ihre Tumore fast komplett verschwanden. Worauf Christine und ich schließlich Wolf, einen hoch geschätzten gemeinsamen Freund und Kollegen aus alten Tagen, zu Grabe trugen. Der so unerwartet und unbemerkt im Schlaf verstarb, dass Freunde später witzelten, er habe seinen eigenen Tod verpennt.

Wolf zu Lebzeiten: eine große, massige, bärtige, charismatische, ziemlich gut aussehende, wenn auch deutliche Spuren von Verlebtheit aufweisende Hemingway-Gestalt mit Neigung zu Depressionen, alkoholischen Exzessen und verbalen Gewaltausbrüchen. Wolfs letzte Party: eine Trauerveranstaltung in jeder Hinsicht. Er hatte fast alles verloren während seines Lebens, Geld, Jobs, Freunde. Vor allem Freunde, am Suff, im Streit. Am Ende, an seinem Grab: ein ziemlich überschaubarer Kreis. Kaum mehr als zwanzig Leute.

Wolfs Familie bat Christine und mich zu einem Umtrunk in der Kneipengegend von Hamburg-Winterhude. Wir trafen uns in einer winzigen Bodega, die berühmt war für die Opulenz ihrer Antipasti aus riesigen Schüsseln und die Samtigkeit ihres Primitivo. Wolfs Lieblingslokal. Er war ein Säufer mit Stil.

Wolfs Witwe, eine kleine, drahtige Frau, schlich wie ein Gespenst zwischen den Stehtischen hin und her, der Schock hatte ihre Mimik auf ein Minimum reduziert. Sie sagte: „Hallo, ich bin Ulla, die Frau von Wolf, schön, dass Sie alle gekommen sind, aber ich gehe jetzt nach Hause und bringe mich um." Irgendjemand schüttete ihr Wein ins Glas, und ich bemerkte Christine, die sich mit sanfter Beharrlichkeit an Ullas Seite gekämpft hatte und nach ihrer Hand fasste und sie nicht mehr losließ, bis Ulla zu weinen begann. Worauf die Gäste ihre Zurückhaltung aufgaben und endlich mit Ulla trauerten, indem sie sich hemmungslos betranken, nicht zuletzt deshalb, weil jeder wusste, dass sich Wolf das so gewünscht hätte.

Christine und ich verließen das Lokal gegen Mitternacht, auf unerwartete Weise gut gelaunt, geradezu beschwingt, mit Zuversicht einer Zukunft entgegengehend, in der die Anlässe der Feierlichkeiten immer trauriger werden würden. Aber die Feierlichkeiten selbst, so wie es aussah, würden immer besser werden.

23

Unsere Liebe ist ein Fest der Ökumene

In den Momenten, in denen mich Christine nicht leiden konnte, in denen sie mich nur noch für ein ungezogenes, Dreck verursachendes, selbstbezogenes Arschloch hielt, stellte ich mir die Frage, was unsere Beziehung aufrechterhielt. Es mussten ungeheure Kräfte sein. Ein besonderer Magnetismus, dessen Beschaffenheit zu ergründen mich reizte, je länger wir zusammen waren.

Immerhin hatte ich eine Idee. Vielmehr ein Bild, das mir an einem neblig-dunklen Novemberabend begegnet war, an dem ich unterwegs, auf dem Weg zu Christine war und mir bereits aus weiter Ferne ihr Haus auffiel, das mir durch seine hell erleuchteten Räume und die im Nebel versunkene Umgebung unwirklich erschien, wie in einem Traum. Ich näherte mich und hörte deutlicher, was Christine im Wohnzimmer aufgelegt hatte, die zarten, engelsgleichen Stimmen von Paul Simon und Art Garfunkel, die „Bridge Over Troubled Water" sangen. Ich blieb eine Weile stehen und geriet ins Schwärmen über den Gedanken, wie gut sich dieses Bild samt Akustik als erste Einstellung eignen würde, sollte man je darauf kommen, Christines Leben zu verfilmen.

Hatte ich erzählt, mit welcher Akribie sich Christine ihren CDs widmete? Dass sie ihre Platten in maßgefertigten Regalen aufbewahrte, mit winzigen integrierten Leuchten an den Seiten der Regalbretter? Und wie viel Zeit sie darauf verwendete, sie in alphabetischer Reihung zu ordnen? Hatte ich erwähnt, dass sie den Verstärker manchmal aufdrehte wie ein aufgekratzter Teenager und dass sie ein fabelhaftes Soundsystem besaß, den Rolls-Royce unter den Soundsystemen, der den Rahmen ihrer finanziellen Verhältnisse heillos sprengte, als sie ihn anschaffte?

Um ehrlich zu sein, hatte ich Leute, die ihre Wohnzimmer mit aufwendigen Musikanlagen bestückten, nie gemocht. Die meisten waren für mich materialistische Lifestyle-Schnösel, die die Kaffeemaschine wichtiger nahmen als den Kaffee und den Plattenspieler wichtiger als die Platte. Bei Christine sah ich es anders, völlig anders, da war es Liebe, Respekt, mehr noch: Frömmigkeit. Im Christine-Kosmos war das Soundsystem die Kathedrale einer inbrünstigen Kunstanbetung, wo jeder abgespielte Titel von Eric Clapton gefeiert wurde wie ein kirchliches Hochamt zur Osterzeit.

Ich beteiligte mich gern an diesen Messen, beobachtete Christine, wenn sie manchmal, was jüngere Menschen vermutlich kaum noch tun, ein komplettes Album durchhörte, hingebungsvoll, umrahmt von brennenden Kerzen auf dem Sofa liegend, während sie gelegentlich an einem Glas Brandy nippte. Allerdings teilte ich nicht immer ihren Musikgeschmack. Was manchmal heikle Folgen hatte. Mittlerweile weniger als in der Vergangenheit.

Was unsere musikkulturellen Differenzen betraf, hatten wir das Problem ziemlich gut in den Griff bekommen, wir hatten uns eingependelt auf die sechziger und siebziger Jahre. Wir vergötterten die Beatles, wir liebten die Stones, wir mochten Johnny Cash und wir ertrugen Neil Young. Was wir vermieden, waren die Achtziger. Die Achtziger waren gefährlich. Vermintes Terrain.

Ich sollte erwähnen, dass die Achtziger ein besonderes Jahrzehnt waren. Eine Phase des radikalen Umbruchs. Der Konterrebellion, in der die Jugend gegen alles und jeden war. Gegen die mittlerweile erwachsen gewordene Jugend der Sechziger in erbitterterer Weise als gegen die Eltern, letztendlich, in ihrer suizidalen Neigung, auch gegen sich selbst.

Die Kultur der Achtziger. Ein verheerender Faustschlag ins Gesicht der unmittelbaren Vergangenheit. Die Hässlichkeit des Punk. Die Monotonie und die Oberflächlichkeit des New Wave. Die Mensch-Maschine. Der Fascho-Kram. Dieses ganze No-Future-Getue. Dieses Scheißegal-Getue. Ein wüster Bombenteppich auf die Ideale der Achtundsechziger.

1980 war ich fünfzehn. Meine erste Freundin: Margret. Dreizehn. Hübsches Kind. Blasse Gesichtsfarbe. Fetter Kajal. Signalgrüne Strumpfhosen. Margret klingelte jeden Nachmittag an unserer Haustür. Mein Vater: „Für dich, die Wasserleiche." Wir hörten Musik. Nina Hagen. Ideal. *Komm, wir lassen uns erschießen.*

Margret hatte meistens schlechte Laune. Egal, es gab sowieso keine Liebe zwischen uns. Keine Nähe. Wir fanden das cool. Wir fanden uns cool. In Wahrheit waren wir naiv. Schutzlos. Wir waren Kinder. Wir waren die Bahnhof-Zoo-Kinder, die den Geist der Achtziger absorbierten wie kaum jemand vor und nach uns.

Und Christine? Gehörte zu jener Generation, von der man sagte, sie stelle den Großteil des Herbert-Grönemeyer-Fan-Publikums. Es war die Generation, an der sich die Kids der Achtziger rieben. Es war die Generation, die am Anfang des Jahrzehnts den Kanal gewechselt hatte und abwartete, bis der Spuk vorbei war, die Künstlichkeit, die Attitüde, die Kälte. Bis sie wieder da waren, die normalen Typen. Die echten Typen. Und die großen Gefühlssongs. *Tausendmal berührt.* Tausendmal gehört: Marius Müller-

Westernhagen, Klaus Lage, Wolf Maahn, Pur. Christine hatte sie alle in ihrem Plattenschrank. Und, klar, Herbert Grönemeyer.

Dazu fiel mir Herr Färber ein, der Erdkundelehrer aus meiner Schule. Herr Färber war ein gutmütiger, vollbärtiger, etwas untersetzter Langweiler, den die Frauen nicht liebten, weil er so brav und treu war, treu vor allem sich selbst gegenüber und seinen Marotten, seinen abgetragenen Strickjacken und den Hemden, die er so lange trug, bis die Schweißflecken unter seinen Armen salzverkrustete Ränder hinterließen.

Irgendwann tat Herr Färber, was Leute manchmal tun, die glauben, die Vergangenheit könne die Gegenwart relativieren. Er erzählte uns, dass es früher, als er studiert habe, einen ganz anderen Herrn Färber gegeben habe. Einen wilden, völlig ausgelassenen Herrn Färber, der Bass gespielt habe. In einer richtigen Rockband. Mit einem berühmten Sänger, *ihr werdet es nicht glauben:* Herbert Grönemeyer. Unglücklicher Herr Färber!

Vor dem Hintergrund unserer jugendkulturellen Vergangenheit waren Christine und ich wie Romeo und Julia. Wir waren die Abkömmlinge zweier verfeindeter Lager. Unsere Liebe mochte groß sein. Aber der Schmerz saß tief. Vor allem bei Christine.

Ich bekam das zu spüren, als ich eine Unterhaltung, die wir führten, auf Bernd Begemann brachte, den Hamburger Sänger. Begemann ist eine der grauen Eminenzen der sogenannten Hamburger Schule. Er ist ein Kind der Achtziger. Ein Designeranzüge tragender Entertainer. Ein Clown. Ein Arsch, der Witze auf Kosten seiner Band macht. Aber er ist auch ein begnadeter Poet. Ein feinfühliger Chansonier. Ein Hochbegabter, dem allerdings eines fehlt: ein großes Publikum. Die Radioanstalten ignorieren ihn. Das Fernsehen sowieso. Dafür liegen ihm die geschlossenen Kulturressorts der *Süddeutschen Zeitung* und der *Frankfurter Allgemeinen Zeitung* zu Füßen.

Bergemann ist die Verkörperung all dessen, was die Intelligenz anbetet, was die Masse verabscheut und was Marketingleute und Plattenbosse fürchten: Er ist der Meister der Ironie, der Zweideutigkeit, der Spontaneität, der Unberechenbarkeit, der Verweigerung gegenüber jeder Passform. Er ist das schwer zu beschreibende Phänomen eines verbalinkontinenten, manierierten Kotzbrockens, dem es trotz aller Distanz gegenüber sich selbst gelingt, Gold aus den Untiefen seiner Seele zu fördern.

Ich liebte Bernd Begemann. Christine hasste ihn. Ihre Abscheu war so groß, dass sie ihn immer wieder mit großer Leidenschaft beschimpfte, und nun stand sie kurz davor zu explodieren, weil ich es gewagt hatte, ihn zu verteidigen.

„Was kann man denn gut finden an dem Idioten?", kreischte sie.

„Dass er anders ist als die anderen Idioten", sagte ich.

„Idiotischer?"

„Nein."

„Schwachsinniger?"

„Nein. Klüger! Witziger!"

„Was macht Miss Juni im Dezember? Singt er. Dieser Trottel! Versteht doch kein Mensch!"

„Ich schon!"

„Dann erklär's mir!"

„Wozu? Das ist Poesie!"

„Das ist Bullshit!"

Es gibt diese hübsche, aber vollkommen lächerliche Idee, der zufolge der Musikgeschmack das ausschlaggebende Kriterium bei die Frage sei, ob zwei Menschen zueinander passen oder nicht. Würde dies zutreffen, wäre Tim, ein Freund, vielleicht noch mit der Frau zusammen, mit der er schlief, obwohl er sie nicht anziehend fand, aber sie hatte die Pixies in ihrer

Plattensammlung. Die Pixies, Mann! Und wir, Christine und ich, die wir kaum mehr in unseren Plattenregalen gemeinsam hatten als die Beatles, was hätten wir schon zustande gebracht außer einer lauwarmen Bekanntschaft, bei der die Beteiligten übereinander zu lästern beginnen, sobald sie nicht mehr zusammen sind?

Manchmal ertappte ich mich dabei, dass ich mich ohne Groll und ohne Bedauern an unseren Begemann-Disput zurückerinnerte. Es mag ein wenig seltsam klingen, aber die Auseinandersetzung schien eher zum Vorschein gebracht zu haben, was uns verband, als das, was zwischen uns stand. Ich meine die Gemeinsamkeit der großen Liebe für die Musik, die uns auf unsagbare Weise so viel mehr bedeutete als Unterhaltung und Zerstreuung. Ich meine die Gemeinsamkeit zweier Menschen, die wenig Leidenschaft aufbrachten, solange sie sich über Weltanschauungen, Politik und Glaubensfragen unterhielten, aber sie stritten erbittert über Bernd Begemann. Wie albern! Wie lächerlich! Aber irgendwie doch auch wunderbar.

Gab es nicht eine erst vor wenigen Jahren zu Ende gegangene kulturelle Epoche, man könnte sie die Epoche des Pop nennen? Sie betraf Leute, die in den ersten dreißig Jahren nach dem Ende des Zweiten Weltkriegs geboren wurden. Leute wie Christine und mich. Für diese Leute existierten keine DJs, keine Pop-Titanen, keine Sanges-Battles, keine Band-Challenges, keine Pop-Star-Internate. Für diese Leute war die Musik keine Wettkampfdisziplin, und es gab nicht die Charakterlosigkeit und die Flüchtigkeit von Download-MP3s, in die man reinhört, um sie wieder zu vergessen. Für diese Leute gab es die unauslöschliche Erinnerung an die Sonntagnachmittage, an denen man sich auf den Boden kauerte und sich vollkommen selbstvergessen dem Mantra eines rotierenden Plattenspielers hingab, während man das Cover in den Händen hielt und die Credits studierte wie einen biblischen Text. Für diese Leute gab es die innige Verbindung zur Musik, die manchmal ja stärker war als die zu Freunden und Geliebten. Für diese Leute war Musik etwas Unvergleichbares, Absolutes. Eben Göttliches.

Christines „Sticky Fingers"-Geschichte muss hier erwähnt werden. Die sich zu Anfang der siebziger Jahre zugetragen haben soll, in einem der strengsten Winter des Jahrzehnts? Christine hatte damals mit ihren Kumpels auf St. Pauli gewohnt, und ihre Bude soll so kalt gewesen sein, dass sich Eisblumen an den Fenstern bildeten. Und Christine plötzlich hohes Fieber bekam. Lungenentzündung. Worauf sie ganze Vormittage im Bett verbrachte. Und ganze Nachmittage in einem Kino in der Nachbarschaft. Und ganze Nächte bei irgendwelchen Typen, die warme Zimmer hatten. Und Bier. Und gutes Gras.

Wolli hatte alles. Und LSD. Was Wolli fehlte, war ein Plattenspieler. Christine schleppte ihren an. Und Scheiben. Und dann feierten sie, bis es Frühjahr wurde. Und als die Tage wieder länger wurden und sich die Eisplatten auf dem Trottoir in kleine Teiche verwandelt hatten und Christine ihren Kram wieder nach Hause schaffte, bemerkt sie, dass ihr „Sticky Fingers" von den Stones fehlte.

Wenn sie mittlerweile an diesen Winter denke, sagte Christine, dann denke sie kaum noch an die Kälte und die Krankheit. Sie habe den Winter in Erinnerung behalten als den Winter, in dem man ihr die „Sticky Fingers"-Platte klaute.

Eigentlich wollte ich nur sagen, dass Christine und ich wie Romeo und Julia waren, aber wir waren auch wie Katholiken und Protestanten. Wir stritten uns ewig und hatten so viel gemeinsam. Unsere Liebe war ein Fest der Ökumene.

24

Aufstand ist gut!

Im verborgenen Bereich von Christines Wohnzimmer, an der Wand hinter dem Polstersessel, auf der gegenüberliegenden Seite der großen Fensterbank mit den hübsch gerahmten Familienbildern, hing ein ziemlich kleines, ziemlich unscheinbares Bild, das Christine als Vierjährige zeigte. Das Foto hatte eine Auffälligkeit gegenüber allen anderen mir von ihr bekannten Kinderbildern: diesen indignierten, strafend gegen die Person gerichteten Blick, die es wagte, sie zu fotografieren. Sie konnte das offenbar schon damals nicht ausstehen.

Ein reizbares Wesen. Ich hatte es oft erlebt, dass sie sich aufregte wegen Läppischkeiten. Etwa, weil ich zu wenig Interesse für die Veränderungen aufbrachte, die sie in Haus und Garten vornahm. Weil ich mich lustig machte über die Zusammenstellung ihrer Bettlektüre. Oder weil ihr meine Angewohnheit, die Verpackungshinweise mir suspekt erscheinender Lebensmittel aus ihrer Speisekammer durchzulesen, auf die Nerven ging. Ich kannte diesen Blick sehr gut.

Ich hatte das Foto lange Zeit übersehen. Christine zeigte es mir, nachdem wir einen schweren Chianti in der Küche geleert hatten, der Christines heitere Stimmung in Melancholie hatte umschlagen lassen, worauf sie sich an einen lange verdrängten Zornesausbruch erinnerte, mit dem sie offenbar immer noch haderte. Es schien, als würde sie das Bild als Rechtfertigung betrachten. Als würde sie sich mit der Idee trösten, der Zorn wäre ein mehr oder weniger angeborener und deshalb schwer zu vermeidender Wesenszug ihres Charakters, der sie gelegentlich überfallen würde wie ein Schnupfen in einem feuchten Herbst.

Seit ich Kenntnis von dem Bild hatte, ging ich es mir hin und wieder anschauen, in der Regel, um mich zu beruhigen, wenn ich Christines Zorn zu spüren bekam. Irgendwann hatte ich es so gut verinnerlicht, dass ich es sofort vor Augen hatte, als ich, mir die Langeweile vor dem Abendessen mit Zeitschriftenlektüre vertreibend, der erstaunlichen Behauptung begegnete, dass reifere Frauen im Allgemeinen anstrengender im Umgang seien als jüngere. Weswegen die meisten Männer vor älteren Liebhaberinnen zurückschrecken würden.

Ich hatte mich in Christines Zeitungskorb vergriffen. *Frau im Spiegel* oder Ähnliches. Klassisches Frauenmagazin-Thema: ältere Frauen mit jüngeren Liebhabern. *Kann das gutgehen?* Der Artikel hatte den in der einschlägigen Presse gelegentlich anzutreffenden anbiedernden Charakter. *Positiv* nennt man das in der Branche, oder schlimmer: *konsumerisch*. Was nichts anderes bedeutet, als dass man die Leser mit den unangenehmen Seiten der Wahrheit verschont. In dem Artikel waren es die Aspekte der Vergänglichkeit der körperlichen Attraktivität und des altersbedingten Verlusts der Fertilität.

Stattdessen spielte man ernsthaft mit der Idee eines Rassismus der Generationen, wonach ältere Frauen einfach die besseren Frauen waren. Intelligenter, selbständiger, abgeklärter, lebenserfahrener, klüger. Und daher anspruchsvoller und renitenter als die jüngeren. Hatte es in der Vergangenheit nicht diesen Talkshow-Skandal mit Alice Schwarzer (der klugen Alten) gegeben, die Verona Feldbusch (die dumme Junge) vorführte? Ebendieser Tenor. Und die Männer? Waren die meisten von ihnen nicht aufgeblasene Trottel, die den hohen Ansprüchen der reifen Senta-Berger-Frauen kaum gerecht werden konnten, weshalb ihnen nichts anderes übrig zu bleiben schien, als sich auf junge dumme Hühner zu kaprizieren?

Zunächst mochte ich diesen Artikel, zumal er mir schmeichelte. Ich gab mich für einen Moment der Versuchung hin, mich erhaben zu fühlen, wie ein eingebildeter Schnösel, der den Pöbel verachtet, weil er süße Prickel-Cocktails liebt und billige Räusche, während er selbst mit vermeintlichem Niveau säuft, indem er seine Aufmerksamkeit auf gereifte, gut ausgebaute Single-Malt-Whiskys konzentriert. Erst dann begann ich ernsthaft über diese These nachzudenken. Konnte man sie für wahr halten, waren junge Frauen wirklich die umgänglicheren Liebhaberinnen?

Und dann begann ich mich an die wenigen Beziehungen meines Lebens zu erinnern. An die unzähligen Affären. Ich erinnerte mich an meine Liebesbiografie, die sich kaum darstellt wie die von anderen, als Abfolge verschiedener Lebensabschnitte mit passenden Partnerinnen. Sondern eher wie die Raumfahrt in ihrer Frühphase, als Aneinanderreihung missglückter Startversuche. Ich dachte an diese ganzen Geschichten, die alle angefangen hatten wie die erste Viertelstunde einer Hollywood-Romanze, so unbeschwert, so hoffnungsvoll. Und dann aufhörten, kaum war die Jahreszeit, in der sie begonnen hatten, zu Ende gegangen, wie ein Dogma-Drama, völlig abrupt, verstörend, brutal.

Ich dachte an Kristin, die manchmal etwas zu überdrehte sommersprossige Philosophiestudentin, die, wie sich bereits während unserer ersten Begegnung herausstellte, als Küchenhilfe in einer Bar jobbte, die ich gelegentlich frequentierte. Von da an kam ich öfter als sonst in der Bar vorbei, wo mich Kristin, kaum hatte sie mich entdeckt, mit, wie sie versicherte, selbst zubereiteten Köstlichkeiten aus der Küche versorgte, für die sie jegliche Bezahlung verweigerte. Gleichzeitig verabredeten wir uns in anderen Lokalen, um uns näherzukommen. Was allerdings nicht funktionierte, weil jedes Mal, wenn wir uns trafen, irgendwelche Leute aus Kristins Freundeskreis auftauchten, die unsere Zusammenkünfte störten.

Eine gewisse Zeit lang war ich geneigt, die Vorfälle für Zufälle zu halten. Bis es für mich keinen Zweifel mehr gab, dass Kristin die Leute bestellt hatte, weil sie offenbar nicht mit mir allein sein wollte. Als ich sie darauf ansprach, reagierte sie auf meinen Vorwurf, als würde ich von parapsychologischen Phänomenen reden. Sie sagte allen Ernstes: „Du bist ja vollkommen verrückt."

Ach ja, und Heather erst. Ich war ihr von Anfang an verfallen, ihrer Schönheit wegen zuallererst. Sie hatte dieses Gesicht, so rein, so ebenmäßig, so engelsgleich, so Grace-Kelly-artig, das typische Gesicht der Hamptons-Amerikanerin, die sie letztendlich war. Und dann dieses absonderliche Wesen, mit dem sie kokettierte, als wolle sie Kontrapunkte zur Tadellosigkeit ihrer Oberfläche setzen. Sie hatte sichtlich Freude daran, sich Menschen, die sie langweilten, mit beängstigend klugen Fragen vom Leib zu halten, und nicht zuletzt mit ihrer irritierenden feministischen Kunst, diesen grässlichen Skulpturen, monströse Ekel-Mösen, für die sie präparierte Fleischabfälle und Putzwolle verwendete.

Heather und ich begegneten uns in Italien, und es ergab sich, dass wir einen sonnigen Nachmittag allein in einer Bucht auf Elba verbrachten, in der sich nichts ereignete, außer dass wir uns an den Händen hielten und schweigend auf das Meer blickten. Danach kehrte Heather wieder nach Berlin zurück, wo sie seit den späten neunziger Jahren lebte. Und ich wieder nach München.

In den folgenden Monaten telefonierten wir viel miteinander und tauschten Briefe und Pakete aus. Heather schickte mir Postkarten, Fotos, Mix-CDs, einmal sogar ein Gemälde, zu dem sie die Einwickelpapier-Motive der ukrainischen Karamellbonbons inspirierten, die ich ihr geschickt hatte. Irgendwann reiste ich nach Berlin, und wir verbrachten ein gemeinsames Wochenende, an dem wir uns in ihrem Atelier auf dem Boden liebten, berauscht von Terpentindämpfen und der Musik eines von ihr geschätzten Koreaners, der vorwiegend in japanischen Bordellen auftrat und Hans-Albers-Schlager auf Deutsch sang.

Unsere Tage waren schön. In gewisser Weise übertrafen sie sogar die Erwartungen und Hoffnungen, die ich an meinen Besuch geknüpft hatte. Und doch hatte ich das ständige Gefühl, dass irgendetwas zwischen uns stand. Zurück in München beschloss ich, mich einige Zeit nicht mehr bei Heather zu melden.

Und dann bekam ich ziemlich unerwartet den Anruf von einem gemeinsamen Bekannten aus Berlin. Der etwas durcheinander war, als er mir sagte, dass Heather das Gerücht verbreiten würde, ich sei ihr gegenüber sexuell übergriffig gewesen, und nun, da ich ihre Zurückweisung nicht ertragen könne, würde ich sie ständig mit Anrufen und Briefen belästigen. Sie hätte sogar erwogen, die Polizei zu informieren.

Es gab so viele Geschichten dieser Art. Eine hatte ich nicht selbst erlebt, sondern ein Freund, der, wie er mir vor einiger Zeit erzählte, eine vielversprechende Party-Bekanntschaft gemacht habe. Er habe sich gut unterhalten. Habe geflirtet bis tief in die Nacht. Er sagte, es sei die Art von Begegnung gewesen, bei der man aus dem einzigen Grund auseinandergehe, weil man nicht mehr zwanzig sei und am nächsten Tag Verpflichtungen habe.

Also hätten er und die Frau gleich für den darauffolgenden Abend ein weiteres Treffen verabredet, das allerdings nicht mehr zustandegekommen sei. Kurz vor dem Verlassen seiner Wohnung habe ihn folgende SMS erreicht: *hallo biggi, kannst du bitte nachher ins riva kommen, bin dort mit dem komischen typ von gestern verabredet, weißt schon, sonst bin ich mit dem die ganze zeit allein. lg lexa.*

Ich höre mich noch klagen über die Unbegreiflichkeit der weiblichen Seele. Warum diese Liebenswürdigkeit, mit der diese Frauen den Männern begegnen, warum diese Mühen, die sie auf sich nehmen, wenn sie ohnehin nichts für sie zu empfinden scheinen außer Kälte, Hass, Verachtung?

Ich denke, es waren die letzten Jahre vor meinem vierzigsten Geburtstag, da gab es diese Phase, in der sich eine gewisse Liebesmüdigkeit bei mir bemerkbar machte, bis ich spüren konnte, dass das schwach gewordene Flackern meiner Empfänglichkeit für den Liebreiz der Frauen gänzlich erloschen war. Und ich in jedem Frauen-Lächeln, in jedem warmen Wort, in jedem Akt der Zuneigung nur noch die zynische Geste einer tückischen Bestie sah.

Hatte sich mein Interesse an den Frauen in der Vergangenheit oft nur auf das Sexuelle beschränkt, wollte ich plötzlich nur noch unverfängliche Gespräche führen, während ich die sexuellen Avancen, die mir gelegentlich zuteilwurden, nicht mehr erwiderte. Wodurch ich die Frauen erst recht verärgerte, insbesondere jene leicht angetrunkene Bekanntschaft namens Dorothee, die sich in meiner Küche an einem der Teller von der Anrichte vergriff, um ihn gegen den Kühlschrank zu schleudern. Ich ließ sie gewähren, den Vorgang wie einen Ausgleich betrachtend. Ich dachte: Zerbrich du nur mein Geschirr, aber mein Herz bleibt unversehrt.

In der frühen Phase meiner Beziehung mit Christine, in der sich unser Zusammenleben manchmal anfühlte wie die erste Probe eines Schulorchesters nach den Sommerferien, erzeugte ich große Verwirrungen mit dem Satz, den ich folgendermaßen in Erinnerung habe: „Ich gehe nach oben ins Fernsehzimmer und stelle Vox ein, *Das perfekte Promi Dinner,* das magst du doch so gern." Leider verstand Christine den Satz völlig anders, in etwa so: „Ich gehe nach oben ins Fernsehzimmer und würde gern Arte einschalten, den Themenabend über die New Economy im Reich der Mitte, worauf ich, mit Rücksicht auf deinen mir weit unterlegenen Intellekt, verzichte und mit dir stattdessen Idioten-Fernsehen gucke."

Wollte man unsere Beziehung mit einem Langstreckenflug vergleichen, wäre die Situation auf einen Totalausfall der Systeme während der Startphase hinausgelaufen, infolgedessen das Flugzeug auf einen Berg zuraste. Christine hatte ihrer Empörung Ausdruck verliehen, indem sie sich ins Schlafzimmer verzog. Als ich es wagte, dort einzutreten, traf mich ein Blick, der mir, kaum war ich ihm ausgesetzt, Kopfschmerzen verursachte. Es war ein Moment, in dem ich mit wirklich allem rechnete. Dass Christine mit Gegenständen nach mir werfen würde. Dass sie mich mit Waffen bedrohte. Dass sie mich aus ihrem Zimmer warf. Aus ihrem Haus. Aus ihrem Leben.

Es war aber auch ein Moment, in dem geschah, was ich mir mein Leben lang ersehnt hatte. In dem der mich betreffende Ärger einer Frau kein aus dem Nirgendwo herangeschossener Giftpfeil war. Er war der unmittelbare Ausdruck eines klar nachvollziehbaren Gefühls, der mir die Hoffnung gab, dass

Christine nicht alles, was ich sage und tue, kommentarlos registrieren würde, um später, zu einem unerwarteten Zeitpunkt, zu reagieren, mit einem einzigen, einem finalen Showdown. Unsere Beziehung würde keine trügerisch harmonisch vor sich hinplätschernde Frist sein, deren unvermeidlicher Höhepunkt ein gemeinsamer Restaurantbesuch wäre, bei dem man mich am Ende, während die Rechnung unterwegs ist, mit triumphierendem Lächeln abserviert.

Um nicht zu sagen, dass ich gern bestätige, was man über ältere Frauen sagt: Sie sind tatsächlich renitenter als die Jüngeren, allerdings, was Christine betrifft, mochte ich sie nicht trotz ihrer Renitenz, sondern gerade deshalb, denn ihrer Renitenz haftete keinerlei Kapriziertheit an, sie entsprach der nüchternen Perspektive des Alters, in dem man keine Zeit mehr für die kindischen Spiele der Jugend hat.

Im Kreis der Frauen, denen ich in meinem Leben begegnet war, betrachtete ich Christine wie eine Grande Dame, zu der ich respektvoll aufblickte. Sie war für mich wie eine titanummantelte Fregatte unter lauter Nussschalen. Die sich *Sex and the City* ansehen konnte, aber es fügte ihr keinen Schaden zu, wie den unzähligen Frauen, die die Serie, als sie ausgestrahlt wurde, verschlangen, ohne die Ironie und die Brüche in den Charakteren und den Geschichten zu verstehen. Stattdessen ließen sie sich von den Heldinnen zu dem Glauben verführen, die Liebe sei eine coole, geschäftliche Angelegenheit. Eine Sache des Managements und des Marketings. Eine Frage der Cleverness, der Ausgebufftheit und der richtigen Strategie.

Christine war das Gegenstück zu all den unsteten, unsicheren, undefinierbaren, ständig suchenden Kosmopolitinnen, aus denen ich mir früher so viel gemacht hatte, und ich musste wahrscheinlich selbst ein gewisses Alter erreichen, bis ich begriff, dass ich mich nach einer Frau wie ihr gesehnt hatte. Nach jemandem, der angekommen war. Nach einer Frau, die Gummistiefel im Schuhschrank stehen hat und Backrezepte aus der *Brigitte* ausschneidet. Die sich Blumen zum Geburtstag wünscht und mit dem Nudelholz hinter der Tür lauert, wenn ich zu spät nach Hause komme.

25

Das Henderson-Projekt

Schon möglich, dass das Henderson-Projekt lange zurückreicht, unvorstellbar lange, bis in die Zeit meiner Kindheit. Im Frühjahr 1973, am Tag meines achten Geburtstags, war der Umfang meines materiellen Besitzes respektabel, aber noch überschaubar. Neben meiner Ski-Ausrüstung und einem Fahrrad der Marke Herkules besaß ich einen Dual-Plattenspieler, dem eine kleine Auswahl kindgerechter Hörspiel-Tonträger (*Meister Eder und sein Pumuckl, Der Sängerkrieg der Heidehasen*) zur Verfügung stand, eine Single (Walter Scheel und die Fischer-Chöre singen „Hoch auf dem gelben Wagen"), ein Hermann-Prey-singt-Weihnachtslieder-Album und nun, endlich, nachdem ich sämtliche anderen Geschenke auf dem Gabentisch von ihren Verpackungen befreit hatte, die flehentlich erbettelte The-Sweet-LP, die keinen Titel auf dem Cover hatte, stattdessen nur das Band-Logo, einfach nur *The Sweet* in Dreißig-Zentimeter-Lettern und den Hinweis, dass die Auswahl der Songs die Hits „Wig-Wam Bam" und „Teenage Rampage" enthalten würde.

Als die Platte erschien, hatten The Sweet den absoluten Höhepunkt ihrer Popularität erreicht. Was zur Folge hatte, dass die Mehrzahl der damals noch leidenschaftlich gegen die Kommerzialisierung der Popkultur zu Felde ziehenden Musik-Journalisten die Band unter anderem wegen ihrer immer absurder werdenden Bühnenkostümierung als Witzfiguren-Combo in den Keller zu schreiben begannen, diese alberne Gockelparade, fanden sie, könne doch nur noch minderjährige Teenie-Mädchen beeindrucken. Was mir wiederum zugutekam, denn es geschah im Kinderzimmer meiner damals zwölfjährigen Cousine Evelyn, dass ich mit The Sweet in Berührung geriet.

Und es ereignete sich, dass mir Brian Connolly, Andy Scott, Steve Priest und Mick Tucker die Unschuld raubten, noch lange vor den feucht küssenden Mädchen und den Schnapsbeschaffern meiner Jugend. Mit The Sweet endete der Totalitarismus meiner Kindheit. Jene Zeit, in der alles, was ich sah und hörte, durch meine Eltern bestimmt war. The Sweet war der Schlüssel zu einer anderen, außerfamiliären Welt und gleichsam der allein existierende Inhalt eines neuen, mich vollkommen elektrisierenden Lebensgefühls. Ich hatte ja keine Ahnung, dass da draußen noch so viel mehr war.

Ich bin mir ziemlich sicher, dass der Titel „Blockbuster“ auf keinem Plattenspieler der Welt so oft abgespielt wurde wie auf meinem. Immer wenn der Song zu Ende war, setzte ich den Plattenarm zurück und ließ den Titel noch einmal laufen, bis sich so viel Staub unter der Nadel angesammelt hatte, dass man nichts mehr hörte außer dumpfem Dröhnen und dem Gekreische von Brian Connolly. Dies zu ertragen, kann für meine Eltern nicht leicht gewesen sein, und ich hoffe aufrichtig, sie hatten damals gute Freunde, mit denen sie über ihre Befürchtungen reden konnten, einen sich entwickelnden Sohn und seine Schwärmereien für Männer betreffend, zu deren modischen Vorlieben pinkfarbene Federboas gehörten, gefärbte Augenlider und Schuhe mit hohen Absätzen.

Soweit ich weiß, muss es dasselbe Frühjahr gewesen sein, das Frühjahr im Jahr 1973 also, in dem sich in Hamburg ein junger Brite namens Richard Henderson in ein Mädchen verliebte, in dessen Zimmer er hauste, seit dem Abend, an dem sie ihn angesprochen hatte, als er, völlig aus der Bahn geworfen, eine Plastiktüte mit Zahnbürste und Nassrasierer mit sich führend, sein letztes Geld am Tresen einer Rockerkneipe in der Juliusstraße verprasste. Er hatte bis zu jenem Zeitpunkt mit dem Mannequin Petra Kerssenbrock zusammengelebt, das in der Hamburger Szene gut bekannt war, ihrer Unnahbarkeit wegen und ihrer ungewöhnlichen Körpergröße (derentwegen man ihr später sogar nachsagte, mit ihr habe die führende Stellung deutscher Mädchen im internationalen Model-Business begonnen).

Die beiden hatten keine leidenschaftliche Beziehung. Man könnte sagen: Er wurde von ihr geduldet. Zumal er kein Deutscher war (deutsche Männer fand sie gewöhnlich). Zumal er auffallend war. Auffallend gut aussehend. Auffallend modebewusst. Auffallend *glamrocky*. Dieser ganze Glitzerstaub. Auf den Hosen. Auf den Stiefeln. Diese Schleifen. Rüschen. Lavendelblaues Satin und rotes Leder auf nackter Haut. Er sah tatsächlich aus wie ein *Bravo*-Starschnitt-aufbereiteter Dave Hill von Slade. Egal, wo man ihn antraf. Egal wann, selbst frühmorgens in der Bäckerei, wenn er sich Brötchen holte.

Und Petra? Sie war ein selbstbezogenes, krankhaft mutterfixiertes Pseudo-Hippie-Prinzesschen mit einem unerträglichen Hang zur Besserwisserei. Fand Henderson. Er sah in ihr nicht mehr als ein Vehikel auf dem Weg in eine bessere Welt. Am Ende sogar den Preis, den er dafür bezahlen musste, dass man ihn endgültig vom stinkenden Mief der Arbeitergegend befreite, in der er, in einem Vorort von Manchester, aufgewachsen war.

Nachdem Henderson also Petra Kerssenbrock, ohne ein Wort zu verlieren, verließ, in einem Moment, in dem sie nicht zu Hause war, und er seine gesamte Habe in einem Koffer verstaut hatte, den wiederum er in einem Schließfach am Bahnhof deponiert hatte, um sich anschließend in die Kneipe in der Juliusstraße zu begeben, erwachte er, nach der Nacht, die er zunächst betrunken auf den Dielen des bereits erwähnten Zimmers zugebracht hatte, in den Armen des Mädchens. Das ihm alles geben zu können schien, was er bei Petra vermisst hatte. Ihn erreichte das Gefühl, am Ende einer sehr langen Reise angekommen zu sein. Zu seinem Glück begann sich auch das Mädchen ihm liebend zuzuneigen. Denn vollkommen entblößt in ihren Laken, seines schillernden Kostüms entledigt, erschien er ihr plötzlich schutzbedürftig wie ein zugelaufenes Tier, das ihre Zuwendung erforderte.

Es kann also durchaus sein, dass Henderson und der Junge, der im fernen München seinen achten Geburtstag feierte, in diesem Frühjahr 1973 weit mehr gemeinsam hatten, als man es annehmen würde von einem Kind im Grundschulalter und einem erwachsenen Mann. Kann sein, dass ich gar nicht anders konnte, als Henderson zu lieben. So außergewöhnlich, wie er doch zu sein schien. Wie eine Figur aus einem Märchen, halb Kind, halb Erwachsener. Eine Art Johnny-Depp-Figur. Eine Art Peter Pan der Disco-Ära. Der Glamrock-Ritter meiner kindlichen Fantasie, der zu werden ich mir erträumt hatte. Kann sein, dass ich Christine sogar ein Stück weit dafür liebte, dass sie Henderson geliebt hatte.

Der Gedanke, Henderson heimlich aufzuspüren, entwuchs der Stille, die sich in Christines Küche ausgebreitet hatte und sich mischte mit den Rauchschwaden meines im Aschenbecher verglimmenden Zigarrenstummels. Bis zu dem Satz, der kein weiteres Wort mehr duldete, hatte Christine noch einmal die letzten Tage ihrer Liebe mit Henderson an sich vorüberziehen lassen. Die langen Stunden, die der Flug von Korfu nach Hamburg gedauert hatte, der sie und Henderson wieder vereinte, nachdem sie auf der Insel letztendlich nichts anders gemacht hatten, als voreinander wegzulaufen. Es waren die schlimmsten Stunden ihres Lebens.

Das Drama hatte sich angekündigt, bereits zu Beginn ihrer Reise, während der Fahrt mit Bonzo, einem dicklichen, Christine in jeder Beziehung zwielichtig erscheinenden Kumpel von Henderson, der sie und Henderson in einem schönen, allerdings nach abgestandenem Schweiß stinkenden Oldtimer-Mercedes mitgenommen hatte, bis nach Wien. Von da an trampten sie bis Brindisi, und währenddessen bemerkte Christine, wie sich ihr schwelender Zorn über Hendersons sexuelle Eskapaden, die es immer gegeben hatte, auch dann, wenn er in Beziehungen lebte, bis ins Unermessliche steigerte, bis sie kaum noch ein Wort mit ihm wechselte außer dem Allernötigsten.

Gudrun aus Germersheim in der Pfalz entsprach dem Klischee vom dickbusigen Provinztrampel, mit dem man in südlichen Ländern überall rechnen musste, vor allem an den großen Stränden, wo Mädchen wie sie nach Typen geierten, die ihnen die Jugendheime ihrer Käffer vorenthielten. Sie und Henderson hatten Augenkontakt an Deck der Fähre von Brindisi nach Korfu, als Henderson keine Lust mehr auf das Buch hatte, mit dem er sich die Zeit vertrieben hatte, während Christine wie ein Hund zu seinen Füßen lag und pennte. Gudrun, deren gesamtes Talent sich vermutlich drauf beschränkte, dass sie gleichzeitig aufreizend und mütterlich auf Männer wirken konnte, hatte leichtes Spiel mit Henderson, der, solange er Ärger mit seinen Freundinnen hatte, verführbar war, verführbarer als ohnehin.

Keine vierundzwanzig Stunden nachdem sie die Fähre verlassen hatten, entdeckte Christine Gudrun in einem kleinen Café am Tisch, an dem sich sommersprossige Australierinnen mit gigantischen Rucksäcken niedergelassen hatten, die Wasser aus ihren Campingflaschen in ihre Kaffeetassen gossen. Da stellte sie keine Fragen mehr.

Christine verließ Henderson, nachdem ihr ein blutjunges, politisch leicht radikalisiertes Lehrer-Pärchen aus Tübingen angeboten hatte, sie in die Berge mitzunehmen, wo ein alter, vereinsamter, wegen Alkoholproblemen vorzeitig emeritierter Jura-Professor aus der Schweiz seine scheinbar unerschöpflichen Retsina-Vorräte mit gestrandeten Sinnsuchern teilte. Dort angekommen, ließ sich Christine bereitwillig durch einen Cocktail aus Wein, Cannabis und end- und sinnlosen Diskussionen in ein sich über mehrere Wochen ununterbrochen fortsetzendes Koma versetzen. Dessen abruptes Ende Henderson herbeiführte, als er eines Mittags völlig unerwartet in der Küche der Kommunen-Hütte auftauchte, während Christine dabei war, Zwiebeln in einem riesigen Suppentopf anzuschwitzen.

So kam es schließlich zu dieser letzten unfreiwilligen Reise. Bei der Christine und Henderson, im Flugzeug durch Sitzgurte aneinandergekettet, trotz der Nachwirkung von den Substanzen der vergangenen Nacht, vom Alkohol, vom Shit, von den Speed-Kapseln und einem halben Röhrchen Mandrax, der Nähe des jeweils anderen und den Erinnerungen an die gemeinsame Zeit ausgesetzt waren, während sie gleichzeitig wussten, dass ihre Liebe nicht mehr zu retten war. Dass sie sich, sobald das Flugzeug gelandet war, wie zwei Meteoriten verlieren würden, die in gegensätzlichen Richtungen durch die Unendlichkeit treiben.

Christine und ich hatten jegliches Gefühl für die Zeit verloren an jenem Abend, der bereits so weit fortgeschritten war, dass die ersten Angestellten des kleinen Supermarkts auf der gegenüberliegenden Straßenseite die Beleuchtung der Personalräume angeschaltet hatten. Christine rieb sich fröstelnd die

Arme, nachdem die eisige Nachtluft durch die Fensterritzen gedrungen und die Temperaturen in der Küche dramatisch gesunken waren. Dann holte sie tief Luft.

„Wie gern würde ich ihn noch einmal sehen", sagte sie.

Es hätte natürlich auch passieren können, dass das Henderson-Projekt vergessen worden wäre. Verglüht als einmaliger Geistesblitz zwischen den Neuronen meines Gehirns. Aber ich hatte angefangen, davon zu erzählen. Und dann auch noch Katrin Buchholz. Was hätte man also erwarten sollen?

Katrin war das notwendige Übel, das sich jeder Bekanntenkreis leistet, wie Angostura in einem Longdrink als eine reizvolle, aber nur in stark verwässerter Form verträgliche Zutat. Man lud sie eigentlich nur zu Partys mit möglichst vielen Beteiligten ein. Was auch in ihrem eigenen Interesse lag. Mehr noch als Bekannten schätzte sie Fremden zu begegnen, die der Ruf, der sie begleitete, noch nicht erreicht hatte.

Katrin war wie ein fester, taufrischer, makellos gewachsener Apfel, dessen erster Bissen süß und saftig schmeckt, aber jeder weitere immer mehliger und fauliger, bis man den Rest nur noch abscheulich findet. Es passte in jeder Beziehung zu ihrem falschspielerischen Wesen, dass sie sich, mit beträchtlicher Schönheit, mit Geist und Charme gesegnet, in früher Jugend als Schauspielerin versucht hatte. Und dann hoffnungslos verkrachte. Sie konnte sehr einnehmend auf Menschen wirken. Genauso aber auch irritierend. Unangenehm. Abstoßend.

Durchaus vergleichbar mit einem notorischen Onanisten, der ständig über Frauen redet, unterhielt sich Katrin über die Liebe. Es war die Form, in der sie die Liebe erlebte. In den Geschichten der anderen. Zumal ihr selbst die Liebe fremd geworden war, in ihrer Gefühlswelt existierten nur noch Enttäuschung, Verbitterung, Rachegedanken, Machtfantasien. Und Hass. Den sie vor allem den Männern entgegenbrachte, umso stärker, je mehr sie sich nach ihnen sehnte. Man konnte, wenn man Katrin zusammen mit Männern erlebte, den Eindruck gewinnen, als interessiere sie sich für sie, in Wahrheit suchte sie nach Schwächen. Das Begehren war eine männliche Schwäche, die sie gern provozierte. Mit dem Ziel, sie auszunutzen. Es machte ihr Freude, Männer zurückzuweisen. Sie zu verletzen.

Was wusste ich schon von all diesen Dingen, als ich Katrin zum ersten Mal begegnete? Wir teilten uns zu dritt die Couch eines Freundes, der vierteljährlich Cocktail-Nachmittage in seiner Wohnung veranstaltete. Katrin hatte gelauscht, als sich Till, der Gastgeber, bei mir nach Christine erkundigte. Ich sagte, sie besuche sonntags immer ihre Mutter im Altersheim. Er sagte, ach, Christine, sie hat noch eine Mutter? Ich sagte, ja, sie sei mittlerweile fast neunzig.

„Und wie alt ist deine Freundin?", fragte Katrin.

„Älter als er", sagte Till.

„Deutlich älter sogar", sagte ich.

Katrin zog ihre Schuhe aus, sie schmiegte ihren hübschen Körper in die Polster wie eine Katze, die ihren Platz zum Schlafen gefunden hat, dann wollte sie von mir wissen, wie Christine und ich zueinander gefunden hatten. Und ob ich es je bereut habe, mit ihr zusammen zu sein, mit einer Frau in ihrem Alter.

Ich sagte, eine ältere Frau zu lieben, könne schön sein. Aber manchmal sei es schwer, zum Beispiel dann, wenn ich sähe, wie Christine leide, noch immer leide an den Kümmernissen ihrer Jugend. Das bräche mir manchmal das Herz. Ein junges Mädchen könne man trösten, indem man ihm sage, dass die Zeit alle Wunden heile. Aber was, bitte, sagt man zu einer Sechzigjährigen?

Und dann erzählte ich von Henderson. Ich verriet meine Absicht, nach ihm zu suchen. Ihn zu bitten, nach all den Jahren die Erklärungen zu liefern, zu denen er, als er jung war, möglicherweise nicht imstande gewesen war. Vielleicht sei er schwul gewesen und habe es damals noch nicht gewusst. Was Christine vermute. Vielleicht habe Henderson sie deshalb so oft betrogen, weil er habe herausfinden wollen, was mit ihm los gewesen sei.

Katrin entzog mir die Aufmerksamkeit. Ihr Blick, der die ganze Zeit auf mich gerichtet war, schweifte in die Ferne. Sie schien unruhig. In ihrem Lächeln ein Hauch von Bitterkeit.

Ob ich denn eine Vorstellung hätte, was Henderson so machen und wie er heute aussehen würde?

Ich sähe einen freundlichen, älteren, nach Old Spice riechenden Mann vor mir, der weit geschnittene Lederjacken trage und seine Haare färbe, sagte ich.

In Katrins Gesichtsausdruck war das Zweifelnde in Feindseligkeit übergegangen.

Plötzlich fuhr sie mich an. Sagte, das glaube sie mir nicht.

Warum denn nicht?

Was das denn bitte sein soll, ätzte sie. Mich hier so darzustellen. Diese Souveränität, die ich mir anmaßen würde. Diese guten Absichten, die ich mir wie Blumen ans Revers heften würde. Warum in Gottes Namen ich nicht dazu stehen könne, nichts anderes zu suchen als den alten, verkommenen, vertrottelten, hässlich gewordenen Henderson der Gegenwart, der die Erinnerung an den jungen, schönen Henderson der Vergangenheit eliminieren solle, auf dass er mir nicht mehr am Lack meiner Krone kratzen könne, mit der ich herrschen wolle, über Christine und das Heer ihrer verflossenen Liebhaber.

Man sagt über Menschen, die einem Gutes tun, sie seien Engel, die einem der Himmel geschickt hat. Katrin war kein Engel, aber der Himmel scheint sie dennoch geschickt zu haben, denn was sie tat, nämlich mir das Henderson-Projekt zu vergällen, war gut, auch wenn sie es nicht beabsichtigt hatte. Henderson blieb, wo immer er auch war. Wo Christine ihn am Ende haben wollte, wie sie irgendwann sagte, sie habe eigentlich kein Interesse am Henderson der Gegenwart. Sie habe nur manchmal Sehnsucht nach dem Henderson aus ihrer Erinnerung. Letztendlich sei es die Sehnsucht nach ihrer Jugend.

Ich behielt die Frage für mich, ob es wirklich der alte, mittlerweile fast siebzigjährige Henderson war, den Christine nicht sehen wollte, ein Henderson mit womöglich schlaffen Muskeln und braunen Flecken auf der Haut? War es nicht eher ein Henderson, der sich vielleicht nicht mehr an Christine erinnern würde? Für den sie irgendein Mädchen war? Eines unter vielen? Für den sie niemals war, was er für sie gewesen war: die große Liebe ihres Lebens?

Und ich, war ich wirklich nur ein Heuchler? War ich tatsächlich der eifersüchtige, verschlagene Wicht, der sich bei Nebel in die Nacht schlich, um am Sockel des Henderson-Monuments zu sägen? War es denn überhaupt der unübertreffliche Stellenwert, den Henderson in Christines Leben hatte, um den ich ihn beneidete? War es nicht vielmehr die Gunst seiner Zeit? In der er so vieles hätte verhindern können?

Er hätte Christine glücklich machen können, für den großen Teil ihres Lebens.

Dafür war es für mich zu spät.

26

Die Männerversteherin

Ich weiß, man könnte denken, ein Mensch wie ich, der notorisch über die Liebe redet, hätte Ahnung von den Frauen. Ich will es an dieser Stelle klar sagen: Das ist keineswegs der Fall. Ich habe mich mein ganzes Leben lang für einen Frauen-Analphabeten gehalten, vielleicht heute nicht mehr so wie in meiner Jugend, in der es eklatant an Frauen mangelte, in der Familie, in der Schule, einem katholisch geprägten humanistischen Gymnasium mit überwältigendem Knaben-Anteil, und dann, nach dem Abitur, ging ich gleich zur Bundeswehr. Was soll ich sagen?

Es ist nicht so, dass mich die Frauen nicht interessierten. Es ist nicht so, dass ich sie mir nicht angeschaut hätte. Dass ich nicht von ihnen geträumt hätte. Dass ich mich nicht seltsam benommen hätte, um ihre Aufmerksamkeit zu bekommen. Dass ich nicht mit Herzklopfen durch irgendeine Straße gelaufen wäre, weil ich wusste, dass dort ein Mädchen lebt, das mir gefiel. Nur gekannt habe ich die Frauen nicht. Und weil ich sie nicht kannte, habe ich nur ihre Andersartigkeit wahrgenommen. Ihren Duft zuallererst. Ihre Launenhaftigkeit. Ihre Neigung, ein Croissant mit Daumen und Zeigefinger zu zerpflücken und in winzigen Portionen zu verspeisen. Ihre vollkommen für mich nicht nachvollziehbare Art, zu denken und die Welt zu sehen.

Meine ersten Liebesaffären rückten mein unvollständiges Frauenbild zurecht. Aus verkürzter Distanz betrachtet, hatten

Frauen weit mehr, als ich dachte, mit den Männern gemeinsam. Was mir half, meine Ängste vor den Frauen zu überwinden, was mich aber auch enttäuschte. Wenngleich mir klarwurde, dass Frauen und Männer, sosehr sie die Unterschiede pflegen, um sich gegenseitig anzuziehen, nicht weniger die Gemeinsamkeiten brauchen, sonst könnten sie nicht miteinander leben.

Irgendwann, mit Ende dreißig, glaubte ich, das Allerwichtigste über Frauen erfahren zu haben. Ich war wenigen begegnet, die zerschlissene Cowboystiefel trugen, während sie mit mir schliefen, und Kerle unter den Tisch trinken konnten, die doppelt so groß waren wie sie selbst. Und dann welchen, die sich nichts Schöneres vorstellen konnten, als den ganzen Tag auf einem Himmelbett zu liegen, gelagert auf Dutzenden Kissen mit Laura-Ashley-Bezügen, und winzige, apricot- und mintfarbene Seifenkugeln in Porzellanschüsseln im Badezimmer zu verteilen und davon zu träumen, auf dem Steg eines Seerosenteichs zu sitzen und die Füße ins Wasser zu hängen. Und dann wiederum etlichen, die sich, geschlechtsidentifikatorisch eher indifferent, in einer Grauzone zwischen männlich und weiblich bewegten. Aber niemals hätte ich erwartet, einer so ambivalenten Frau zu begegnen, bei der die weiblichen sowie die männlichen Eigenschaften derart ausgeprägt waren wie bei Christine.

Gerade sie, die gern damit kokettierte, für Tilda Swinton zu schwärmen, für Annie Lennox und Jil Sander, für Frauen mit Hang zur Androgynität, nahm für sich selbst eine weit über die Grenzen der Biedermeierlichkeit reichende Weiblichkeit in Anspruch, wie ich sie mir kaum vorstellen konnte, noch am ehesten bei britischen Offiziersgattinnen. Allein der Aufwand, den sie betrieb, um die schönen Dinge des Wohnens und des Lebens zu besorgen, die sie sich in den Kopf gesetzt hatte, Schuhe, Taschen, Ohrringe, Gartenstühle, Bettwäsche, einen seidenen

Bademantel, den Meryl Streep in einem bestimmten Film getragen hatte. Allein ihre unzähligen Bildbände über die Zubereitung von Fingerfood, Petit Fours und winzigen Gugelhupfen in hunderterlei Variationen, in denen sie manchmal stundenlang blätterte, auf der Couch, auf dem Rücken liegend, immer ihre kleinen, hochgelagerten, stets tadellos pedikürten Füße im Auge, von denen sie nicht müde wurde zu behaupten, sie hätten die Briefe schreibenden Verehrer ihrer Jugend zu Gedichten animiert. Und dann, an jedem Sonntag, freute ich mich schon darauf, Christine zu beobachten, wie sie den Frühstückstisch deckte, wie sie karierte Servietten auf dem Küchentisch verteilte, mit Radieschenscheiben und Salatblättern dekorierte Platten mit Schinken und Käse, kleine Schüsseln mit Marmelade, gehackten Tomaten, Gurken und Apfelscheiben sowie Eierlöffel in unterschiedlichen Farben, den pinkfarbenen für sie selbst und den hellblauen für mich, ja, so war das bei Christine. Für sie waren wir keines dieser Paare, deren Beteiligte sich selbst aufgeben, sich gegenseitig neutralisieren, wir waren wie Feuer und Wasser, wir waren Mann und Frau.

Und dann aber wiederum die ganz andere Christine. Die heißblütige Christine, die sich, verärgert, aufgebracht, jeglicher Zurückhaltung entledigte, jeglicher Sanftmut, jeglicher weiblichen Gesittetheit. Deren Inneres, in ständiger Alarmbereitschaft befindlich, jederzeit wie brodelnde Vulkanlava in die Höhe schießen konnte. Und wehe denen, die sich nicht rechtzeitig retten konnten, die ihren Wutausbrüchen ausgesetzt waren, dem furchteinflößenden Gebrüll ihres scharrend-knödelnden Walküren-Organs, mit dem sie fluchen und drohen konnte, schlimmer als die besoffensten Bahnhofs-Penner. *Pass auf, du Pisser, du Scheißer, du Wichser, sieh zu, dass du schleunigst Land gewinnst!*

Es gab Phasen, da schien Christine wie ausgewechselt, als stehe sie, vermutlich ausgelöst durch eine hormonelle Fehlfunktion, mehr als sonst unter dem Einfluss von köpereigenem Testosteron, da konnte sie sich stundenlang im Baumarkt über Motorsägen beraten lassen, die sie gar nicht brauchte. Da betrank sie sich grundlos im Bus mit Flaschenbier und behauptete, im Fernsehen käme nichts Interessantes außer der Europameisterschaft der Gewichtheber und den öden, von den immer gleichen Rasierschaum- und Whisky-Spots unterbrochenen Endlos-Reportagen über das eisig-harte Leben der Beringsee-Trucker.

Bis wir schließlich den Punkt erreichten, an dem Christine noch unbedingt einen draufsetzen wollte, an dem sie wissen wollte, wie weit sie gehen kann mit ihrem Gestänkere, und ich nicht mehr anders konnte, als sie zu ermahnen, sie solle endlich aufhören, alles, was ihr missfallen würde, als *schwul* zu bezeichnen. Schwuler Post-Schalterbeamter. Schwules Edeka-Wein-Sortiment. Schwuler Zebrastreifen. Voll schwules Ford-Ka-Taxi. Oberschwules HTC-Handy. Superschwules Schwulenpärchen.

Was denn das bitte sein soll?, sagte Christine. Ausgerechnet sie, die ein sexuelles Attribut als Schimpfwort missbrauchte, fand, mein Einwand sei *sexistisch*, zumal Leo, mein Neffe, ein Kerl, na klar, das doch ebenso tue, alles schwul zu finden, und da fände ich es okay. Ich sagte, Leo sei ein verwirrter Pubertierender mit Pickeln auf der Stirn und Achselschweißproblemen, mit gebrochenem Herzen und schmutzigen Gedanken, da sei es ja wohl okay.

Christine und ich waren nun fast schon ein ganzes Jahr zusammen, und langsam, fand ich, wurde es höchste Zeit, mich zurechtzufinden mit den Besonderheiten ihres schwer zu begreifenden Wesens. Es war einer dieser Sonntage, an denen sich die Sonne souverän gegen die Regenwolken, die tagelang über der Stadt hingen, durchgesetzt hatte und uns befreite aus unserer Gefangenschaft in den stickigen und schlecht beleuchteten Räumen unserer Behausungen. Wir hatten gerade unsere übliche Schanzen-Tour absolviert, während der Christine sich darüber geärgert hatte, dass sie überall, in jeder Modeboutique der Gegend, den Sommerschlussverkauf eingeläutet hatten, nur dort nicht, ausgerechnet, wo sie bereits seit längerer Zeit eine hübsche, aber kaum zu bezahlende Wildledertasche ins Visier genommen hatte. Sie hatte zudem die Spinat-Böreks aus der Susannenstraße im Verdacht, ihr den Magen verdorben zu haben, als wir ins Schulterblatt einbogen und Christine abrupt, auf der Höhe eines griechischen Restaurants, das Olympische Feuer, vor einem eingedellten, mit einem gesprayten FUCK-Schriftzug verunstalteten Parkverbotsschild stehen blieb und rief: „Hier, genau hier, da hat er gelegen."

Ich sagte: „Wer?"

„Na, der Idiot. Totaler Blödmann. Kam da völlig besoffen aus der Kneipe rausgetorkelt, er und so 'n Türke, mit dem er Ärger hatte. Er ein Macker-Arsch, wie sie damals drauf waren, siebziger Jahre, klar? Rocker-Kutte, fette Boots, Monsterringe an den Pratzen. Hat sich da hingestellt, breitbeinig, machte einen auf Gary Cooper. Hat sich eingebildet, er prügelt den Türken die Straße rauf und runter. Aber der war nicht doof. Der hat nur gelauert. Da zieht der Blödmann doch glatt seine Kutte aus. Und wirklich, in dem Moment, als er sich rauszwängt und seine Arme kaum bewegen kann, nutzt der Türke die Gelegenheit und haut ihm, zong, voll eins rein, dass er zu Boden geht, und zwar genau hier, an dieser Stelle. Und dann, du wirst es nicht glauben, liegt er da, und es vergeht nicht mal 'ne Minute, da kommt ein anderer Typ die Straße entlang, ein Schwarzafrikaner. Der sieht ihn, beugt sich runter zu ihm und sagt: ‚Hey Mann, was ist los mit dir, brauchst du Hilfe oder so?‘ Da rappelt sich der Idiot glatt wieder auf. Und dann verpasst er dem Typ einen Schlag ins Gesicht, der Irre, und schreit, ‚du blöder Nigger, verpiss dich‘.“

Es war eine der unzähligen Geschichten aus ihrer Vergangenheit, die darauf gewartet hatten, ausgespuckt zu werden, und gerade hier, in dieser Gegend, die Christine mehr geprägt hatte als jede andere auf dieser Welt, brachte jede Bordsteinkante, jedes Kneipenfenster, jedes Klingelschild eine Geschichte hervor wie eine aufgedeckte Memory-Karte. Ich hatte bereits einiges von dem, was mir Christine erzählt hatte, vergessen, aber die Geschichte von dem Rocker und dem Schwarzen war mir im Gedächtnis geblieben, denn sie war typisch für sie, wie sie die Männer betrachtete, geradezu studierte, immer an der Basis, in den übelsten Spelunken, auf der Baustelle ihres zu Anfang renovierungsbedürftigen Hauses, immer dort, wo die Männer ursprünglich waren, unzivilisiert, rau.

Christine war dem Beispiel von Jane Goodall, der Schimpansenforscherin, gefolgt, sie hatte sich weit vorgewagt, mitten in den Dschungel der wild lebenden Männer, sie hatte unter ihnen gelebt, sie hatte ihre Sprache gelernt, ihre Verhaltensweisen, und was mich vollkommen überraschte, war, dass gerade Christine, die den Männern so nahegekommen war, dass sie jegliche sie betreffende Illusionen verlor, die Männer lieben konnte, eben deshalb wohl, weil sie keine falschen Erwartungen mehr an sie stellte.

Wie sehr hatte ich mich nach einer Frau wie ihr gesehnt in jenen Jahren, in denen die Gesellschaft den metrosexuellen Mann entdeckte und ich mich darauf eingelassen hatte, Glossen für die *Cosmopolitan* zu schreiben, der Hoffnung und den Versprechungen einer Redakteurin verfallen, die Zeitschrift wäre interessiert an Aufklärung und Wahrhaftigkeit. Die Sache lief gut, bis die Redakteurin überraschend kündigte. Und ich in die Fänge ihrer Nachfolgerin geriet. Und damit in die äußerst bizarre Situation, mich ständig belehren lassen zu müssen, wie ich als Mann zu sein und zu denken hätte, und das auch noch von einer Frau, die branchenweit dafür bekannt war, notorisch allein oder unter Frauen zu leben. Warum ich denn nicht darüber schreiben wolle, dass ich zum Friseur gehen und, während man mich bediene, die *Cosmopolitan* lesen würde, monierte sie. Weil ich, wie sie doch wüsste, keine Haare mehr auf dem Kopf hätte, antwortete ich, und schon lange nicht mehr zum Friseur gehen würde. Und niemals würde ich die *Cosmopolitan* in aller Öffentlichkeit lesen, das würde einem Bekenntnis zur Homosexualität gleichkommen, was zu verlangen, selbst wenn ich schwul wäre, ziemlich dreist wäre für das lausige Honorar, das ich für jede Glosse erhalten würde.

Es dürfte wenig Zeit vergangen sein zwischen dieser Unterhaltung und einer Einladung, bei der man mich zwei jungen Frauen vorstellte, beide Stewardessen, die, wie sie mir sagten, begeisterte Leserinnen der *Cosmopolitan* seien. Es dauerte nicht lange, bis wir über meine *Cosmo*-Glossen sprachen, über eine der ersten, die ich geschrieben hatte, da hatte ich versucht, männliches Trieb-Erleben in die Sprache der Frauen zu übersetzen, indem ich das männertypische Problem mit der unvermittelt auftretenden Geilheit mit Heißhungerattacken verglich, die jedes andere Gefühl außer Kraft setzen würden, jeden Gedanken, jegliche Vernunft, bis man sich nicht mehr selbst erkenne und völlig unberechenbar sei, wie ein wildes Tier.

Ich hatte wirklich geglaubt, mich verdient gemacht zu haben als Diplomat in der Verständigung der Geschlechter, aber die beiden Stewardessen, sie mochten mich plötzlich nicht mehr leiden, sagten, sie verabscheuten den Kerl, der diesen Artikel geschrieben habe, schließlich habe er ihnen nach den Enttäuschungen des Lebens die letzte Hoffnung geraubt, dass die Männer in Liebesdingen genauso empfinden würden wie die Frauen.

Von diesem Moment an verstand ich, dass es nicht die *Cosmopolitan* war, die sich verändert hatte. Es war die Welt, die sich verändert hatte. Es waren die Frauen, die sich verändert hatten. Sie schienen die mir vertraute, zickige, manchmal renitente, aber im Leben stehende, von feministischen Kämpferinnen geprägte Frauengeneration in den Hintergrund zu drängen, während sie selbst kein Interesse mehr hatten, sich mit den Männern auseinanderzusetzen. Stattdessen zogen sie sich zurück in eine mediale Barbie-Welt, in der sie, mit dem Anbruch des neuen Jahrtausends, einen femininen Dandyismus erprobten. Im Rahmen dessen sie das Erwachsenwerden auf die vierzig vertagten und ihre Angst vor ernsthaften Männerbeziehungen hinter unerfüllbaren sexuellen Ansprüchen versteckten. Stattdessen verabredeten sie sich lieber zu *Mädchenabenden* und konsumierten tonnenweise Frauenzeitschriften und Girl-Power-Serien im Fernsehen, in denen sich rudelweise auftretende neurotische Supergören jenen metrosexuellen Mann zusammenträumten, einen Heterosexuellen mit weiblichen Eigenschaften, ein durch und durch harmloses, pflegeleichtes, frisiertes, manikürtes, pedikürtes, epiliertes Wesen mit ausgeprägtem Interesse für Mode und Kosmetik, mit allerbesten Manieren und einem Hang zu romantischen Schwärmereien. Eine Vorstellung, die ich niemals erfüllen würde.

Je länger ich mit Christine zusammenlebte, desto unbegreiflicher erschienen mir diese Frauen, wie Wesen aus einer fernen

Galaxie. Auch Christine konnte vieles nicht ausstehen an den Männern, ihre Aufgeblasenheit, ihre Selbstverliebtheit, ihr *Mackertum,* wie sie immer sagte. Aber noch mehr als alle diese Dinge verabscheute sie vorauseilend artige Männer, die ihre natürliche Männlichkeit verleugneten, um den Frauen zu gefallen. Sie konnte sich aufregen über ihren Sohn, der seinen Körper in Form halte, mit Gewichten und Schlankheitspräparaten, der mache das aus purer Eitelkeit, sagte sie, sei das denn noch zu fassen?

Ihre Furcht, David könnte sich zu einem gepuderten Modeäffchen entwickeln, zu einem oberflächlichen Beau, den sich Frauen passend zur Handtasche anlachen, schien so groß, dass ich ihr Hoffnung zu machen versuchte, indem ich ihr ein einschlägiges Buch schenkte, eine in England erstandene und im Kuriositätenregal meiner Sammlung wie ein Schatz gehütete, nicht besonders ernst gemeinte Kampfschrift gegen die Metrosexualität mit dem Titel *Anleitung zum retrosexuellen Lifestyle.* Christine verschlang das Traktat, wie sie behauptete, während eines Nachmittags und einer halben Nacht, sie las es von der ersten bis zur letzten Seite, als könne sie nicht genug bekommen von Männern, die Anzüge tragen, Hüte und aufgekrempelte Hemdsärmel und Schwielen an den Händen haben, die Zigarren rauchen und keine Ahnung haben, wie man Gemüse kocht und über Gefühle redet. Schließlich legte sie das Buch Bekannten ans Herz, als sei der Autor, der seine wahre Identität hinter einem Pseudonym versteckte, ein zeitgeistiger Held, ein überfälliger Konterrevolutionär, eine männliches Pendant zu Simone de Beauvoir im Kampf gegen einen aus der Spur gelaufenen Fashion-Feminismus. Was völlig absurd war in Anbetracht der Albernheit des Textes, der dennoch interessant erschien an manchen Stellen, darunter dort, wo er dem männlichen Leser empfahl, sich möglichst treu zu bleiben in seiner schnörkellosen Einfältigkeit, denn letztlich würden Frauen Männer am meisten dafür lieben, dass sie einfach Männer seien.

Mit diesem Gedanken traf das Buch die Wahrheit, vielleicht nicht diejenige sämtliche Frauen betreffend, aber Christine in jedem Fall, sie hatte sich die edle Haltung ihrer Jugend bewahrt, sich nicht darum zu scheren, was ihr die Männer erzählten und was sie vor sich hertrugen. Christine beurteilte die Männer nicht danach, ob sie Rechtsanwälte, Ärzte, Unternehmer oder Hilfsarbeiter waren, sie beurteilte sie danach, ob sie *gute Typen* waren. Und wenn sie wählen musste zwischen großen und kleinen Männern, dann war sie immer für den unterprivilegierten, aufrechten, hart arbeitenden Kerl.

Und auch ich hatte mich daran gewöhnt, dass Christine den Boxer mehr in mir liebte als den Promovierten und den Schreiber, völlig unbeirrbar hielt sie genüsslich an der Vorstellung fest, der Sport, den ich betreibe, erschöpfe sich in einer rituellen, in kurzen Hosen ausgetragenen Schlägerei. Und so ließ ich mir, wenn ich meine Tasche für das Training gepackt hatte, gefallen, dass mir Christine, sobald ich kurz davor war, das Haus zu verlassen, auf die Schulter klopfte, als würde mich am Ende der U-Bahn-Rolltreppe, die ich ansteuerte, eine Kampfarena erwarten, Scheinwerfer und Kameras und die Schreie einer tosenden Menge.

Gelegentlich versuchte ich sie noch zu überzeugen, dass Boxen nicht, wie sie glaubte, eine sportliche Wildheit sei. Sondern mehr ein wilder Sport. Und überhaupt: Boxen sei Meditation, Boxen sei Konzentration, Boxen sei Disziplin, Boxen sei Respekt, Boxen sei Rhythmus.

„Ja, ja", sagte Christine, „und jetzt geh schon und hau sie weg."

27

Was bleibt, sind wir

Käthes Abschied vollzog sich in der zurückhaltenden Weise, in der es sich schickt für eine Dame, die Käthe ihr ganzes Leben lang gewesen war. Anfang Dezember war sie noch in allerbester Verfassung, gut gelaunt wie schon lange nicht mehr zuvor. Nachdem sie und ich eine Vertrautheit entwickelt hatten, die sich darin äußerte, dass Käthe auf meine Stimme reagierte, führten wir unsere letzte *Jazz-Unterhaltung*, wie ich sie nannte. Sie hatte damit begonnen, dass mich Käthe am Ärmel packte und mich aufforderte, *das da mal zuzumachen*.

„Die Balkontür?", fragte ich. Sie stand offen.

„Jawoll", sagte Käthe.

„Sonst geht da noch jemand raus und fällt in den Garten, was, Käthe?"

„Das können Sie doch machen."

„Was denn, die Tür zumachen oder in den Garten fallen?"

„Jawoll."

Ich sah Käthe dann noch ein Mal am Nikolaustag, an dem Christine und ich sie im Gemeinschaftsraum antrafen, am großen Tisch, mit verschränkten Armen und geschlossenen Augen auf ihrem Stuhl kauernd und vor sich hin dämmernd. Sonst reagierte sie immer, wenn sie Christines Stimme hörte. Lächelte, kicherte, kreischte, gestikulierte mit den Armen. Jetzt allerdings verharrte sie in ihrer Haltung, ungerührt. Verweigerte sich, selbst Christines Liebkosungen gegenüber, selbst

Pralinen, ihren geliebten Mon Chéris, als wäre sie wie taub auf allen Sinnen. Käthe sei in letzter Zeit etwas müde, sagte die Pflegerin.

„Sie will nicht mehr", sagte Christine.

„Das sagst du jedes Mal", sagte ich.

Die Tage um Weihnachten verbrachte ich in München. Mein Bruder, bei dem ich sonst unterkam, hatte Handwerker im Haus. Also bezog ich Quartier bei meinen Eltern. Ließ mich ein auf das Experiment, die Zehn-Kilometer-Distanz, die mehr als zwanzig Jahre zwischen uns geherrscht hatte, die ich, seit ich nach Hamburg gezogen war, auf über achthundert Kilometer ausgeweitet hatte, für einige Tage auf nur wenige Meter zu verkürzen.

Den ersten Abend verbrachten wir gemeinsam, wir aßen zusammen, unterhielten uns, verfolgten dann das Spätprogramm des Bayerischen Fernsehens, jenem Sender, dem meine Eltern hartnäckig die Treue hielten, als sei er ein mediales Rettungsfloß, auf dem sie Zuflucht fanden in einer Welt, die zu begreifen ihnen immer schwerer fiel. Gegen zwölf Uhr löschten sie die Wohnzimmerlichter. Ich verlebte eine unruhige Nacht in einem unangenehm überheizten Gästezimmer. Wachte auf gegen sieben Uhr morgens, blieb aber noch eine Stunde liegen und stellte fest, als ich mein Zimmer verlassen hatte, dass meine Eltern, ohne dass ich es mitbekommen hatte, bereits seit einer Stunde auf den Beinen waren. Sie schienen auf ihren Filzschuhsohlen über die Flure geschlichen zu sein, und nun löffelten sie lautlos Müsli aus Tellern, die meine Mutter, wie sie mir später erzählte, bereits nachts, bevor sie zu Bett ging, auf dem Esstisch gedeckt hatte.

In diese gespenstische Stille, in der mich der Gedanke beschäftigte, ob das menschliche Leben gegen Ende einem Fadeout gleicht, jenem auf älteren Plattenaufnahmen häufig anzutreffenden Immer-leiser-Werden der Musik, platzte Christines Anruf mit der Nachricht, dass es *mit unserer Käthe zu Ende gehe, nee, wirklich jetzt, ohne Scheiß.*

Es folgte der Heiligabend, an dem der diensthabende Arzt in Käthes Pflegeheim bestätigte, dass die blauen Flecken, die sich überraschend auf ihrer Haut gebildet hatten, erste Anzeichen ihres sterbenden Körpers seien. Woraufhin das Personal darauf verzichtete, Käthe zu waschen und anzukleiden. Christine sagte, sie habe einen letzten Blick auf ihre schlafende Mutter geworfen. Dann sei sie nach Hause gefahren und habe die seit Tagen in Malzbier eingelegten Gänsebrüste aus dem Kühlschrank geholt.

David sei spät gekommen. Er habe, noch mit Jacke und Mütze bekleidet, gesagt, das mit Großmutter würde ihn ziemlich stressen. Ob man denn nicht über ein anderes Thema reden könne. Sie hätten sich im Wohnzimmer aufgehalten und irgendwas von Eminem gehört. Und danach hätten sie in der Küche gegessen, da Christine keine Lust mehr hatte, den großen Tisch im Esszimmer zu decken. „Du trinkst zu viel", habe David gesagt. Das könne schon sein, habe Christine geantwortet.

Gegen Mitternacht habe sich David ins Fernsehzimmer begeben und Nachrichten geschaut. Währenddessen rief mich Christine aus der Küche an.

„Hast du schon mal jemandem beim Sterben zugesehen?", fragte sie.

„Nein", sagte ich. „Und du?"

„Wenn alles gutgeht, ist sie morgen früh tot."

Aber es ging nicht alles gut. Käthe überlebte die Nacht, die Christine schlaflos zugebracht hatte, bis gegen sechs Uhr morgens, dann telefonierte sie mit der Schichtleiterin der Pflegestation. Als man ihr sagte, dass Käthe immer noch, aber nicht mehr lange leben würde, sei ihre Angst vor der Begegnung mit dem Tod ganz plötzlich, wie durch ein Wunder, weg gewesen. Sie habe den Kaffee, den sie sich gerade gemacht habe, stehen lassen. Habe sich eine Kerze in ihre Handtasche gepackt und wie in Panik ihr Haus verlassen. Sie habe begriffen, dass sie einen Kreis zu schließen hatte. Eine Nähe wiederherzustellen. Diese besondere Nähe, die zwischen ihr und ihrer Mutter gewesen sei. Während Christines Geburt. Während ihrer Kindheit. Und jetzt? Sie konnte Käthe doch nicht allein lassen.

Als sie das Pflegeheim erreichte, hätten sich die blauen Flecken auf Käthes Gesicht deutlich vergrößert, und ihr leiser Atem hatte sich in ein lautes, schwerfälliges Röcheln verwandelt. Sie habe dann noch einen Tag und eine Nacht an ihrer Seite gewacht, während sie nicht aufhörte, über Käthes Haar zu streichen und ihr leise Lieder ins Ohr zu singen. Bis Käthe schließlich am Zweiten Weihnachtsfeiertag, nach einem letzten großen Seufzer, starb.

Am darauffolgenden Tag kehrte ich wieder zurück nach Hamburg. Ich deponierte meinen Koffer in meiner Wohnung und begab mich ohne Verzögerung zu Christine, die mir irritiert erschien, fast schon enttäuscht darüber, dass sich nichts eingestellt hatte von dem, was sie erwartet hatte nach Käthes Ableben, weder Schmerz noch Trauer noch Erleichterung. Stattdessen nur ein bleiernes Gefühl der Leere.

Wie lange schon hatte sie sich diesen Tod der Mutter gewünscht? Wie lange hatte sie wegen ihr gelitten, zehn Jahre, fünfzehn Jahre oder mehr? Wie lange hatte Christine gekämpft, bis sie Käthe bei sich hatte, in diesem Heim in ihrer Nähe?

Letztendlich sei es ihr nie gelungen, der Heimleitung zu vertrauen. Letztendlich hätten sie nie aufgehört, diese Sorgen. Der Ärger über die Nachlässigkeiten der Pfleger, die sie feststellen musste, während fast jedem Besuch. Die ungewaschene, mit braunen Soßenspritzern befleckte Bluse, die sie Käthe angezogen hatten. Das Gebiss, das sie ihr einzusetzen manchmal keine Lust hatten. Der faulig riechende Gemüsebrei, den ihrer Mutter zu verabreichen Christine dem Personal verboten hatte, und dennoch taten sie es. Und dann der Schock und die Wut, als man Käthe auf der Straße aufgriff, offensichtlich verwirrt, verzweifelt an der verschlossenen Tür eines Teeladens rüttelnd, worauf die Polizei sich bei Christine meldete, während keiner der Verantwortlichen im Heim bemerkt hatte, dass Käthe verloren gegangen war.

Und schließlich die Gerüchte über Frau Ziegler. Jene Frau Ziegler, über die das Personal nicht gern redete. Jene Frau Ziegler, die keineswegs, wie es hieß, an Herzversagen in ihrem Bett gestorben sei. Die in Wahrheit wie ein gekochter Hummer in der Badewanne zu Tode gekommen sei, aufgrund der Ungeschicklichkeit einer Schwesternschülerin, die sich nicht auskannte mit dem Thermostat der Wasserzufuhr. Sie habe im Flur telefoniert, während Frau Zieglers Todesschreie, wie es heißt, erstickten, im Donnerrauschen der wie Lava aus dem Hahn schießenden Wassermassen.

Der Verlust der Fähigkeit, sich mitzuteilen, sei das Schlimmste an der Krankheit, sagte Christine. Dass die Betroffenen nicht mehr sagen könnten, was mit ihnen geschehe. Die schwindende Kontrolle über das Wohl ihrer Mutter habe sie zermürbt, dass sie sich manchmal sogar vorgestellt habe, Käthe, während sie schlafe, das große Kissen unter dem Nacken wegzuziehen und sie zu ersticken.

Der große Tisch im Esszimmer war übersät mit kleinen Kleiderstapeln, Hosen, Blusen, dünnen Pullovern. Dazwischen eine Plastiktüte. Darin: eine Lesebrille, zwei schlichte Silberringe, ein Wecker, ein Kugelschreiber, ein Taschenkalender. Käthes letzte Habseligkeiten. Dazugehörig ein taschenbuchgroßes, speckiges, in Leder gebundenes Fotoalbum, das das Leben in der ländlichen Umgebung von Stendal dokumentierte, in den letzten Jahren des Krieges, aus der Sicht eines pubertierenden Mädchens, das die Soldaten wahrnahm, aber keine Soldaten sehen wollte, sondern gut aussehende Männer in Knobelbechern, die braun gebrannt und mit freien Oberkörpern vor Käthes Kameralinse posierten. Und ihre Freundinnen. Trudi und Margot. Und Tante Hermine. Die immer gleichen Motive in immer anderen Konstellationen vor immer anderen Kulissen. Tante Hermine und Trudi im Freibad. Tante Hermine und Margot und Käthe im Park.

Das Entscheidende an den Fotos waren die Dinge, die die Kamera nicht zeigte. Die liegen gebliebenen russischen Panzer. Die brennenden Höfe. Das verendete Vieh auf den Weiden. Die endlosen Trecks der halb verhungerten, halb erfrorenen, sich über Schnee und Eis dahinschleppenden heimatlos Gewordenen. Die ausgeblendete Apokalypse.

Ich erwog die Möglichkeit, mich nachträglich über Käthes Alzheimer-Schicksal mit dem Gedanken hinwegzutrösten, dass sie vergessen durfte, was sie vergessen wollte. Konnte Alzheimer ein Segen sein für Menschen wie sie, die wie die meisten ihrer Generation so vieles zu verdrängen hatte? Die sich drückte vor der Auseinandersetzung mit der Hitler-Zeit, mit der deutschen Schuld, weil es ihre Jugend war, die sie im Dritten Reich erlebte, ihre für sie so wunderbare BDM-Zeit, die besten Jahre ihres Lebens? Hatte ihr die Krankheit, was Christine vermutete, einen letzten Frieden verschafft?

Ich hatte oft versucht, mir dieses Vergessen aus der Sicht der Betroffenen vorzustellen, die mir, seit ich Käthe regelmäßig besuchte, in allen Stadien der Krankheit begegnet waren. Leuten, mit denen ich normale Gespräche führte, und dann beobachtete ich sie, wie sie allein waren und wirres Zeug vor sich hin redeten, während sie sich ein Brillenetui wie ein Mobiltelefon ans Ohr hielten. Bis hin zu den Patienten, die kein Wort mehr von sich gaben, die mit offenen Augen, aber dennoch kaum noch empfänglich für die Geschehnisse der Außenwelt, im schwer definierbaren Grenzbereich zwischen Wachzustand, Schlaf und Tod existierten, unterbrochen von den letzten aktiven, inneren Impulsen, die unvermittelt, gleichsam schlecht zu empfangenden Radiosignalen, Schreie, hysterisches Gelächter oder körperliche Gebärden auszulösen vermochten.

In meiner Vorstellung erlebten diese Menschen den Tod völlig lapidar, ohne Angst, ohne Kummer, ohne Schmerz, wie den Wechsel von einem Fernsehkanal zum nächsten, von ProSieben zu NDR, von laut nach leise, von *Mission: Impossible* zu *Faszination Antarktis.* Mit anderen Worten: Ich war der Annahme verfallen, der Verlust der Erinnerung gehe mit dem Verlust des Bewusstseins einher.

Was für ein Irrtum. Ich habe das eingesehen, mittlerweile. Und kann dennoch nicht sagen, ob der unglaubliche Vorfall, der sich mit Käthe wenige Wochen vor ihrem Tod ereignete, die mir rätselhaften Vorgänge des Sterbens begreiflicher macht. Oder sie mir mysteriöser erscheinen lässt als je zuvor.

Die Sache hatte damit begonnen, dass sich Käthe, deren Lebensmüdigkeit das Heimpersonal zu nachlässiger Aufmerksamkeit verleitet hatte, plötzlich aus ihrem Sessel erhob und unbemerkt zum Durchgang bewegte. Sie schaffte dann noch einige Meter im Flur. Erreichte sogar, wie es schien, das Geländer des Treppenaufgangs und stürzte dennoch. Wobei sie sich die Hüfte brach.

Am Tag darauf irrten Christine und ich über das Gelände eines jener hoch betagten Krankenhäuser, die durch Anbauten zu einem jeden Besucher in den Wahnsinn treibenden Labyrinth geworden sind. Wir fanden Käthe in einem weitgehend abgedunkelten Zimmer, das sie sich mit einer kleinen, offenbar wie Käthe dementen Frau mit gewelltem Haar so dünn wie Zuckerwatte teilte, die Christine und mich mit panischem Blick fixierte, als wären wir gekommen, um sie zu töten.

Käthe, die mit fiebrigem Gefühl aus der Narkose erwacht war, hatte sich ihres Nachthemds entledigt, dessen Zipfel sie wie einen Putzlappen in ihrer Faust hielt. Ihr vollkommen entblößter Körper war bis auf die Schultern mit dem Laken ihres zerwühlten Bettes bedeckt. Zum ersten Mal sah ich, wie schön sie noch immer war, so zart, ein greiser Engel, ein gefallener Engel, der bald schon wieder in den Himmel aufsteigen würde, nur eben jetzt noch nicht, solange sich Käthe in ihrem Bett hin und her wälzte, verwirrt und in Unruhe versetzt durch das Fieber und die ihr fremde Umgebung.

Christine klingelte nach der Schwester. Sie verlangte nach einem Nachthemd für ihre Mutter. Beschwerte sich, wie es denn angehen könne, dass man sich nicht um sie kümmere, dass sie hier so liege, so nackt und sich selbst überlassen.

Auf Käthes Nachttisch ein Abendbrot-Tablett mit einem eingeschweißten Vollkornsandwich und einer winzigen Schale mit angetrockneten Wassermelonenstücken, dazu ein Glas, halb mit kirschrotem Früchtetee gefüllt. Christine schnappte sich das Glas und verabreichte es ihrer Mutter, während sie den Schweiß auf ihrer Stirn trocknete.

Käthe schien großen Durst gelitten zu haben, man konnte es daran sehen, wie sie das Glas leerte, das sie gierig mit beiden Händen umklammerte. Sie verschlang den Schlemmerpudding, den Christine ihr mitgebracht hatte, jeden Löffel mit Seufzern des Wohlbefindens begleitend, um schließlich, als der Becher leer war, mit weit aufgerissenem Mund wie ein bettelndes Vogelkind nach weiterer Nahrung zu verlangen, bis Christine nichts mehr fand, was sie ihr geben konnte.

Als es so aussah, als wäre Käthe endlich satt und müde geworden, und wir erwarteten, dass sie ein wenig schlafen würde, richtete sie ihren Oberkörper auf. Und über das, was dann passierte, kann ich nur spekulieren, ob es das Aufwühlende der Situation war, der Ausbruch aus der Routine des Pflegeheims oder einfach nur die belebende Wirkung der etlichen Pfefferminz-Dragees, die Christine ihrer Mutter in den Mund geschoben hatte, dass Käthe plötzlich diesen Moment hatte, diesen unglaublich klaren Moment, als wäre sie aufgewacht aus einem viele Jahre währenden Koma.

Bis zu diesem Zeitpunkt hatte ich selten erlebt, dass Käthe ihre Augen länger als Sekunden öffnete, jenen toten Blick offenbarend, der für Alzheimer-Patienten typisch war. Sie erschien mir manchmal wie ein Papagei, der einzelne Sätze sagt, die er nicht versteht, dann wieder wie ein Baby, das keine Individuen zu kennen scheint, das vorbehaltlos auf Reize reagiert, auf körperliche Zuwendung, auf Stimmen, auf Gerüche. Allerdings jetzt, in diesem Moment, war alles anders, da hatte sie die Augen weit aufgerissen und sich Christine zugewandt, stumm, aber mit flehendem Blick, als wolle sie ihr unbedingt etwas mitteilen, während sie mit ruckartigen Bewegungen über ihr Haar strich.

Ich empfand diesen Moment ergreifend, allerdings nicht deswegen, weil es das erste Mal war, dass ich sah, dass Käthe Christine als ihre Tochter erkannte. Vielmehr war es die wundersame Wiederherstellung der alten Verhältnisse. In denen sich Käthe, die mit den Jahren der Krankheit hilflos geworden war, noch einmal zu alter Form aufgerafft hatte. Noch einmal zur Mutter geworden war. Und Christine noch einmal das Kind sein durfte.

Und dann geschah das eigentlich Wundersame, als sich Käthe plötzlich mir zuwandte, der ich abseits stand, wie immer eigentlich. Der ich mich stets, solange Christine und ich mit Käthe zusammen waren, mehr wie ein Beobachter denn als Beteiligter gefühlt hatte, aber nun, ausgerechnet, in dieser fast märchenhaft anmutenden Szene, die den Eindruck machte, als würde sie sich auf einer großen Leinwand vor mir abspielen, wurde ich einbezogen, was mir vorkam, als würde Humphrey Bogart in *Casablanca,* in der berühmten Abschiedsszene, den Blick von Ingrid Bergman abwenden und direkt in die Kamera schauen.

Käthe schien mich tatsächlich bei sich haben zu wollen. Sie winkte mich mit rudernden Armen zu sich heran, zunächst vergeblich, zumal ich mich, der ich mich so lange nicht von ihr gesehen sah, auf einmal unendlich schwer fühlte, wie in Beton gegossen, wie ein jugendlicher Party-Debütant, den das hübscheste Mädchen der Schule überraschend zum Tanz auffordert.

„Geh schon", zischte Christine.

Endlich befreite ich mich aus meiner Lähmung. Und als ich mich Käthe so weit genähert hatte, dass ich ganz dicht an ihrem Bett stand, packte sie meinen Unterarm, und ich spürte zum ersten Mal jene Kneifereien, die Christine immer *Morsezeichen* nannte, die verzweifelten Signale einer Redseligen, der die Sprache abhandengekommen war. Deren Bedeutung ich nicht entschlüsseln konnte, natürlich, aber verstehen konnte ich sie trotzdem, so wie jeder andere, der dieser Szene beigewohnt hätte, da bin ich mir sicher.

Käthe, dieses sonderbare Wesen, das ich wie einen lebenden, aber kaum lebensfähigen, in ozeanische Tiefen herabgesunkenen Organismus empfunden hatte, der an der Wasseroberfläche nur Blasen hinterlässt, war nun noch einmal ganz nach oben gekommen, um Wellen zu schlagen. Um mir, wirklich mir, denn sie schien mehr über mich zu wissen, als es den Anschein hatte, das Allerbedeutsamste zuteilwerden zu lassen, was ein Mensch einem anderen Menschen zuteilwerden lassen kann. Um mir die Verantwortung für das Allerliebste zu übertragen, das Allerwichtigste, für das, was bleibt von einem, nachdem man nicht mehr da ist: das einzige Kind.

Und als Käthe starb, nur wenige Wochen nach diesem Vorfall, hatte ich keine Zweifel, dass Käthes Schicksal ihrem Willen gefolgt war. Dass sie starb, weil sie sterben wollte, konnte, durfte, wie auch immer. Ich ließ sie ziehen, ein wenig leidend, vor allem mit Christine mitleidend, aber dennoch mit einer gewissen Leichtigkeit, wie man sich von jemandem trennt, der aufbrechen will zu neuen Ufern, den man vielleicht noch überreden könnte, dass er bleibt, aber man tut es nicht, schließlich weiß man doch, dass er es nicht will.

In der Woche nach Silvester hatte der Schneefall eingesetzt, den die Menschen in Hamburg während der gesamten Vorweihnachtszeit vermisst hatten. Die noch tadellose Schneedecke, die den hässlichen Morast im Vorgarten übertünchte, reflektierte das Abendlicht ins Esszimmer, in dem Christine ihre wie üblich liebevoll dekorierten Vorspeisen in kleinen Schüsseln auf dem festlich gedeckten Tisch verteilte, einem Abend entgegensehend, dessen Vorstellung der kindlichen Seite ihres Wesens entsprach. Allem vorausgegangen war der Anruf einer alten Freundin Käthes, die Anstoß genommen hatte an der Todesanzeige, die Christine im *Göttinger Tagblatt* veröffentlicht hatte. In der sie ihre Mutter als *Löwenmutter* bezeichnet hatte. Sie könne diesen Begriff nicht recht verstehen, behauptete die alte Dame, der Löwe sei doch so ein riesiges Tier, und Käthe, sie sei so klein und zart gewesen.

Christine reagierte verärgert, mit Recht, der Einwand war wirklich blödsinnig. Letztendlich war er sogar gemein. Auf der anderen Seite kam er Christine gelegen, als Vorwand für ihre Absicht, Käthes Abschied der Öffentlichkeit vorzuenthalten. Zumal sie, dieses ewige Mutterkind, ohnehin nie zugelassen hätte, Käthe mit Leuten zu teilen, die sie nicht mochte, selbst über ihren Tod hinaus. Zumal es ihr immer vor der Vorstellung gegraut hatte, Käthes Leichnam in einem aufgebahrten Sarg zu wissen, erdrückt von hässlichen Blumengestecken und Kränzen. Ausgeliefert den Blicken irgendwelcher Leute, die Käthe kaum nahestanden. Ausgeliefert den rhetorischen Eskapaden eines fremden, bezahlten Redners, dem über Käthe zu erzählen Christine als Indiskretion empfunden hätte, als kaum angemessenen Einbruch in die private Sphäre ihrer Trauer.

Martina und Ursula, die beiden Pflegerinnen, kamen gemeinsam. Sie hatten sich wie Schulmädchen am Bahnhof Dammtor verabredet und dann den Bus genommen. Martina befreite ein Fotoalbum mit lustigen Gänsen und KÄTHE in aufgeklebten Glitzer-Lettern auf dem Einband aus einer Edeka-Plastiktüte, darin lauter mit Akribie gesammelte Käthe-Motive, die meisten während der üblichen Außer-der-Reihe-Feierlichkeiten aufgenommen, Käthe mit Nikolausmütze, Käthe mit Luftschlangen über der Schulter, Käthe mit Sektkelch, mit den Resten einer Schwarzwälder Kirschtorte auf dem Teller.

Ursula kramte in der Außentasche ihres Eastpack-Rucksacks und holte einen Daten-Stick hervor, den Christine in ihr

Laptop steckte. Wir würdigten zuhörend ihr Werk, alles O-Töne von Käthe, von Ursula mit ihrem Handy aufgezeichnet und zusammengeschnitten auf zehn Minuten, *sag, Käthe, was iss los mit die Berliner? De ham 'ne große Klappe.*

Nach dem Essen begannen Martina und Ursula über die Heimleitung herzuziehen. Wir beschlossen, von Weißwein auf Piña Colada umzusteigen, worauf ich viel Zeit in der Küche verbrachte, Havana Club, Ananassaft und Kokosmilch miteinander verrührend, die Frauen verlangten ständig und in immer kürzer werdenden Abständen nach mehr. Gegen drei Uhr morgens bestellten sich Martina und Ursula ein Taxi. Sie verabschiedeten sich mit lang andauernden Umarmungen, Christine versichernd, sie würden bald miteinander telefonieren. Was sie, nebenbei gesagt, niemals taten, und auch auf Christines Anrufe reagierten sie nicht. Worüber sich Christine erzürnte. Heulte. Bittere Tränen der Enttäuschung. Es fiel ihr schwer, zu begreifen, dass Martina und Ursula sie bewusst im Stich gelassen hatten. Dass sie Pflegerinnen waren. Vielleicht die besten Pflegerinnen der Welt. Aber sie waren keine Freundinnen.

Käthes Urne, die Christine den Behörden auf mir zweifelhaft erscheinenden Wegen abgeluchst hatte, war größer, voluminöser und, na ja, ich muss es wohl sagen, hässlicher, als ich sie erwartet hatte. Ein sperriger Gegenstand in jeder Beziehung. Ich schlug vor, das Ding im Schuhschrank zu verstauen, damit argumentierend, es vertrage sich nicht gut mit dem freundlichen Mobiliar im Haus. Christine war empört. Was ihre Mutter zwischen Gummistiefeln und Caramba-Dosen verloren hätte?

Schließlich fand das Behältnis seinen Platz im Obergeschoss, nachdem es einige Tage im Foyer gestanden hatte, auf der Kommode, wo es zwischen den sich auftürmenden Mützen, Schals und Handschuhen zu versinken drohte. Christine deponierte es auf dem Fensterregal im Flur zwischen zwei Kerzenständern und einem straußeneigroßen Murano-Stein. Wo es mich jedes Mal erschreckte, wenn ich das Badezimmer verließ. Bis Christine sich erbarmte. Und die Urne hinter Gardinen verschwand.

In der zweiten Märzwoche, als die Hoffnung aufkeimte, der zurückliegende Winter könnte endgültig mit dem Plätschern des sich von den Dächern in die Regentonne ergießenden Schmelzwassers ausklingen, grub ich ein schienbeintiefes Loch im Garten, an jener Stelle unter der großen Föhre, an der sich Käthe stets, wie Christine behauptete, aufgehalten habe, am liebsten im Sommer. Dort versenkten wir Käthes Überreste. Wir bedeckten die Stelle mit Tannenzweigen. Markierten sie mit einem von den Ufern der Elbe mitgebrachten flachen Wackerstein, den Christine für diesen Anlass aufbewahrt hatte. Anschließend lagen wir uns in den Armen. Genossen den stillen Moment, in dem sich unsere Aufmerksamkeit auf Christines schweren Atem konzentrierte. Ich vernahm einen erstickten Seufzer.

Und dann ging jeder seiner Wege. Ich wieder ins Haus. Wo ich mich abzulenken versuchte von der Frage, ob Käthe es wirklich verdient hatte, auf diese Weise beerdigt zu werden. Nur eines wusste ich: Sie hatte es verdient, auf solche Weise geliebt zu werden.

Wenige Zeit später verschlug uns der siebzigste Geburtstag einer entfernten Tante Christines nach Sachsen-Anhalt, in Käthes erste Heimat sozusagen. Wir fuhren mit der Bahn bis Magdeburg und reisten weiter per Mietwagen, mit dem wir über die Dörfer tingelten, ständig neue Sehenswürdigkeiten ansteuernd, die Christine aus dem Ärmel schüttelte, als wäre sie selbst in dieser Gegend aufgewachsen.

Und so begegnete ich endlich diesem vergessenen, mir nur aus Erzählungen bekannten Paradies. In das der Glanz der Vorkriegszeit an manchen Stellen zurückgekehrt zu sein schien, und dennoch spürte man an jeder Ecke, wie hartnäckigen Zigarettenmief in einer fensterlosen Kellerbar, die Tristesse der jüngeren Vergangenheit. Wir besichtigten einen aufgelassenen Güterbahnhof, das komplett von Sträuchern und Gräsern überwucherte Gelände einer alten Ziegelei und ein völlig unvermutet in einer Waldlichtung angetroffenes sowjetisches Kriegerdenkmal. Wir verschafften uns Zutritt in ein verwaistes, nicht abgesperrtes, halb renoviertes Herrenhaus, in dem die Bauarbeiter ihre angetrunkenen Cola-Flaschen auf den Kaminsimsen der großen Salons zurückgelassen hatten. Wir hielten Plausch in der Wohnung einer freundlichen jungen Frau, die Pferdeposter auf der Kühlschranktür und Hab-dich-lieb-Herzen von der Kirmes auf dem Flur hängen und BÄRLI und MAUSI auf den Türen ihrer beiden Kinder kleben hatte, und gottlob hatten wir nicht die leiseste Ahnung von ihrem Umgang, dem wir später auf ihrer Facebook-Seite begegneten, einem an widerwärtigen Selbstdarstellungen kaum zu übertreffenden Nazi-Abschaum.

Wir staunten positiv über die Fürsorglichkeit einer Pizzeria-Kellnerin, die uns behandelte, als wären wir verschollen geglaubte Heimkehrer aus ihrem engsten Familienkreis. Wir staunten negativ über die Schamlosigkeit zweier Backshop-Verkäuferinnen, die uns gegen zehn Uhr morgens zwei Euro fünfzig für einen Kaffee abknöpften, und dann mussten wir die Plörre trinken, wie sie war, weil *Milch und Zucker ham wa nich, iss uns leider ausjegangen.*

Und als wir schließlich vor einer der für die Gegend typischen klassizistischen Fassaden der trotz grauer Patina immer noch prachtvoll erscheinenden alten Wohnhäuser die letzte Station des Tages erreicht hatten, vor der Christine das Bild der Jugend ihrer Mutter heraufbeschwor, ihr unbeschwertes Leben als Bürgerprinzessin mit Taftschleife im Haar und Puppen aus edelstem Porzellan, der man ihr ganzes Leben lang und eben auch später, als sie von den Kommunisten beraubt, im Westen in bescheidenen Verhältnissen leben musste, angemerkt habe, woher sie gekommen sei, da brauchten wir keine Worte, um uns einzugestehen, dass wir nicht in diese Gegend gereist waren, um mit alten Damen aufgetaute Tiefkühl-Donauwellen zu essen. Wir waren Wallfahrtsreisende auf Käthes Spuren. Und Käthe, sie war zu etwas wie der Patronin unserer Liebe geworden.

Danksagung

Ich danke Felix an erster Stelle.
Ohne ihn würde dieses Buch nicht existieren.
Danke auch Christian, du hast viel versprochen
und noch mehr gehalten.
Und schließlich danke ich Tobias Winstel
und Regina Carstensen.
Sie wissen schon, warum.